ナーブルスィー

神秘哲学集成

アブドゥルガニー・ナーブルスィー

山本直輝 訳　中田 考 監訳

作品社

すべての称賛は、慈悲あまねく慈悲深き万世の主に帰一する。

【凡例】

- 監訳者序と翻訳文中のクルアーンの引用箇所は、著者ナーブルスィーの文意に合わせるため、監訳者、訳者独自の訳文とした。
- 翻訳の底本については、訳者解説を参照のこと。
- 訳文中、（ ）は訳者の補足である。
- 「イスラームの本質とその秘義」の訳文に傍点が振っている単語は、「アッラー」を指す。

ナーブルスィー神秘哲学集成／目次

郵便はがき

料金受取人払郵便

102-8790

麹町支店承認

9089

差出有効期間
2020年10月
14日まで

切手を貼らずに
お出しください

102

[受取人]
東京都千代田区
飯田橋2－7－4

株式会社 作品社
営業部読者係　行

【書籍ご購入お申し込み欄】

お問い合わせ　作品社営業部
TEL 03(3262)9753／FAX 03(3262)9757

小社へ直接ご注文の場合は、このはがきでお申し込み下さい。宅急便でご自宅までお届けいたします。送料は冊数に関係なく300円（ただしご購入の金額が1500円以上の場合は無料）、手数料は一律230円です。お申し込みから一週間前後で宅配いたします。書籍代金（税込）、送料、手数料は、お届け時にお支払い下さい。

書名	定価　　円	冊
書名	定価　　円	冊
書名	定価　　円	冊
お名前　　TEL　（　　）		
ご住所　〒		

フリガナ
お名前

男・女　　　歳

ご住所
〒

Eメール
アドレス

ご職業

ご購入図書名

●本書をお求めになった書店名

●ご購読の新聞・雑誌名

●本書を何でお知りになりましたか。

イ　店頭で

ロ　友人・知人の推薦

ハ　広告をみて（　　　　　　）

ニ　書評・紹介記事をみて（　　　　　　）

ホ　その他（　　　　　　）

●本書についてのご感想をお聞かせください。

ご購入ありがとうございました。このカードによる皆様のご意見は、今後の出版の貴重な資料として生かしていきたいと存じます。また、ご記入いただいたご住所、Eメールアドレスに、小社の出版物のご案内をさしあげることがあります。上記以外の目的で、お客様の個人情報を使用することはありません。

監訳者

序

末法の神学——存在一性論（waḥdah al-wujūd）とは？

中田考

言葉、人間、神

“Sein, das verstanden werden kann, ist Sprache（理解されうる存在は言語である）” とはH・G・ガダマーの言葉である。

言うまでもなくこのガダマーの言葉は『聖書』「ヨハネ福音書」（1章1節）の “Θεὸς ἦν ὁ Λόγος（神は言葉であった）” を承けている。

セム（アブラハム）的一神教の伝統において、神と存在と言葉は不可分、不即不離の関係にある。神は「光あれ」と言った。すると光があった（『聖書』「創世記」1章1節）。神が何かを望むとただそれに「あれ」と言うと、すなわちそれはある（『クルアーン』36章82節）。神の言葉は、世界を創り、また神は言葉、声として人間に臨む。イスラームの聖典クルアーンは、単に神の御言葉であるだけではなく、神御自身と不可分の神の属性である。[1] しかし人間に臨む神の御言葉は、神の言葉であると同時に人間の言葉でもある。言葉は人間だけのものではな

▼1　『クルアーン』は被造物に過ぎない、とのムウタズィラ派の教義を強制しようとした七代マァムーン（八三三年没）、八代ムウタスィム（八四二年没）、九代ワーシク（八四七年没）のアッバース朝三代にわたるカリフによる迫害、投獄、拷問に耐えて、スンナ派大イスラーム学者アフマド・ブン・ハンバル（八五五年没）が「クルアーン非被造物説」を守って以来、『クルアーン』はこの世界に顕現した超越の象徴となる。

い。動物行動学者コンラート・ローレンツの『ソロモンの指輪』は、それを嵌めると動物の言葉を理解できるという聖書のソロモン王の指輪にまつわる伝説に因んで命名されているが、クルアーンによると動物だけでなく、森羅万象は全てそれぞれの言葉で神を称えている。ただし人間にはかれらの言葉を理解することができない。

「七つの天と地とその中にある者は彼（神）を称える。彼への賛美によって称えないものは何もない。しかし貴方方はかれらの賛美を理解できない。」（17章44節）

「もし我々がライオンの言葉を話したとしても、我々はライオンのいうことがわからない」と述べたのはヴィトゲンシュタインであった。万物はそれぞれの言語、即ちコミュニケーション・ツールを有するが、それぞれ別の存在形態を有するために、互いに理解しあうことはできない。万物は、それぞれの言語で互いにコミュニケーションをとっている。しかし我々は、ソロモンの指輪を使わない限り、つまり神的介入がない限り、現世、つまり現世においてはそれを理解することはできない。

世界は神の創造の言葉「あれ」によって無から有へと引き出される。「あれ（kun）」は命令形であるが、「有れ」と命ぜられる以上、その「もの」はそもそれ以前に存在していてはならない。

ナーブルスィーによると、創造の命令は、未分化の絶対存在としての神の本体から、内部で自己分節しながらも未だ実個体化して顕現する以前の神の属性に対して発せられる。本体としての神から属性としての神への存在命令により、「もの」は無から有に引き出される。

神の存在命令によって無から有に引き出され、神の属性が実個体化した「もの」は全てその因って来たる属性を顧みそれぞれの言葉で神を称える。神の自己分節化、実個体化による自己賛美の言葉が無限に轟き響きあう場、それがこの世界の実相である。

「言え。たとえ海が我が主の御言葉のためのインクであったとして、同じだけのインクを足したとしても、我が主の御言葉が尽きる前に、海が尽きるだろう。」（18章109節）

しかし森羅万象の賛美の声は、人間には理解できない。理解される存在とは人間の言葉なのである。人間が人間であるとは、神の言葉、人間の言葉となった神の言葉に応答することに他ならない。

もとより、人間には、言葉によらないコミュニケーションも存在する。抱きしめること、微笑むこと、背を向けることなどの振る舞いは時に言葉よりも多くを物語る。また新生児が話すことができないように、病や老いで言葉を失う者もいる。それらの者との間にも理解は成立しうる。しかし人間の言葉を介さぬ理解は人間としての人間の理解ではない。

人間は、人間であると同時に、霊長類、哺乳類、また動物であり、霊長類、哺乳類、動物として同類とコミュニケーションをとることができる。人間は人間の言葉を介さずして時に動物とも理解しあうことができる。「地を這う動物も両翼で飛ぶ鳥も、貴方方と同じく社会（umam）でないものはない。」（6章38節）

しかし人間を他の動物から分けるもの、人間に人間としての理解を可能にするものは、人間の言語に他ならない。人間はその言語によって、抽象的な概念を自在に組み合わせ、複雑な事物を正確に理解することが可能となる。言語こそが、人間を他の動物から区別された類的存在としての人間たらしめる。

言い換えれば、言葉こそ人間であり、人間の言葉となった神の言葉、クルアーンは、神と人間を繋ぐメディアであり、神はその人間の言葉によって「人格」として顕現し、人間の社会、共同体を創り上げる。

人類の現存する全ての民族は完全な言語を有しているが、全ての言語の起源は謎である。我々は単語の意味や文法を自分で創り出して話し始めるわけではない。我々は気が付いたときには、言葉の中で生きている。言葉は人間に先在する。言語は私にだけ先在するわけではない。誰にとっても言語は気が付いたときには既にそこにある。言葉を創り上げた者はいない。卵が先か鶏が先か、人間が先か言語が先か。ナーブルスィー（一七三一年没）にとって答えは明らかである。人間の言葉は人間の創造以前に、神の言葉の顕現として神自身から神自身に向けて発話された、つまり言葉の存在が人間の存在に先立つのである。

私的言語の不可能性を論じたのはヴィトゲンシュタインであったが、言語は社会的存在、類的存在として個人に先在する。「個体発生は系統発生を繰り返す」と言われるが、個人にとって言語が先在するように、言語は人類に先在する。神の本体の属性への分節化により、神の存在命令に応じて世界が生成する。意味と事物が即応する原初の言葉の本義は、神の神自身に対する自己発話において成立するが、それは人間には理解することはできない。言語の起源は人間には隠されている。

人間の言語は、人間と神を繋ぐメディアであるが、本来的には（本体としての）神の（属性としての）神の御自身に対する自己対話である。しかし人間が神の方向に向かっていない時、人間の言葉は神の言葉としての存在純度を失い、虚偽が混じり込む。それが現世の人間の言葉である。しかし、神は時に神のみを志向する使徒を人類に遣わす。そのような使徒を介しての神の人類に対する顕現、介入が啓示現象である。

ニクウス・ルーマンによると、社会とはコミュニケーションの理解による連鎖に他ならないが、人間のコミュニケーションは、言語的に分節化された、つまり言語によって予め社会が組み込まれた世界の、（他人による自分の行為の）予期の予期の「ダブル・コンティンジェンシー」を「認知的予期」と「規範的予期」によって理解可能なものに縮減することによって安定的な接続が可能になる。

ナーブルスィーは存在の自己展開を四階梯に分ける。第一階梯は（アッラーの）本体の階梯、自体的（アイニー）存在であり、崇拝されるべきもの、アッラーの階梯である。第二は神の属性の階梯、知的（イルミー）存在で、神へ至らしめる媒介、預言者ムハンマドの階梯、第三は神の行為の階梯で、言語的（カウリー）存在で、崇拝者、信仰者たちの階梯、第四は行為対象の階梯、標識的（ラクミー）存在で、崇拝の障害、悪魔の階梯と呼ばれる。

神と人間を媒介する預言者による神の言語的顕現である天啓法こそは、完全なコミュニケーションの発動、「信仰者たち」の社会の生成そのものに他ならない。それがセム系一神教、イスラームの完成である。

井筒俊彦の蹉跌――言葉と人格神

ナーブルスィーはイスラーム諸学に通じた碩学であり、アジア、ヨーロッパ、アフリカに跨る世界史上最大の帝国の一つでもあったオスマン朝期最大のアラブ神秘思想家でもある。

本書に訳出した「存在の唯一性の意味の指示対象の解明」を一読すれば分かるように、ナーブルスィーはイスラーム思想史的には「存在一性論（waḥdah al-wujūd）」学派に属する。[▼2]

存在一性論は、神「アッラー」の基底に、あらゆる限定を超えた絶対純粋存在を措定し、それをあらゆる存在者の存在根拠とみなす思想である。井筒俊彦の東洋哲学の一連の業績が明らかにしたように、存在一性論は、マイスター・エックハルトのようなキリスト教神秘主義、ユダヤ教のカバラなどセム系一神教だけでなく、中国の老荘思想、朱子学、インドのウパニシャッド哲学などの東洋思想とも親和性が高い。特に日本では、比較文明学者、比較哲学者としても世界的に名高く最近再評価が進んでいるイスラーム学者井筒が紹介したために、存在一性論はイスラームという低次元の宗教の外殻を超えて全ての宗教が達した最高の真理を解き明かす形而上学のイスラーム・ヴァージョンとして理解されているが、ナーブルスィーの思想集成は、こうした「存在一性論」理解の見直しを迫るものである。それに当たって鍵となるのは、「人格神」の概念である。

井筒は「人格神というものが入ってくると、どうも目障りなんです。人格神の信仰をいれないで、純粋に形而

▼2　W. A. S., Khalidi. "ʿAbd al=Ghanī", *Encyclopedia of Islam* (Second Edition).

上学『一者』で終始した方がずっとすっきりする」と率直に述べており、澤井義次は「彼は晩年、ほとんど全く人格神の信仰や思想には関心を示さなかった」と指摘している。[3]

井筒が構想する絶対存在の自己展開としての東洋哲学の体系には人格神の入る余地はない。この体系においては、頂点には絶対無限定な一なる存在が置かれ、最底辺には多なるこの現象界が来る。島田勝己は井筒の東洋哲学の存在論の形而上学的モデルが「プロティヌス的流出論」であったと言う。[4] 確かにネオプラトニズム化されたギリシャ哲学の「不動の動者」のような抽象的な非人格神であれば、絶対無限定な存在の下に位置付けることができる。しかし開闢から終末に至るまでの宇宙の全ての事象を知悉し人間に話しかけるイスラームの人格神アッラーは絶対無限定な存在からかけ離れること甚だしい。事実、イスラーム哲学における神は普遍にのみ関わり個物を知ることはなく、それゆえガザーリー（一一一一年没）によって無神論として断罪される。

井筒は「絶対者とは究極的には人格神ではなく、というより、人格神である以前に、人格神をもその顕現形態とする、より根源的な何ものか」[5]と述べているが、人格神はこのプロティヌス的流出論の中に位置付けることはできない。あるいは、その最下部、つまり人間が住むこの月下界のすぐ上にでも置くしかない。

姿形を有さず、血統や眷属も持たないセム系一神教の神がそれでも「人格神」であるのは、神が「言葉」であるからである。この世界に現象する人間は、人間であると同時に哺乳類であり、脊椎動物であり、化学物質、素粒子の雲のような重層的な存在である。形象も親族もない神は、そのような全ての偶有的性質を剥ぎ取った人間の本質、即ち言葉として理解する／理解される存在に対して、永遠の言葉となり被造物の世界を引き裂く断面として顕現する。

Language and Magic（一九五六年）で世界的意味論学者としてデビューし、同書で確立した方法論に基づきクルアーンの翻訳者として啓示現象の理解に努めた井筒が、言葉として顕現する神が彼の構想する東洋哲学、つまり無限定な「純粋有／無」としての絶対存在の自己展開、顕現としての世界認識の中に占める余地がないことに

気づかないはずがない。「人格神が目障り」、「ない方がすっきりする」との彼の率直な言葉は、彼の理解するイスラームと「存在一性論」の不整合を示している。

更に言うなら、人格神を否定する井筒のこの言葉は、イスラームを超えて、東洋哲学とその中の人格神的なもの、つまり阿弥陀仏や大日如来などの諸仏との不整合をも照射しているのだが、それについては後に述べよう。

ナーブルスィーは確かに存在一性論を真智者が認める正しい教えだと述べているが、より重要なのは、「存在一性論は、選良から一般信徒に至るまで全ての人々が合意していることであり、イスラームの教えとして必ず理解できるものである。それはムスリム・非ムスリムを問わず、誰であれ決して否定するようなものではない。また人間の内、理性のある者には存在一性論を否定することは思いもよらない。」との言葉である。つまり、存在一性論とは、特に高級な話ではなく普通の知能があれば誰もが思い至る当たり前の話でしかなく、反対者がいるのは、存在一性論学派の言葉遣いが一般人の用法とは異なる特殊な専門用語だから誤解が生まれただけであり、論争は実体がない言葉の上のものでしかない、とのナーブルスィーの認識である。

確かにナーブルスィーは存在一性論学派の擁護者であるが、それは「存在一性論」自体に価値があるからではない。それはムスリムではない一般人でも思いつく凡庸な思想にすぎない。彼が擁護するのは、存在一性論を唱える者の中にも、敬虔で善行を実践し、品行方正で美徳を身に付け魂を研ぎ澄ませた者もいるからである。つまり人間の価値を決めるのは敬虔、善行、品行方正、美徳、研ぎ澄まされた魂であり、存在一性論事態ではないの

▼3 澤井義次「東洋思想の共時的構造化へ――エラノス会議と『共時的東洋』」『井筒俊彦の東洋哲学』二〇一八年、二四七頁。
▼4 島田勝巳「『神秘哲学』から『東洋哲学』へ」『井筒俊彦の東洋哲学』、八八頁。
▼5 同上、九四頁。

である。事実、彼は存在一性論者の中にもそれを口実に道徳を否定し法を破る異端の無神論者がいると述べている。アブドゥルカリーム・ジーリー（一四二四年没）が言う通り、「自らを完全なスーフィーの一派だと嘯き、自分自身を完全なものであるように振る舞う一団ほど醜く神からほど遠い者などいない」のである。

存在一性論は正しいとしても、それは本来一般人でも異教徒でも理解できる平凡な命題でしかなく、むしろそれを誤解して自分が真智に達したと信じると人間として最も醜悪な堕落に陥る危険で有害な思想なのである。

そのことを構造的に明らかにしているのが、「イスラームの本質とその秘儀」である。預言者ムハンマドのハディースに基づき、宗教の完成は「イスラーム（帰依）」、「イーマーン（信者）」、「イフサーン（至誠）」の三段階を経る、と伝統イスラーム学は教える。「イスラームの本質とその秘儀」は、「罪の解明」、「悔悟の解明」、「神に関する正しい信条」、「不信仰の解明」、「イスラームの解明」、「イーマーンの解明」、「イフサーンの解明」の七章に分ける。ナーブルスィーはその存在一性論、存在の自己展開についての議論を、第1章「罪の解明」の冒頭で開陳する。

存在一性論が同書の冒頭に置かれていることは、ある意味でナーブルスィーが存在の唯一性の認識を重視していることを示している。しかしそれは信仰の完成、到着点だからなどではなく、イスラームの前提条件だからである。

存在の唯一性の認識は、罪の認識、イスラームの前提条件であるが、その先にあるイスラームは、「主の御許から預言者ムハンマドがもたらした明証と導きに従属、献身、心服することである」。そしてその完成であるイフサーンについては、ナーブルスィーは、「イフサーンは、他でもない崇拝と解釈される。なぜならばその境地にある者には崇拝以外に行為はないからである」と述べている。

神の使徒とは、神の言葉を人々に伝える使命を帯びて神から遣わされた者である。つまり、一途に神を志向し神の属性を体現するがゆえに神と人間のメディアとなる使徒に下された神の言葉は、使徒だけが理解でき彼だけに向けられた言葉ではない。啓示の言葉は、一なる創造主にして立法者たる神による、現象界と不可視界についての「明証」、善悪の命令と禁止の導きとして、コミュニケーションを起動させるが、それに絶対帰依（イスラーム）することにより、安定した「認知的予期」、「規範的予期」が実現される。こうして啓示の言葉が起動させたコミュニケーションの連鎖、イスラーム教徒の社会は、今日十五億人の人口を擁する大文明に成長することになった。ナーブルスィーの存在一性論においては、人格神の概念は不可欠である。なぜなら人間とは言語によって理解される存在であり、人格神とはなによりも、人間に語りかける神だからである。しかし、決定的に重要なのは、言葉として顕現する神は、個人の言葉ではなく、神の言葉に従う信仰者の共同体の言葉であることである。神の「言語的（カウリー）存在」は、「信仰者たち」の階梯である。つまり言語的存在としての神の顕現には、そもそも社会性が前提されているのである。

ここに井筒に代表される存在一性論研究の問題点が凝縮されている。第一は既に指摘した言語として顕現する人格神をその体系の中に位置付けられないことであり、第二は社会性、先験性への理解を欠く言語観である。ネオプラトニズムの影響を受けたアリストテレス哲学を受容したイブン・シーナーの哲学、流出論の枠組みで記述される存在一性論には、個々の人間に自らの生きる世界を知らしめ良き未来へと導く永遠の生きた言葉を語りかける人格神が入る余地はない。

存在一性論の社会性、先験性への理解の欠如も人格神の概念の不在と関わっている。なるほど、現代ヨーロッパ諸語は言うに及ばず、サンスクリット語、中国語、ヘブライ語、アラビア語、ペルシャ語、ギリシャ語、ラテン語など古典語に通じた比較文明学者でもあった井筒は、それぞれの文化共同体の構成員がそれぞれの文化の存在分節の仕方を学んでいく、という意味での言語の社会性に着目しており、「文化的無意識」を指す「アラヤ識」の思想を展開していたのは確かである。▼6

▼6　氣多雅子「形而上学的体験の極所——『精神的東洋』とは何か」『井筒俊彦の東洋哲学』一四二、一五三頁。

しかし井筒に代表される存在一性論の研究者、宗教哲学の研究者は、言語的分節化を経ない未分化の存在の認識を語りながらも、自己の存在を素朴に前提しており、その自己が社会と不可分な人間の環境世界の認識を可能にする認知的予期と規範的予期により規定されていることに無自覚であり、またその自己の認識も記述もコミュニケーションの連鎖の中にあること、即ち存在論的に社会そのものであるとの意識もない。それゆえ、かれらは、存在の言語的分節化の問題については雄弁に語っても、認知的予期を可能にする事実叙述と並ぶ言語の重要な機能である規範的予期を可能とする立法、命令が「未分節の絶対存在」からいかにして生成するのかについて論ずることはない。

しかし言語による名付けに対応する本質が存在しないとしても、そもそも言語的分節化を排すれば存在の実相が理解できるものなのか。先天的に言語中枢に障害がある者は無分節な世界が理解できるのであろうか。言語を持たない動物も世界を分節化して認識しており、植物さえ明暗を区別し養分を選択的に摂取するために世界を分節化している。存在一性論研究者たちが主張するような、言語の分節化作用が生み出す本質が実在するとの幻想を超えて無分節な存在の実在を悟った真智者が知ると称する真理について、ナーブルスィーが言う通り、奇を衒った専門用語と言葉遊びの文飾を剝ぎ取ってしまえば、誰にでも思いつく月並みな一般論以上の内容が示されたことはない。

かれらにはそのような曖昧な一般論の言説を残した以外には、人類の知的遺産に何一つ付け加えたものはなく、また人類の福利を増進させるような格別な事績を残しているわけでもない。もちろん、かれらの中には、人徳を称えられた者がいないわけではないが、それは時代と場所を問わず、市井の「俗人」にもそのような者はいくらでもいる、という以上のことではない。いや、動物やペットにさえそのような美談は珍しくない。

存在一性論やそれに類する神秘哲学と、かれらの説く善悪、規範、徳とは論理的な関係がない。定義によって世界をその知と力と意思によって創造した、それゆえに現象界と不可視界の開闢から終末までの全てを知悉する人格神からの啓示によって教えられたのでない以上、かれらが説く大日如来や阿弥陀仏のような疑似人格神は虚構であり、救済や成仏などの教説もまた全て妄想にすぎない。しかしそれらの虚構、妄想が間違っていることよりも更に悪いのは、それらの妄想によって自分たちが宇宙の真理を窮めたと思いなすことによる自我の肥大、自己神格化である。「自らを完全なスーフィーの一派だと嘯き、自分自身を完全なものであるように振る舞う一団ほど醜く神からほど遠い者などいない。」のである。

人間は他の動物とも共通する認識能力で世界を理解することはできるが、複雑かつ厳密な知識は高度に分節化された言語によるコミュニケーションを通じて、つまり社会の中でしか獲得することはできない。そしてこの「現世」の時空を超えた知識へのアクセスは、神を志向し神と人間との媒介である使徒がもたらした啓示に聞き従うことによってしか達成できない。そしてたとえ使徒の啓示に学んだとしても、啓示が神の言葉でありながらも人間の言葉である以上、人間の言葉を通じて明かされる知など、神自体は言うに及ばず、無限の神の創造の言葉の顕現である世界の前では無に等しい。

宇宙の地平線の外に何があるのかを人間は未だに知らない、などという話をしているのではない。自分が五分後に何を考えているか、いや、自分が今何を本当にしたいのかさえ、誰が答えられるだろうか。蟻や鳥の言葉さえ理解できない我々には人間の言葉となった啓示による以外に、神の言葉を、つまり世界を理解することなどできようはずがない。山川草木悉皆成仏のような万物に霊性を認めつつ人格神を否定する思想は、一見すると人間と他の自然を平等に扱い人間中心主義を免れているように映るが、実際には創造主のような自分以上の存在を認めない一方で、口を利くことができない万物に対しては自己を超えた者からのいかなる掣肘もなく一方的に支配しつつ、あたかもその代理人であるかのように勝手にその利害を代弁し、万能幻想に浸る人間の自己神格化を帰結するだけである。

ムスリムにふさわしいのは、森羅万象がそれぞれの言葉で神を称えているように、我々の言葉、人間の言葉、願わくば神と人間のコミュニケーション、啓示の言葉で神を称えることであり、奇を衒った存在一性論の専門用語の言葉遊びに耽り自我を肥大化させ自己神格化の危険を冒すことなどではないのである。

したがって、本書『ナーブルスィー神秘哲学集成』は、非人格的な絶対無分節の存在の認識を人類に共通する叡智と見なす井筒の東洋哲学の構想のような存在一性論の万教帰一主義的解釈の再考を促すものである、と言うことができる。

新たな「地平融合」へ――普遍主義と諸宗教の共存の可能性

ところが逆説的に、使徒ムハンマドのもたらした啓典クルアーンに則り人格神アッラーを崇拝することを信仰の完成とみなす正統主義のナーブルスィーのテキストは、別の形での普遍主義と諸宗教の共存の可能性をも示している。

ナーブルスィーは「イスラームの本質とその秘儀」の冒頭で以下のように言う。

聖法における罪とは、特定の時代におけるその（神、または聖法についての）宣教の後の、主に対する背反である。なぜならアッラーは「我らは使徒を遣わすまでは、罰する者ではない。」（17章15節）と仰せだからである。それで、全ての二人の使徒（rasūlain）の間の中間時（使徒の存在が途切れた不在時）の民は、かれらの時代には宣教が成立していないために、かれらの諸々の行為は罪ではない。人々から隔絶された場所で成長した者、戦争の家でイスラームに入信し、その後でイスラームの地に移住しなかった者も同様である（罪はない)。但しこれらは全て四肢による行為についてである。

アッラーを信じない(感謝しない)罪については、それに対して誰も許されない。なぜならばそれ(主アッラーの存在、あるいはアッラーへの不信仰が罪であること)を知るためには(使徒による啓示がなくとも)理性だけで十分だからである。というのは、アッラーはそれ(理性)を万人に対する導き手として遣わし給うたからである。但し、それは(アッラーが)様々な地平と自分たちの魂の中に彼を示すものとして創り給うた彼の様々な徴や証拠についてのそれ(理性)による考察が有効に正しく成立していること(ṣiḥḥah)が条件となる。「やがて我らはかれらに我らの諸徴を地平線とかれら自身の中に見せよう。かれらに彼が真理であることが明白になるようにと。」(41章53節)

「イスラームの家」、つまりカリフが統べるイスラーム法の法治空間においては、異教徒は納税を条件に、生命、財産、名誉の安全を保障され、宗教的自治を享受して生きることができる。そして「戦争の家」、つまり日本のような非ムスリム社会に生まれ育った者は、イスラーム法の義務を課されず罪は免責される。信仰に関しても合理的証明がなされるまでは猶予される。

唯一神への信仰を義務付けるのは、ナーブルスィーが属するマートゥリーディー神学派の立場である。マートゥリーディー学派によると、ムハンマドの啓示を信じなくとも、理性で唯一神信仰に到達した者は信仰者とみなされる。

イスラームの教説が知られない「不信仰の地」においても、漠然とした「造物者(ṣāniʿ)」への信仰がイスラーム的見地から全き信仰として認められる、との見方を生む。すなわち、マートゥリーディー学派によれば、「不信仰の地」の人間は、イスラームの教義を全く信じず、イスラームで定められた法的義務を全く行わずとも、造物者への信仰一点をもって「信仰者」として認められる。…中略…したがって、「不信仰の地」という圏域において、イスラームは、クルアーンと預言者ムハンマドの言行から演繹された特定の信仰箇条の総体、つまり、実定宗教としての側面よりも、唯一神崇拝、あるいは、世界の造物者への信仰へと呼びかける包括的メッセージとしての側面を強調して提示されるべきである。▼7

既述の通り、社会とはコミュニケーションの連鎖であり、イスラーム研究といえども、コミュニケーションの連鎖の一環であり、その社会の言語、文化の語彙に規定される。それゆえ、松山が指摘する通り、日本においては、ナーブルスィーの存在一性論は、世界の構成原理としての一者を措定する馴染みの東洋哲学との比較の枠組みで論じられるべきである。しかし、それはこれまでの井筒的なアプローチとは違ったものとならねばならない。一休禅師の歌とされる「分け登る麓の道は多けれど同じ高嶺の月を見るかな」は、儀礼や教義の細部が違っても宗教の根本と究極の目標は一つである、といった意味で、宗教間対話の場でしばしば引用される。井筒の東洋哲学の枠組みも同じ発想上にある。

しかしおそらくそれは実態に即していない。むしろ、山の頂の高さがそれぞれ違おうとも、山の麓で蠢く者は似たり寄ったの凡夫でしかない、というのが私たちのありのままの姿ではあるまいか。天を見上げ、我々全ての存在の根拠となる唯一者を仰ぎ見ることは、修道者の到達点ではなく出発点である。そしてそれは深遠な真理ではなく、ナーブルスィーが言うように、ムスリムであれ非ムスリムであれ理性ある者であれば誰も決して否定しないような自明の理にすぎない。

マートゥリィーディー派神学は、唯一神の認識は、啓示がなくとも理性によって知ることができるがゆえに、唯一神信仰は使徒の宣教が届かない地の住民にも義務となるという。しかし、それには神について考える十分な時間的余裕があることが条件である。妄執に囚われ現世の生活や雑事に忙殺され、超越について思索する暇がない末法に生きる現代人には、唯一神の信仰さえ義務となる条件は整っていないとも考えられる。

仏教には自力による悟り、成仏を教える聖道門、仏の他力による往生の教え、浄土門がある。特に日本仏教の歴史においては、中世以来、末法と凡夫の自覚による浄土門の思想が民衆の間にも根付いている。末法を生きる我々は、自分たちこそが真智を悟った選良であるとの高踏的な態度を捨て、謙虚にこの浄土門の伝統に立ち返り、末法、末世における文明間の共存の新たな在り方を模索する必要があるのではないか。

そうであるとすれば、本書で訳出したナーブルスィーの作品には、井筒が目指した異文化間の「不可共役性」を前提として認めつつその対立を新たな創造の契機とする「地平融合」を、井筒が構想したのとは異なる形で実現するためのヒントが数多く含まれていると筆者は信じている。

▼7　松山洋平「『不信仰の地』におけるイスラーム——マートゥリーディー学派における宣教未到達の民の信仰」『一神教世界』5、二〇一四年、九七頁。

ナーブルスィー神秘哲学集成

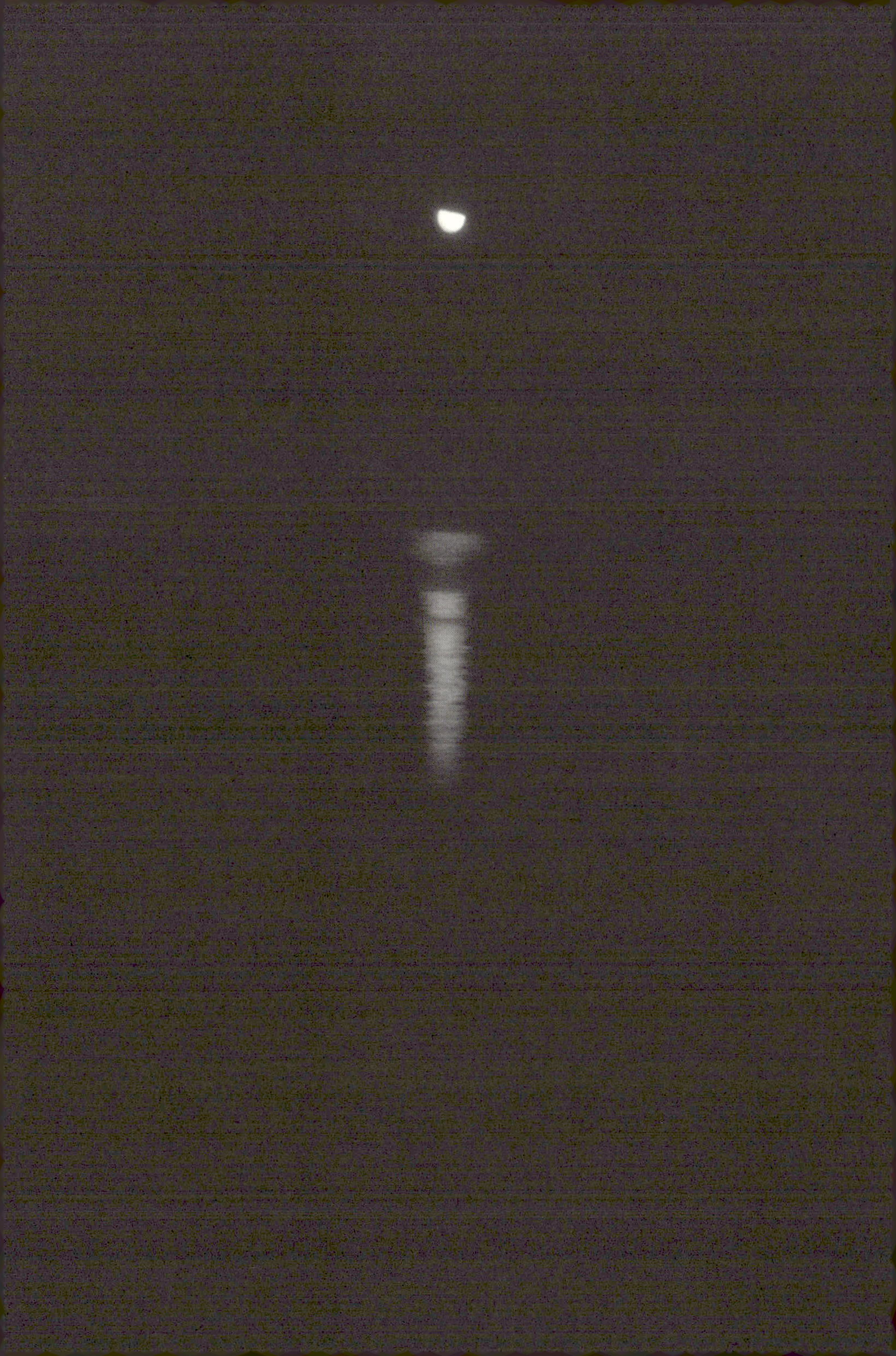

存在の唯一性の意味の指示対象の解明

慈悲深き、慈愛遍くアッラーの御名において

無神論者やザンダカ主義者[1]、否定や拒絶の民が理解しているような虚偽の意味ではなく、考察と目撃の民が理解するところの存在の唯一性によって形容されるアッラーにこそ称賛は属す。なぜなら全てのものは、それ自体は虚無、空っぽなものであり、ただ至高なるアッラーの存在によって存在しているに過ぎないからだ。

また我らが長《おさ》ムハンマドに祝福と平安あれ。アッラーは彼（ムハンマド）への追随の光によってシャリーアの諸規定を守り、刑法を執行する者に、あらゆる閉じた扉を開け給う。また彼（ムハンマド）の御家族、教友、従者、援助者、ご一党、誓約を果たす者たちにも平安あれ。

さて、威力比類なき御方である主に寄りかかるこの貧者なる下僕、アブドゥルガニー・イブン・イスマーイール・イブン・ナーブルスィーは言う。アッラーがその手を取り、援助を与え給いますように。本書は、すぐれた覚知者であるアッラーの民が「存在の唯一性（waḥdah al-wujūd）」と「アッラーの共に存在するものなど何もない」という言葉を用いる際に意図している意味を解明するために著したものである。また本書の正しさの説明、それ以外の誤りと無知の民の過ちの否定と、それに反することは不可能だとの判断（についても説明する）

私は本書を「存在の唯一性の意味の指示対象の解明」と名付けた。アッラーにこそこの解明へのご助力を請う。彼こそ私の助力者であり、良き代理人。アッラーこそ真理を述べ給い、（正しき）道へ導き給う。

以下のことを知りなさい。

この命題、即ち「存在の唯一性」について、今までに古今の多くの学者が論じてきた。（真理の認識を）遮られ

▼1　現世は永久に続くことを信じ、アッラーや神の唯一性、来世の存在を否定しているがムスリムの信仰を持っているように振る舞う者を指す。

た無知で知識の足らない者は批判し、真理を理解した真智者は肯定し受け入れてきた問題である。存在の唯一性を批判する者は、存在一性論学派の主張を理解せず、誤解しているだけなのである。実際のところそのような批判というのは、存在の唯一性に対する誤解に基づいて論じられているのであって、真の理解に基づいて、存在の唯一性が論じられているものではない。かれらは勝手に誤解し、その誤解に基づいて批判しているのである。

一方で、存在一性論学派は真智を理解した学者たちである。かれらは美徳と真理を会得し、神秘的開示と心眼の民、品行方正で魂を研ぎ澄ませた者たちである。

即ち、大老師イブン・アラビー[2]、シャルフッディーン・イブン・ファーリド[3]、アフィーフ・ティリムサーニー[4]、アブドゥルハック・イブン・サブイーン[5]、アブドゥルカリーム・ジーリー[6]やかれらの学統に連なる者たちである。アッラーがかれらの心の神秘を聖なるものとし、かれらの光を加増されますように。なぜならかれらは存在一性論学派であり、かれらの学説に従う者は最後の審判まで存在するからである。神が望み給うならば。

かれらの学説はスンナ派の大学者たちのイスラーム理解に反していない。かれらが反することなどありえようか。存在一性論学派やそれに従う者たちへの批判者は存在一性論学派の専門用語への無理解、知識の不足から言いがかりをつけているだけなのである。

なぜなら存在一性論学派の知識とは体感的な神秘的開示と目的に依拠し、かれら以外の者たちの知識は頭の中に湧く雑念や思索に由来するからである。存在一性論学派の修行は敬虔と善行の実践によって始まるが、かれら以外の者たちの修行は本を熟読したり、益を得るために被造物に頼ったりすることから始まる。存在一性論学派の知識は、永遠に自存する御方（アッラー）の目撃に至ることで終わるが、それ以外の者たちの知識は社会的地位や、かりそめのものを手に入れることで終わる。道というのは真理に導く師たちの純粋な道しかなく、正しい信仰とは、目撃される御方にふさわしい正しい意味に基づく存在の唯一性しかない。

理性を持ち責任能力のある全ての人間は、存在一性論について学び、完全に理解し、その教えを保持し、思弁神学者の言葉など存在一性論に反する言説は拒絶しなければならない。

なぜなら存在一性論とは真理の言葉であり、正しい信条だからだ。批判者の批判や無知な者や存在一性論を理解していない神学者、道を誤り他人も惑わす者の非難から存在一性論の教えを守らなければならない。

2　以下のことを知りなさい。

存在一性論はイスラームの師父たちの教えに反することを意図しているのではない。むしろ存在一性論は、選良から一般信徒に至るまで全ての人々が合意していることであり、イスラームの教えとして必ず理解できるものである。それはムスリム・非ムスリム問わず、誰からも否定されるようなものでは決してない。また人間のうち、

▼2　一二四〇年没。アンダルスで活躍したイスラーム学者。彼の『叡智の台座（*Fuṣūṣ al-Ḥikam*）』や『マッカ啓示（*al-Futūḥāt al-Makkīyah*）』などの著作で論じられた「存在一性論」及び「完全人間論」は以後のイスラーム神秘哲学に多大な影響を及ぼした。

▼3　一二三四年没。アラブのスーフィー詩人。彼の編んだ詩は現代イスラーム世界でも親しまれている。

▼4　一二九一年没。イブン・アラビーにも教えを受けているが、イブン・アラビーの弟子のクーナウィーの直弟子。クーナウィーの哲学的存在論を継承している。後代のイブン・タイミーヤからはその哲学的傾向を激しく非難された。

▼5　一二六八／九年没。アンダルスのムルシアに生まれ、マグリブやカイロなどを転々とし、最後はマッカで没した。アッラーとの合一の境地を求め自殺したと言われている。「存在一性論（waḥdah al-wujūd）」という語を使ったのはイブン・サブイーンが最初だと言われている。

▼6　一四〇二／三年没。スーフィー教団の一派であるカーディリー教団の導師としても活躍したスーフィー思想家。主著『完全人間（al-Insān al-Kāmil）』が有名。

理性のある者には存在一性論を否定することは思いもよらない。

あらゆる世界はそこに住む人種や種類、個人によって多様性を見せているが、かれらはそれら自身によってではなく、アッラーの存在によって無から見出され存在者として生起している。それら（諸世界）の存在は、それ自身ではなくアッラーの存在によって一瞬きごとに守られている。

そしてそのようであるならば、一瞬きごとにアッラーによって存在せしめられているそれら（諸世界）の存在は、実のところアッラーの存在以外の何ものでもない。あらゆる世界は、それ自身から見れば、その根源的無によって虚無でしかない。しかしアッラーの存在から見れば、あらゆる世界はアッラーの存在によって存在している。

そして、アッラーの存在とアッラーによって存在せしめられているそれら（諸世界）の存在は、一つの存在であり、それはアッラーの存在だけなのであり、それら（諸世界）は決して存在を有してはいない。「アッラーの存在」であるそれら（諸世界）の「存在」によって意図されているものは、それら（諸世界）の本体や形相そのものではない。そうではなくそれ（諸世界の存在）で意図されているものは、それら（諸世界）の本体や形相が、それらそれ自体の中で存立していることである。これは理性を持つ者たちが合意しているところではアッラーの存在に他ならない。それらの本体と形相は、アッラーが御自身の存在によってそれらを存在せしめられたことを度外視しては、本来的にはそれ自体に存在はない。

アッラーが御自身の存在によって被造物を創造されたという観点を考慮しなくとも、被造物それ自体は、存在を有していない。

（物事の）形骸（だけが研究対象）の学者や神学者は、存在は永遠存在と有限存在の二種類に分かれると主張する。かれらによれば有限存在は、その本体や形相そのものを指す。したがってアシュアリー神学派はあらゆるモノの「存在」は、そのモノの「本体」に他ならず、存在とはそのモノに追加されるものではない、と述べた。このテーマに関しては既に他の著作の中で述べられている。

しかしながら、理性を有している者であれば意見の相違なく、モノの本体や形相を存在せしめている「存在」とは疑いなくアッラーの存在である。そしてアッラーの民のうち真理を体得した者たちが議論しているのはこの存在についてであって、存在者の本体であるような存在についてではない。

存在一性論に対する意見の食い違いは、「存在」が何を意図しているかについての定義の違いが原因である。存在を存在者の本体そのものと見なしている者は、有限存在を有限な存在者の本体それ自体であると理解しているため、存在一性論を拒絶しているのだ。しかしながらそのような存在一性論批判は全くの誤解である。なぜなら（神学者が）アッラーの存在とは異なる第二の存在として主張する有限「存在」もやはりアッラーの存在によって存立している、と彼（神学者）は考えているからである。つまり彼（神学者）もまた全ての存在はアッラーの存在に帰一すると考えているのである。

有限な存在者を存在せしめるものとして「存在」を理解する者は、存在一性論を受け入れそれを真と信じる。そしてそれこそが存在に関するあらゆる議論がたどり着く正しい見解である。なぜならアッラーの存在とは、理性のある者が一致しているようにあらゆる存在者が存在するために依拠するところのものだからである。（学者たちの）相違は「存在」という単語が何を意図しているかの解釈から生じる字面の上だけのものである。存在論についてアッラーの徒のうち真理を体得した者たちの言説が最も至高のものであり、それ以外の学者たちの言説は最も低俗なものである。永遠であっても有限であっても、「存在」とは「全ての存在者を存在せしめるもの」を指すと見なすことが、真理を体得した者たちの理解に最も近い。なぜなら可能（＝有限）存在者は、永遠存在から独立することは決してないからである。可能存在者の「存在」とはアッラーの永遠の存在であるが、その（可能存在者の）本体や形相は永遠存在者ではない。このような用法に従うと両者は二つのものであるように見えるが、その両者を共に存在せしめている「存在」は一つの存在である。それ（存在）は永遠者にとっては本体であり、有限者にとっては他者である。永遠者はそれがその本体自体である存在によって存在しており、有限（存在者）は永遠者そのものである存在によって成立している。有限者は永遠者の本体そのものではなく、永遠者も有限者の本体そのものではない。

むしろその各々は、たとえその両者が同一の存在の中に顕れ、それ（同一の存在）によって個体として存立しているという点で一致しているとしても、その本体においても属性においても互いに異なっているのである。なぜなら唯一の存在が、永遠者はその本体によって、有限者はその本体ではなくその永遠者によって（存在しているものだからである）。それゆえ一つの存在は、永遠者として在る場合は、それを超える存在などないような絶対無限定の存在である。一方有限存在として在る場合は、永遠者の側ではなく、有限者の側から生じているために、第一の相（永遠）より低次であり有限なものによって制限されるような限定存在である。これは、夜空に浮かぶ星が実際には大きさは変わっていないにもかかわらず、地上にいる人間にとっては小さく見えることに似ている。大きいものが距離の遠さによって小さく見えたからといって、実際にその大きさが変化しているわけではない。同様に絶対無限定のアッラーの存在も、措定され定立された有限者に対して限定的な存在として顕れたとしても、本来の絶対性が変化したことにはならない。なぜなら絶対無限定の存在は決して分かれたり変化したりしないからだ。どうして非存在が真なる存在者を変化させることができるだろうか？　変化や変質は、有限な本体や形相に生じるのである。至高なるアッラーはお望みのままにそれらを変化させ、根源的無から偶然的存在へと移行させるのである。そしてそのような存在とは実のところその（アッラーの）存在なのである。それで（有限な本体や形相は）それに適した姿をとる。それは（有限な本体や形相が）概念上の存在においてそれ（神の存在）によって姿をとるが、（概念上で）そのような姿をとることによっても至高者の存在（自体）は分かれたり変化したりすることはないのと同じである。またそれは透明な水は、私たちがその中に硫酸塩を入れ、水が黒色に変色したと仮定し定立しても、水そのものは変化しないし、水の属性が消えたわけではないのと同様である。また辰砂が水に入り、水が赤色に染まったと措定し定立するのも同様であり、全ての色についてもそうなのである。それで水そのものが変わったわけでは決してないし、純水の属性が消えたわけでもない。そこには二つのものが存在している。即ち水と硫酸塩、あるいは水と辰砂であって、一つのものではなく、水は実在化されたものであるが、（色として顕れている）硫酸塩や辰砂は措定し定立されているのである。両者は一つの存在によって存在しているが、その存在とは水の存在に他ならない。措定し定立されている硫酸塩、辰砂は水の存在以外の存在によって存在しているのではない。そうではなくそれ（色）には水の存在と並んだ存在を持たない。存在とは水だけにあるが、水の存在は、措定し定立されている硫酸塩や辰砂（の色）に、それ（硝酸塩や辰砂の色）がその（水の）中に措定し定立されているために、借り受けられているのである。しかしそれ（色が水）によって、水から真の唯一性を奪うようなことはない。なぜならそれ（硝酸塩や辰砂）がその（水の）中に措定し定立されているが、水の中には何のも宿っておらず、水もまた何かに宿っていることもなく、水が措定し定立された硫酸塩や辰砂と統合することはなく、硝酸塩が水と統合することもなく、それはただ二つの本質があるだけだからである。それ自体によって存在している真の水と、それ自体によってではなく、その（水の）中でそれ（硝酸塩、辰砂）を措定し定立する水の存在によって存在している措定し定立された硫酸塩、辰砂である。もし存在が見かけ上は、実在化された存在者、すなわち水と、措定し定立された（存在）者、すなわち硝酸塩、辰砂との間で、結合した一つのものであるとしても、事柄の実相においては、本来的には結合していないことも不可能ではないのである。それは一つの単語が約定された本義的意味と約定から外れた転義的意味の両方で使われるとしても、元々の約定においては多義語ではなかったということも不可能ではないのである。

そうではなくて、存在とは実在化された水の存在だけであり、措定され定立された硫酸塩や辰砂には、それと同じように措定され定立された別の存在があるのである。それはアシュアリー師が述べたように[7]その本体そのものと形相自体であるか、またファフルッディーン・ラーズィーが神学の存在論の該当する場で論じているように、その本体や形相に対して付加されたものであるかである。存在一性論者が存在という言葉で意図しているものは、存在者を存在者の状態へと移行させるものであり、可能態の範疇に属するモノが措定され定立されたものとなった存在を指しているのではない。この喩えを理解しなさい。天と地において最もすぐれた喩えはアッラーにこそ属す。

この喩えの意味とは即ち、真存在とは至高なる真なる御方の本体そのものであって、そのような一つの存在は分かれることもなければ部分化、分節化、変化、変質することは決してない、ということである。それ（真存在）は様態や量、場所、時間、方向によって限定されない。またそれ（真存在）の他にはそれ以外の何ものもないので、何かがそれ（真存在）に宿ることは考えられず、それに並ぶ何ものもないため、何かがそれ（真存在）と統合されることもない。あらゆるもの全てはそれ（真存在）によって存在せしめられ、アッラーの本体そのものである存在によって確立され、現象界に見えるようになる。

あらゆるものはその本体を鑑みるなら上述の硫酸塩や辰砂のように措定され定立されたものである。形骸の学者や神学者が主張するように、その存在がそれら（万物）の本体であれそれに対して付加されたものであれ、私たちがそれら（万物）に至高者の存在以外の別の存在を認めるなら、そのような存在もまたそれら（万物）と同じように措定され定立されたものとなり、その措定され定立された存在者を存在者たらしめるものとは何なのか（という問い）に議論は戻ってしまう。そしてそれこそが疑念、疑惑の余地なくアッラーの存在であり、誰もが私たちが述べた意味での存在一性論の学説を認めざるをえなくなるのである。

「アッラーを除く諸世界について貴方がたは何を述べているのか？」と問われるなら、形骸の学者や神学者に対しては私たち（存在一性論学派）は以下のように答えよう。

「これら（被造物）全てはアッラーの存在によって存立している。それは被造物であり、その本体を鑑みるなら純粋無であるので、それ自身においては措定され定立されたものに過ぎない。そしてその存在はただアッラーの存在のみによっており、たとえそれ（アッラーの存在）によってそれ（アッラー）以外のものが有らしめられているとしても、存在はアッラーただ御独りにのみ属するからである。

被造物の存在はアッラーの存在によって成り立ち、たとえそれ以外のものによって存在しているとしても「存在」とはアッラーのみに属す。

同様に、「貴方がた（存在一性論学派）の主張によると、責任能力者の行為について（神によって）強制されており、かれらには（自由な）選択はないということになってしまうが、責任能力者の行為について貴方たちはどう考えるのか」という者たちに対しても、「私たちは貴方がたと同じことを考えている」と答える。「周知のように貴方方（神学者）は、人間には選択的部分があり、それによって自分の行為への糸口を得る、」と言うが、私たちは貴方方に、全般的に同じことを述べる。なぜならアッラーは全ての創造者であって、「創造」とは「措定」、「定立」を意味するからである。

「存在」、「措定されたもの」、「定立されたもの」についての私たちの議論に戻ろう。

私たちがどのように措定し定立しようとも、それは存在を必要とするが、アッラーの存在以外に存在はない。そしてそのようなものはそれ自身としては純粋無でありながらアッラーの存在によって存在者になっている。万物の、措定され定立されたこの「存在」は、それら（万物）の本体そのものであるか、あるいはその付加物であるかであるが、それは形骸の学者や神学者がそれを述べている。かれらはそれをアッラーの存在に対する二つめの存在と見なし、それによって真智者のうちの真理を体得した者である存在一性論学派を批判するが、そのような見解は真智者を害することはない。かれらは（アッラーの存在の）超越性を完全に理解した上で、知る者（アッラー）と知られる者、創造する者（アッラー）と創造される者の間にある類似性が完全であるために存在一性論を

▼7　一二〇九年没。スンナ派二大神学のうちの一つアシュアリー神学の大成者。

主張するのである。それを認めることがかれら（存在一性論者）に不可能でないのは、かれらが知られる者や被造物に対して、知る者や創造主が持つ属性や名称に対応するものを認めるが、それがかれらの存在一性論の一貫性を損なうことはない。なぜなら真理を体得した真智者たちは、全ての存在者を存在者たらしめているものについて語っているからである。それがなければ、存在の中にそもそも存在者（見出されるもの）も、認識されるものも、知覚されるものもありえず、あらゆる被造物はそれらを統括するその（アッラーの）存在を視野に入れなければ、それ自身の中には存在を全く有していないのである。

なぜなら被造物には自分（被造物）自身を創る力はなく、それは並ぶものなきアッラーただ御独りの真なる存在だけ（の力）だからである。そして至高者（アッラー）には、彼が措定し定立したあらゆる被造物、もしくはその一部に宿るということは決して考えられない。なぜなら措定され定立されたものは、それ自体では純粋無に過ぎないからである。どうして存在が虚無に宿ることがあるだろうか？　同様にアッラーが被造物と合一することも考えられない。なぜなら創造主の本質と被造物の本質はお互いに全く異なるものであり、両者には類似する点は全くないからである。真なる御方の本質は「無限定性」によってさえも限定されない純粋有である。なぜならそれ（無限定性）もまた限定だからである。一方、措定され定立されたものの本質は純粋無であり、限定されたものである。措定され定立されたものの存在は、形骸の学者や神学者が述べているように私たちもそれを述べているとすれば、それもまた措定され定立されたものであり、その本質はやはり純粋無なのである。

それを唱える者たちが理解さえしているなら、万人が考えるところ、あらゆる事象はいかなる場合であれアッラーの存在に帰着するのである。至高者（アッラー）の存在は存在の存在であり、あらゆるものの存在は至高者の存在なしには純粋無でしかなく、至高者の存在以外には真の存在は無い。したがって好むと好まざるとにかかわらず誰もが存在一性論者なのである。私たち（存在一性論者）の考えではただ、あらゆる被造物は措定され定立されたものである。なぜなら創造とは措定と定立を意味するからである。至高者（アッラー）も仰せのとおりで

ある。「あらゆるものを創造し、秩序付けた。」（『クルアーン』25章2節）
たとえその意味が存在を生起させる「創造」であったとしても、それは措定され定立された存在に過ぎない。至高なるアッラーの存在と、それ自体ではなく至高者の存在に依っているあらゆる被造物の存在は等しくない。私たちが述べたように被造物全ての存在が至高なるアッラーの存在に依っており、アッラーの存在こそが被造物全ての存在がそれに依っているものであることは、あらゆる被造物の存在が至高のアッラーの力、意志、知、命やその他の属性に依っていることと矛盾しない。なぜなら真智者たちの許での存在一性論の議論は凝縮されたもので多義的なのであり、それを詳解しているのが、形骸の学者や神学者たちによる至高なるアッラーの属性の説明と称えられるべきその御名の釈義だからである。
なぜなら存在一性論学派以外の者たちにおいても属性は本質そのものでもなく、本質以外の何かでもないからだ。
かれら（存在一性論学派）の考えでも、それら（アッラーの属性）は（アッラーの）本体そのものでもなければそれ以外でもないが、スンナ派の誰一人としてそれら（アッラーの属性）がその本体と、（アッラーが本体と諸属性の）複合（したものであるという結論）を帰結する本当の乖離の意味でかけ離れているとは主張しないので、それら（アッラーの属性）にもアッラーの存在の語を用いている。そして至高なるアッラーの存在が、全てのものの創造、その定立、その措定の意味で、あらゆるものの存在がそのものに依っている、との主張は、異論の存在なく形骸の学者たちと神学者が述べるところの至高なるアッラーの属性の肯定の説なのである。

まとめ

形骸の学者たちは、上述の正しい理解に則り存在一性論を論じる真智者の存在一性論を批判する権利はない。

しかし、存在一性論を唱える者のうち、無知で異端に陥っている無神論者は、定立され措定されたかれらの存在それ自体がアッラーの存在であり、定立され措定されたかれらの本体や属性もまたアッラーの本質や属性それ自体であると主張する。かれらはそれを唱えることによって、イスラーム法に従う義務から逃れ、ムハンマドの共同体を否定し、義務負荷を免れようと試みるのである。このような誤った意味で存在一性論を唱える者たちへの批判は正しいものである。

そして物事を外側からしか見ない学者たちはそれ（批判）によって贈与主たる王（アッラー）からの完全な褒賞を授かり、真理を体得した真智者もこの批判において異論なくかれらに同意している。

アブドゥルカリーム・ジーリー師――アッラーが彼の心を聖なるものにし給いますように――はご自身の著作『隠遁注釈』における忠告の序論において、かれら（存在一性論の僭称者）を指して以下のように述べている。

「同胞よ、アッラーの慈悲があらんことよ――私はあらゆる場所を旅し、様々な人間を見てきたが、自らを完全なスーフィーの一派だと嘯き、自分自身を完全なものであるように振る舞う一団ほど醜く神からほど遠いものなどいない。そのような輩は実のところアッラーや使徒、来世を信じず、イスラーム法を自らに課さず、使徒の慣行やかれらがもたらした規範を、心に少しでも信仰心がある者であれば不愉快に思うような方法で実践するのである。そのような者がどうして神秘的開示や目撃の階梯に至るだろうか。

私はそのような（似非スーフィー）集団をアゼルバイジャンやシーラーン、ジーラーン、ホラーサーンでたくさん見かけた。アッラーよ、かれらを呪いたまえ。そのような（似非スーフィーの）徒党が一人でもいるような村には住んではいけない。

『また試みの厄災に対してお前たちの身を守れ。それはお前たちの中で不義を行う者だけに下る者ではない。』（8章25節）

もし可能であればそのような似非スーフィーを見てはならないし、関わってはならない。ましてやともに住んだり、交流したりするなどもってのほかである。もし交流しているのであれば、お前に正しさはない。アッラーこそ導き手である。

この似非スーフィーとは、前に述べたような誤った理解に基づいた存在一性論者についてである。しかし物事を外側からしか見ない学者は、弓から放たれた矢のようにイスラームから逸脱した低俗な輩への非難を超えて、本当に真理を理解している真智者である師たちをも、そのような似非スーフィーと同じような考えで存在一性論を唱えていると誤解して批判してしまっているのである。このような誤解に基づく批判は宗教的に醜い行いであり、アッラーと二つ世を信じる者は好まない。なぜなら高貴な真智者である師たちの書や著作には、存在一性論学派であっても、生起する措定され定立された存在を明示的に、あるいは暗示的に肯定し、それは永遠存在とは別のものであると述べる言葉に満ち溢れているからである。

ただし、時折、全てのものを存在者たらしめる本当の真なる御方の存在の目撃が彼を圧倒し、神以外のものが消え去ったりすることで、神以外のものは幻想や蜃気楼に過ぎず消え去るものであり、神以外のものには存在などないのだと主張することがある。真智者のこのような主張は正しい。なぜなら学者たちが一致しているように至高なる真なる御方以外のものの存在は、それが被造物であるため、措定され定立された存在だからである。措定され定立された存在はそれ自体では純粋無でしかなく、実在化する存在は至高なるアッラーの存在だけである。それが万物の創造者、措定者、定立者であり、あらゆるものを措定し定立することで存在の次元へと引き上げるのだ。しかしながらあらゆる被造物が措定され定立されたものであったとしても、我々が感覚や理性で認識するような確かな実在化された存在者ではない、とは言えない。なぜならばアッラーがあらゆるもののそれら自身におけるそれぞれの存在に対して行う措定と定立は私たち人間が無であるものに対して行う措定と定立とは異なるからである。至高なるアッラーは私たちが措定し定立したものを私たちよりも下位の次元にされた。それはそれが私たちにとって、至高なるアッラーが措定し定立した本来は無である万物のそれぞれの存在と、それら（万物の存在）が存在において至高者（アッラー）よりも下位にあることを我々に示している。真智者のなんぴとたりとも批判することは許されない。あるものがかれらの教説について無知であるならば、その無知はシャリーアや真なる教えに対する無知であり、そのような無知は許されない。むしろかれらは存在一性論を学ぶ義務がある。私たちが無知な者に対してその者が自分の学説について分かっていないことで判断を下すなら、私たちは不信仰と判断する。なぜなら（その無智者は）たとえ自分が拒絶しているものの意味を理解していないとしても、真理の徒に対して真理を拒絶しているからであり、少なくともそれにおいて罪と背神を犯している。

至高なるアッラーが仰せの通りである。

「またお前は、自分の知識の無いことに従ってはならない。本当に聴覚や視覚、心の働き全てが審判の日において尋問されるであろう。」（17章36節）

信仰者はできうる限り、特に真智の徒や真理、神的知識について完全な理解を同胞にもたらさなければならない。なぜなら真理の徒とはアッラーに愛された者（ワリー）であり、アッラーに愛される者の敵はアッラーの敵だからである。そしてアッラーへの敵対は不信仰に他ならない。

「アッラーとその諸々の天使や使徒、およびジブリールとミーカイールに敵対する者は誰であるのか。まことにアッラーこそ不信心者にとっては敵である。」（2章98節）

無知者とは体感的諸知識を知らない者であり、ただその（無知者の）知識は自分が実践し（て体得し）たのではなく本と紙から得たものだ（から真理の徒の言葉の真意を理解できないので疑わしいと思った）からといって、彼は（必ずしも真理の徒を）拒否しなくてもよい。それ（拒否の代わりにすべきこと）はアッラーの民（真知者）たちが自分よりアッラーについてよく知っており、自分たちがかれらの用語に対して無知であることを認めた上でかれら（真知者）を善意に解釈することであり、イジュマーゥにより真理を拒む者が不信仰であることの知識があれば、彼（無知者）にであってもかれら（真理の徒）を拒絶することは（もし真理の徒が正しければ拒絶すれば自分が不信仰者になるので）決してないのである。

アッラーの徒を肯定的に見なし、アッラーについて最もよく知っている者たちであると認めながらも、かれらの言葉を正しく理解していない無知な者は、真理を否定する者は不信仰であると知った上で、真智の徒を否定してはならない。

もし我々が上述の正しい理解に則った存在一性論の正しさを証明しようと思うならば、クルアーンの章句や預言者の言行、外面的知識や内面的知識を扱う学者たちの真理を体得した碩学たちの言葉まで言及しなければならない。しかしながらこの書簡はあくまで要約を述べることを目的としており、説明は十分になされただろう。

私は既に過去の学者たちが書いた存在一性論に関する様々な解説や、かれらの主張の正しさの根拠、意図の解明について考察を行った。

手隙の時間に急いで私たちが書いたことを研究した者がもし時間があるならばこの主題において外面的知識と内面的知識の学者たちが用いる表現の真意を理解してほしい。なぜならそれは、義人たちの見出したものと、確信の徒の完全な者の言い回しの基本中の基本であり、また純粋な奉献者（ムフリス）たちの全ての（良き）行為が立脚するところの聖法にかなったタウヒードだからだ。それ（存在一性論）以外のものは無知な者が依拠する隠された多神信仰に他ならない。したがって、真理の徒であるアフマド・クシャーシー師[8]――アッラーの慈悲があらんことよ――は存在一性論について書いた御自身の書簡の中で、カマール・パーシャー[9]の言葉を引用されている。

「為政者は人々に存在一性論の言葉を届けなければならない。」

それを補足するなら、人々を隠された多神崇拝から救い出すタウヒードへと導く、ということである。真智者アルスラーン・ディマシュキー[10]師がご自身の書簡の序文にて以下のように書かれている通りである。

お前の全ては隠された多神信仰に過ぎない。お前がお前自身から抜け出さない限り、お前のタウヒードは明らかにされない。

私はアルスラーン師の書簡の注釈の中で、可能な限り隠された多神崇拝について説明を試みた。アッラーにこそ助力を求める。わが指導者ムハンマド様とその御家族、教友、最後の審判の日まで善行をもってかれらに従う者たちに平安あれ。諸世界の主よ。

▼8　一六六一年没。ハラマイン（マッカとマディーナ）で活躍。ハラマインにおけるハディース学の伝授を媒介にしたイスラーム学者集団の中心的人物の一人で、東南アジアにおけるイブン・アラビー思想伝播にも影響を与えた。当時の「存在一性論を奉ずる者たちの師」と呼ばれた。

▼9　一五三四年没。トルコではケマルパシャザーデと呼ばれる。オスマン朝を代表するイスラーム学者。スレイマン一世治世下にイスラーム法学最高権威（シェイヒュルイスラム）として活躍した。イスラーム諸学全てに秀で、イブン・アラビーの思想についても肯定的な見解を示した。

▼10　没年は諸説あり分かっていないが十一世紀頃にシリアのダマスカスで活躍したスーフィー思想家。『タウヒードの書簡（*Risālah al-Tawḥīd*）』が有名で、後代のスーフィー思想家によって注釈書が多く書かれた。

イスラームの本質とその秘義

序論

存在の隠蔽（katm）[1]から世界を露わにさせ、それを純粋無から出現せしめ給い、可能性の様々な場（mawāṭin）[2]において、万古の諸臨在が区別されるため彼御自身のためにそれ（存在）によって彼御自身を描写し給うたアッラーにこそ称えあれ。そして彼の御光によって彼と接続もせず、かといって彼と分離しているのでもなく彼御自身によって存立する時（'ahd）[3]を確定し給い、それをその中にその本質の諸臨在の様々な顕現によって彼の諸相が顕れるための鏡と為し給い、それからその御光から、その御光そのものではなく、といってそれとは別物でもない他の光を出現せしめ給い、その中には彼の偉大な玉座とその善とその悪を統合した彼の台座をあらしめ給うた。そしてそれからその台座の内部に七つの天を創り給い、そして創設を完成させ給い、月の天体（falk）[4]（月下界）の内部に創成物の構成のために四元素（水・土・火・風）を置き給うた。祝福されしかな、アッラー、最善の創造者。

▼1　AF版では「宝物 kanz」とあるが、HA版の読みを採った。
▼2　AF版では単数「場 mawṭin」。
▼3　AF版では「彼の光を光として確定し」とあるが、HA版の読みを採った。
▼4　AF版には falk の句が抜けている。

それからアーダムの誕生を世界における最後の創成物とし給い、それをこの存在の形象（ṣuwar）を全ての写像（nuskhah）と為し給い、それをもって彼の諸属性、諸名、諸行為、諸規定と対照せしめた給うた。そしてそれこそが目標だったのである。それから彼から完全な書巻、神慮を担う運ばれた本を複写し、彼の型（qālib）[5]に「子性」の秘義を注ぎ込み、彼の衣服に「若者性」の光を置き、彼の思慕される姿の諸天から無始の星を昇らしめ給うた。そして様々なすぐれた形態に発展し、遂には唯一性の太陽がこの痩身の星から立ち上り、彼（預言者）と彼の清い衣で着飾りその果樹園に咲く花[6]（aẓhār）の上を歩み、彼の一対の靴を履き、その両足で彼の道に確固としてあり、特に愛する者たちの霊の栄養と近侍たちのタスニーム[7]の飲み物である者全て、万物に不可分のその一部を授与する者、存在物[8]の全ての本質（ḥaqīqah）がその本質に帰される者、光（ムハンマドの光）によって先んじ、出現において遅れる者、称えられる者のよく称賛される者、存在の目の瞳にアッラーの祝福あれ。身体が異なっても霊性において彼（預言者）に帰一する[9]（āʾilīn）清い彼の一統と完全な恩恵拝受により彼と共にある、彼の教友たちとあらゆる時代、あらゆる場所において至善をもって彼に従う者たちに、（アッラーの）御満悦あれ。

　さて、私こと、その庇護主を必要とし、その主の御赦しと御導きを希望する僕、ハナフィー学派、カーディリー教団に属し、ダマスカスを生誕地故郷とするアブドゥルガニー・イブン・イスマーイール・イブン・イブラーヒーム・イブン・アフマド・ナーブルスィー――アッラーが彼を幸福な者たちの召喚に入れ給い、その過去の父祖たちに慈悲を垂れ給い、彼と全てのムスリムたちに優しくなさり給いますように。アーミーン。――はその巻頭言において、その（心の）状態（ḥāl）と階梯（maqām）の然らしめるところを述べる。

望月満ちて夜陰に輝き　樹上に美を注ぐ
それにより理性は惑い　それに酔い醒めない
我が庭園はその薫風に匂いたつ　芳しい香りが満ちるとき

そして我が心はそれを思慕する　いつも瞼は不眠
そして我が忍耐、ある日、私はそれを去り　残らず、熱情がその中に残った
大いなる熱愛に惑う者は恋焦がれ　彼には全ての道が塞がれる
雷が彼からそれを奪う　それ以外は彼の心中に閃かない
その酒の杯が回り　それで彼は今日それに沈溺する
それはその庭園の芳香を掻き立て　人界で、吸い込む者こそ良きかな
どうして私が喜び誇らずにいようか　美しい身体を私が抱いて
我が目に尋ねよ、それにこそ　瞳の中の一瞥
私はそれを光輝の美から得た　もし存在物に顕れれば耐えることのできない者の
それから私の口に残ったものを味わえ　全ての神を畏れ身を護る者の残り酒を
これが、私が聞いたうちの最低　声の唱念の美、そして細かく砕けよ
そして私の鼻に聞け、既に私は嗅いだ　そこで、天体の薫風の香りを
我が民族の子弟らよ、我が便りを受け取れ　我が心の喜びと我が憂いについての

▼5　ＡＦ版では「心 qalb」。
▼6　ＡＦ版には「川 anhār」とあるが、ＨＡ版の咲く花の方が文意が通るためこちらに従う。
▼7　タスニームは天国の泉の名と言われる。クルアーン83章27節参照。ＡＦ版は「tansīm（リフレッシュメント）」とある。
▼8　ＨＡ版では「諸存在物 mawjūdāt」、ＡＦ版では「諸物 kawnīn」とあるが、文意は変わらない。
▼9　ＡＦ版は「協力する（āthilīn）」。

私の方を見よ、もし隠されようとも　私の本体の太陽が、我が残光を見よ
貴方方が理解するものは全て覆い　人類の幸せな者と、そして惨めな者の
アッラーにおいて警戒せよ、陥ることを　地平線に、顕れた物に際して
被造物は全て誘惑試練　いかなる集まりが分解しないでいようか
救済の道を歩め、上を　被造物の浄化者ターハー（ムハンマド）の宗教の
それから彼のスンナの跡の上を辿り　それによって粛々と進め
そして私に招待状を送り、祈れ　明日（最後の審判）のために我々から、懸念ある者のために
アッラーの祝福、永久に　不滅の平安と共に
その光が昇る者のために　熱愛の女客が変容する
我らが長、選ばれし者の最も称賛されるべき者　その者と共に我が心がその望みに出会う
その起原が存在物に顕れた者、純白の覆いの後ろに

信仰の難攻不落な砦の中におり、アッラーが望み給うなら休息と香草の薫風を享楽する者よ、この拙著はその昼の長さゆえにその夜が短い者に向けてのみ纏めたことを知れ。そしてそれは清浄な魂の成長においてその必然性の諸中心地に留まり、アイン（実体）の点のないガイン[10]（他者）によって遮られることがなく、その霊性の手によって懸隔から懸隔の覆いを取り上げる者である。またおそらく、晴眼者の手引きによって視覚障害者もそれから受益することもあり、その手（の手引き）によって腕の短い者（無能者）もカアバ禁殿の隅の端に触れることができるかもしれない。

アッラー、アッラー、自分たちに顕れた聖法（シャリーア）の光の瞬きに対して立ち止まる者たち、本性の地下貯蔵庫の中で自覚していない様々な罪の煙幕に閉じ込められている者たち、現世の虚飾の膿で肥え太ろうと望む

者たち、そして自分たち自身を買いかぶって来世の霊的喜びから逸れ去った無知な心の逸脱者たちよ、私の言葉の僅かばかりを誤解で曲解し、それをこのムハンマドの宗教の要請に反するように口外し、私とアッラーに対して嘘を述べないように心せよ。というのは、私はたとえ語句が多義的であろうとも、私が開示されたことで高貴な聖法に合致したことを説明する以外のことは意図していないからである。

それ（多義的な言葉）についてそれ（聖法）に反するように曲解されるかもしれない。それに対しては、私には、明白な免責事由がある。そして全ての器は、その中に注ぐものによっている。そして免責事項とは、ただ人々が想像する様々な概念が、おそらくそれを表現するのに相当する語句が舌の語彙の中には見出されないということである。ひょっとするとそれは可能であるかもしれない。しかし心はそれに積み上げられた美しい知識によってそれから忙殺されているのである。アッラーこそ助けを求められる御方。

私は望んだこの本の執筆の開始を決意し、それを賢慮の持ち主たちに贈られる（mahdāt）[11]贈り物とした。それは七つの章（門）からなるが、第八は、それを受け入れて学び礼節の道でその中を歩む者全てに対する導きと（アッラーへの）接近の開示の門（章）となることを願っている。

私はそれをこれより長くしようと思っていたが、同胞、同僚を退屈、倦怠に陥らせないために、軽減した。そしてそれを『主の開示と慈悲遍き御方の湧出』と命名した。志ある者たちがそれによって益を得、迷える者たちがそのせいで導かれることを、そして（アッラーが）我らと我らのムスリムの同胞たちに良き末期を恵み、末代を初代に随行させ給うことをアッラーに祈願します。力も権能も威力類無き至高のアッラーのみに属します。彼こ

▼10　AF版ではアイン（文字の名）とあるが、ガイン（文字の名であり、「他者 ghair」の頭文字）と取った方が文意が通るため、HA版に従った。

▼11　AF版では「導き（mahdīyah）」となっているが、HA版の読みを採った。

そ、我が十全の護り手、なんと良き後見、なんと良き庇護者、なんと良き助け主であることか。

第1章　罪の解明

序

罪に驚くべき内秘がある　そしてそれには醜と善が
また人々の中に寛ぎがあり　人々の中には苛立ちも
それゆえそれに気をつけそれに赴け　それゆえそれは畏怖すべき美
それなくして近侍はなく　愛する御方との出会いもない
預言者たちもなかったし　近い場所もない
それゆえそれは被造物にとっての覆い　それゆえ過つ者であり　また正しくもある
なぜならそれは城壁でその中には　両派に取り分があるから
慈悲は真実だが　見かけは懲罰
存在物は完成しない　それなくしては　そして深慮の者は成功する
汝　汝よ　理解せよ　太陽は夜は隠れる
それで昼に汝を呼び招く者は　まことにいずれ応えよう

以下のことを知れ。

罪には本質があり、それ（本質）が知られれば、その内秘が知られ、その秘密が知られれば、その外顕も知られる。

そしてまたそれ（罪）には、状態、階梯があり、またそれには諸種類がある。

今、私は、貴方に、それについて、来示に従い、慈悲深い御方の投示を翻訳して、その解説の後に「聖法」の名で呼ばれる神的事象の外観[1]に則って語ろう。

罪の本質

聖法における罪とは、特定の時代におけるその（神、または聖法についての）宣教の後の、主に対する背反である。なぜならアッラーは「我らは使徒を遣わすまでは、罰する者ではない。」（17章15節）と仰せだからである。それで、全ての二人の使徒（rasūlain[2]）の間の中間時（使徒の存在が途切れた不在時）の民は、かれらの時代には宣教が成立していないために、かれらの諸々の行為は罪ではない。人々から隔絶された場所で成長した者、戦争の家でイスラームに入信し、その後でイスラームの地に移住しなかった者も同様である（罪はない）。但しこれらは全て四肢による行為についてである。

アッラーを信じない（感謝しない）罪については、それに対して誰も許されない。なぜならばそれ（主アッラーの存在、あるいはアッラーへの不信仰が罪であること）を知るためには（使徒による啓示がなくとも）理性だけで十分だからである。というのは、アッラーはそれ（理性）を万人に対する導き手として遣わし給うたからである。但し、それは（アッラーが）様々な地平と自分たちの魂の中に彼を示すものとして創り給うた彼の様々な徴や証拠についてのそれ（理性）による考察が有効に正しく成立していること（siḥḥah[3]）が条件となる。「やがて我らはかれらに我らの諸徴を地平線とかれら自身の中に見せよう。かれらに彼が真理であることが明白になるようにと。」（41章53節）

「本質（真理）」の名で呼ばれる神的事象の内奥に則った罪の本質については、それは主に対する、（アッラー）御自身による御自身に関しての御自身に向けての（ilā nafsi-hi）▼4宣教の到達の後の、御自身によって御自身から望み給うたことのうち一つの何かのものについての、合致である。そしてそれ（罪）は、僕の存在の実体化／個体化に帰着する。至高者は仰せられた。「言え。ただ我が主は、醜行の顕れたもの、隠れたもの、そして正当でない罪業と不品行、そしてアッラーに対して（アッラーが）それに権威を下し給わなかったものを並べること、そしてアッラーについてお前たちが知らないことを言うことだけしか禁じ給わなかった。」（7章33節）

それゆえ自らの許で、アッラーと並んで露わにであれ、隠れてであれ、自分の存在を個別化した者は、醜行、不品行を行い、アッラーに対して知らないことを言ったことになるのである。なぜならば、生成存在の中における諸々の個別化とは、（神的）諸属性的諸臨在の複合の分節化と、その諸々の完成性の明晰化のために、それら（神的）諸属性的諸臨在の相違を浮き彫りにするためだけに過ぎないのであり、乖離は意図されたことではないからである。そしてそれら（存在の諸々の実体化／個体化）はただ、罪の実現を介して寛恕者、寛大者、復讐者などの諸属性の一部の諸本質の出現に、同伴しているだけなのである。

ジュナイド（八三〇年没）は言った。「私はある道を歩いているときに耳にした詩文の諸節から学んだ益を得た以上に学んだことはない。」

その（詩文の）一部は（以下の通り）。

▼1　AF版では「外観」が抜けている。

▼2　AF版では「二人の預言者（nabīyain）」となっている。

▼3　AF版では「考察を正しくすること（taṣḥīḥ）」となっているが、HA版の読みを採った。

▼4　HA版では「御自身に向けての（ilā nafsi-hi）」が抜けている。

「何が貴方に対する私の罪か」と私が言えば
貴方は私に答えた。「お前の存在が罪。いかなる罪もそれに比べられないような。」

至高者の「有れ」との御言葉に自らが倣うに適しているとした者はその命令に背いており、命令に背いた者は罪を犯しているのである。なぜなら三人称単数命令形によるその御言葉「有れ」は、いと高きアッラーが望み給うたところのものへの万古の語りかけであるが、語りかけは、無始において存在する話しかけられるものを要請とし、無始において存在するものは、アッラー以外にないため、その時、その語りかけは、御自身に対してであるからであり、それゆえ彼以外のものが自らが適しているとした、彼の命令に背いているのである。

そして疑いなく、アッラーには、二つの臨在がある。

第一が、本体の臨在であり、それが発話的（臨在）である。

そして第二が、諸属性の臨在であり、それが永遠の「有れ」との御言葉によるその実現における被対話的（臨在）なのである。

至高なるアッラーは、それを被限定名詞で「もの」と呼び給うた。なぜならば、それは「そのものを意思で望んだ」と言われるように、「意思（mashī'ah）」の動名詞だからである。存在するものを、その存在のある段階から別の段階に成らしめることは、実現者の実現とは違い、「我々の許に今日、客人があった」、つまり「彼にその本体ではなく、客人性の様態が生じた」、と言われるように、更新と呼ばれる。

至高者は仰せられる。「かれらに慈悲深き御方から新たな訓戒が齎された時。」（26章5節）そしてその意図はかれらの許に無かった後に、かれらの許に新たに生じたということであり、それがその本体においてあらたに生じたということではない。「訓戒」とは、アッラーの万古の発話である「有れ」との御言葉によって語りかけられた属性の臨在であり、発話は、発話者の属性である。なぜならそれは彼から発するからであり、その物事の全てを集めているからである。

それゆえ至高者は「我らは啓典の中で何ものもおろそかにしなかった。」（6章38節）と、ここと「我々の何ものに対する言葉もただ……。」（16章40節）において、可能性の臨在をその縮減のために考慮して、「もの」に非限定名詞を用い給うているのである。

それゆえクルアーンは多くの異なる章や節を含んでいるにもかかわらず、その本体としては、統一性がそれに必然なのである。至高者は仰せられた。「我らはただ一つしか命じなかった。」（54章50節）

それで、至高者の御言葉「有れ」は、存在しない話しかけられた対象に対する「存在」であるところの「有」の要求の意味ではない。なぜならばそれは命令の実行の不可分の要素に属する時間を要するからであるが、至高者の御言葉「あれ」は、時間の創造以前、いや「以前」の創造以前だからである。

それで、その意味は、「あれ」とは、「事務」の意味の「amr（命令・事象）」であり、その形相の一部によって顕れ、それについて、可能態の縮減のために、翻訳されたのである。それは、「あらせられた（kāna）」は動詞過去形であるが、過去とは時間の諸偶有に属するにもかかわらず、至高者が「そして汝の主は全能者であらせられた」と仰せになられたのと同じなのである。そしてそれは（言葉を補うと）「時間の存在しないところで、永遠性の中にあらせられた」と推定される。

また「クルアーン」と名付けられた万古の概念存在の存在の領域から可能性の領域への降下は、それと同様の曖昧な諸々の言葉を要する。それゆえ「知識の確かな者たち」は、それに「我らはそれを信じます。全ては我らの主の御許から。」（3章7節）とのかれらの言葉をもって、対応するのである。

▼5　HA版では「形相の一部に対し（li-ṣuwari-hi）」。

それで、その御言葉「言え」の意味には、諸属性の、どんなものの以前性もなく、その以後性もない、諸属性の顕れなのである。その「顕れ」はかつてあり、また今もあるのである。そしてその諸属性の諸属性とは、諸行為なのである。そして本体は万古であり、諸属性も万古であり、諸行為も万古であるが、諸行跡は彼の御許においては万古であるが、我々の許では、生成物なのである。至高者は言われる。「汝らの許にあるものは尽きるが、アッラーの御許にあるものは永続する。」（16章96節）

そこでもし「有れ」の翻訳が意図されているならば、それは、諸行跡それ自体となり、我々の許では生起者であるが、彼の御許では無始である。そこでもしそれ（「有れ」）によって翻訳された概念存在が意図されているなら、それは本体に立脚する諸属性自体であり、それは必ずや万古である。クルアーンは、「かれらに慈悲深き御方から新たな訓戒が齎された時。」（26章5節）、「信頼すべき霊が彼の魂にそれをもたらした。」（26章193―194節）、「我らはそれをカダル（御力）の夜に下した。」（97章1節）との至高者の御言葉を典拠に、彼の御許にあっては万古であるが、我々の許では生起者である。

そして疑いなく、降下は、生成的属性である。なぜなら、下降は上から下にであり、それは変化だからである。そしてその意図は、「我々の許に今日、客人があった」との我々の言葉について記述の通り、その諸段階の一つの段階の相であり、その本体の相でではない。

続き

本体、そして諸属性、そして諸属性の諸属性――そしてそれは諸行為である――そして諸行跡しかない。

そしてその第一が崇拝される御方であり、そして第二がそれに至らせる者であり、そしてそれは仲介者（wāsiṭah）[6]であり、そして第三が、崇拝者であり、そして第四が障害、邪魔である。

そして第一は、アッラーの段階であり、そして第二はムハンマドの段階であり、そして第三は信仰者たちの段階であり、そして第四は悪魔の段階である。

そしてこの四つは実は一つのものである。しかしそれは降下し、展開し、それでそうした諸様相が顕れ、その存在が増える。それで自体的存在は、本体の段階であり、理知的存在は諸属性の段階であり、言語的存在は諸行為の段階であり、述定的段階は、諸受動の段階である。

これらの四つは、諸存在であり、それは真実在の諸形相である。そしてアッラーは、アーダム（アダム）をこれらの形相の包括者として創造し給うた。預言者は言われた。アッラーはアーダムをその形相に則って創造し給うた、別伝では、「慈悲深い御方の形相に則って」それゆえ彼は真実在の鏡なのである。それゆえアーダムは彼自体において存在するが、それでそれは本体の段階である。そしていと高きアッラーの知識の中に存在するが、それでそれは諸属性の段階である。そして最高の筆の中に存在するが、それは諸行為の段階である。そして護持された書板の中に存在するが、それは諸受動（infiʿālāt）[7]の段階である。こうしてアーダム（アダム）にはこれらの四つの存在が成就したのである。

いと高きアッラーの諸世界のどの世界にもアーダムとその類の子孫たちがおり[8]、その類の預言者と使徒がいる。そしてそれは「地球からも、それらと同じもの。」（65章12節）について、イブン・ジャリール（タバリー：九二三年没）が教友イブン・アッバースが以下のように言ったと伝えていることに近い。どの地球にも、この地上の人類の形状のイブラーヒーム（アブラハム）がいる。またイブン・ハジャル（アスカラーニー：一四四八年没）が、その伝承経路は正しいと述べ、ハーキム（一〇一二年没）とバイハキー（九九四年没）が伝えている。「どの地にも、貴

▼6　AF版では再度「崇拝される御方（maʿbūd）」。
▼7　AF版では、単数「受動（infiʿāl）」。
▼8　HA版では、「どれ（kull）にも」の語がある。

方がたの地のアーダムのようなアーダム、貴方がたのヌーフ（ノア）のようなヌーフ、貴方がたのイブラーヒーム（アブラハム）のようなイブラーヒーム、貴方がたのイーサー（イエス）のようなイーサー、貴方がたの預言者（ムハンマド）のような預言者がいる。」

他の続き

これらは、一つのモノに対する既述の四つの存在である。そしてそれは、超越化によって、（1）本質的存在、――そしてそれは自体的（存在）である――であり、またそれは超越化により、（2）属性的存在、――そしてそれは理知的（存在）である――であり、そしてそれはまた超越化により、（3）行為的存在、――そしてそれは言語的（存在）である――であり、また超越化により、（4）受動的存在、――そしてそれは述定的（存在）である――であり――そしてそれは自体的である――であり、それでそれは至高の本体の世界ではアッラーであり、高貴な諸属性の世界ではムハンマドであり、諸行為の世界では信仰者であり、受動の世界では悪魔である。アッラーは仰せられた。「汝の主、威力の主は、かれらが描写するものを超越し給う。」（「整列者たち」章180節）、また仰せられる。「使徒に従う者は、確かにアッラーに従ったのである。」（4章80節）、また神聖ハディースにおいて仰せられた。「私は彼の聴覚であり、彼の視覚であった。」（ブハーリー伝）また仰せられる。「アッラーはお前たちに彼御自身を警戒させ給うた。」（3章28節）、またハディース（タバラーニー（八七三年没）伝）に曰く「私は貴方によって貴方から守護を希います。」

続き：本題への回帰を含む

我々の話は、今、この受動的存在――それは悪魔の段階である――についてであり、そこから、罪が生ずるのであり、そしてその中に諸行跡それら自体が見られ、それにおいてその存在が実体化／個体化されるのである。

そして罪の本質とは、既述の通り存在の実体化／個体化であり、実体化／個体化とは、受動的第五存在であり、第一の受動存在から、自我の顔向けを媒介に生じ、それゆえ「尻尾（dhanab）」、つまり「余分な端」に由来して、罪（dhanb）と呼ばれるのである。そして自我が、第一（受動存在）への顔向けによって、それを生じせしめ、そして罪を犯すことになるのである。つまり、（自我が）それに尻尾、つまりその上の余分を生み出したのである。それゆえ、悪魔は言った。「それで私は必ずやかれらに命じ、かれらにアッラーの創造を改変させしめるでしょう。」（4章119節）

そしてそれによって（自我は）アッラーに自らを似せたのであるが、それには受動的第四存在があり、同様にそれはアッラーに属したので、それにおいて（自我は）彼と争い、またそのために彼に反抗したのであり、それゆえ（アッラーは）彼（アッラー、存在）からそれ（自我）を追放し給うたのである。また伝承によると、アッラーはダーウードに対して仰せられた。「お前の自我に敵対せよ。なぜならそれは私との敵対のために設定されたからである。」

罪の内秘

罪の本質を貴方が知ったところで、貴方はその内秘を知る必要がある。そして私は貴方に今、時に応じてそれについて語ろう。

それで知れ。人間の至高の本体との類似は、二種類に分かれる。

第一は預言者たちの類似であり、それは完全な超越化による諸属性による本体との類似である。それゆえ前置詞「よう（ka）」が冗語でないと考えて、[9]アッラーは仰せられる。「何ものも彼の似姿に似ない。」（42章11節）

▼9　AF版では単に「前置詞『よう（ka）』の付加なしに」。

第二は、信徒たちのかれらの境地に応じた類似であり、それは本体の諸行為であるところの、属性の属性の類似である。

疑いなく、諸属性は、そこからそれが本体を見る相からは存在するが、そこからそれが諸行為を見る相においては存在しない。そして同様に、諸行為もそこからそれが諸属性を見る相からは存在するが、そこからそれが諸行跡を見る相においては存在しない。そして同様に、諸行跡もそこからそれが諸行為を見る相からは存在するが、それら自体の本体においては存在せず、むしろそれは純粋無なのである。

もし諸属性がそれらの存在を主張するなら、その純粋存在――それは本体の臨在である――への帰属の主張を肯定する。しかしそれらが存在における遊動体であるもの――それは諸行為である――にもまた帰属していることが、それを反証する。それゆえそれらの許でその存在が実体化／個体化されれば、それらは罪を犯しているのである。しかしその許でのそれらの存在の実体化／個体化は不可避である。なぜならそれは本体に隣接するところの相と、諸行為に隣接する相を見ているからである。万古の存在は双方の相からそれらを包摂している。それゆえそれらの許ではそれらの存在の実体化／個体化が必然となる。但し、それらが諸行為の相に降下し、そこから諸行跡を見るなら、その時、アッラーと共にあってのその存在の実体化／個体化は消え去る。それが預言者たちのかれらのアッラーの御前に立っている時のアッラーに対する謙遜なのである。そして存在の実体化／個体化の不在がかれらに困難となったときに、かれらにも微小な罪が生ずる。

もし諸行為が諸属性と共にあるそれらの存在を主張すれば、諸属性に隣接するそれらの相と諸行跡に隣接する相がその主張を肯定する。しかし諸属性の諸行為に隣接する相と、諸行跡の純粋無に隣接する相がそれを反証する。それで無が二つの側からそれらを包摂したのである。それゆえ存在の実体化／個体化は、第一グループほどにはそれらには難しくないので、それらの罪は重いのである。

諸行跡について言えば、それには存在に対して一つの相（だけ）がある。それは諸行為に隣接する相である。

他の相は純粋無である。それゆえそれらにはそれらの存在の実体化／個体化の不在が容易であり、それゆえそれらの罪は最も重大なのである。それゆえ預言者たちには、かれらが万古の純粋存在を包摂しているがゆえに、無謬性が確定しているのである。しかしかれらには、かれらに罪が入り込む（ただ）一つの相があるが、それは弱い。信仰者たちはかれらが万古の存在と生成存在を包摂しているため、守護されるが、無謬には守られない。そしてかれらにはかれらに罪が入り込む二つの相があるのである。それゆえかれらには罪が多いが、預言者たちの罪は少なく稀なのである。

他の責任能力者たちは、かれらが、混合無と純粋無の二つの無を包摂しているために守護されない。それゆえかれらは罪に溺れている。かれらには存在に対する（ただ）一つの相がある。[10] かれらにはその方向から悔悟が可能である。これが一般論としての、責任能力者の分類である。

罪の種類についての続き

あらゆる責任能力者には罪が必ずある。しかし預言者たちの罪は信仰者たちの罪とは違い、また信仰者たちの罪はその他の者たちの罪とは違う。無謬性と守護は、罪と矛盾しない。なぜならば預言者たちの無謬性は信仰者たちの罪[11]に対してであり、無条件の（全ての）罪に対してではなく、同様に信仰者の守護もかれら以外の罪からであり、無条件の（全ての）罪に対してではないからである。

それゆえ罪は、これに応じて、三種類、（1）預言者たちの罪、（2）信仰者たちの罪、（3）大衆の罪となる。それゆえ預言者たちの許での存在の実体化／個体化は、信仰者たちの許でのその実体化／個体化のようではな

▼10　AF版では「一つの存在に対する相がある」となっているが、HA版の読みを採った。
▼11　AF版では「全ての（jamīʿ）罪」となっているが、HA版の読みを採った。

く、信仰者たちの許でのその実体化／個体化は、大衆の許でのその実体化／個体化とは異なる。なぜならば運動は、遠ざかるほど、速くなり、また速くなるほど無に近づき、存在から遠のくので、それ（運動）が存在を主張する時、それは自分が有しないものを主張しているので、罪を犯しているのであり、その罪の重大さは、その存在からの遠さと無への近さに応じる。

「預言者たちの罪の本質について」の原則の解明の続き

私はある時、預言者たちに背神が生じることの問題についての形式主義者の学者たちの言説を考察してみた。それは例えば以下のようなものである。至高者の御言葉「アーダムは彼の主に背き誤った。」（20章121節）、また彼のムハンマドへの御言葉「我らは汝から汝の背を押しつぶしていた負目を取り除いた。」（94章2—3節）、またアーダムとハウワーゥ（イブ）に対して仰せられた。「両名に良きものを授け給うた時、かれらはかれらに授け給うたものについて、彼に共同者をなした。」（7章190節）、ユーヌス（ヨナ）についての彼の御言葉「またズー・アル＝ヌーン、怒って行き、我らがかれらに力を及ばさないと考えた時のこと。」（21章87節）「籤を引き、敗れた者となった。」（37章141節）、またダーウード（ダビデ）に対する彼の御言葉「ダーウードは我らが彼を誘惑に陥らせたと考え、彼の主に赦しを請うた。」（38章24節）、またユースフ（ヨセフ）の言葉「私は自らを免罪しない。まことに自我は、悪を命ずるもの。ただし我が主が慈悲を垂れ給うた者は別である。」（12章53節）、またイブラーヒーム（アブラハム）の言葉「いや、かれらの中のこの巨像がそれを行った。」（21章57節）しかし彼こそが、実行者であった。その根拠は、「アッラーにかけ、まことに私は、かれらの偶像に策謀をめぐらそう。」（21章57節）、また至高者は仰せられた。「彼の上に夜が深まった時、彼は星を見て、『これが我が主である。』と言った。」（6章76節）など、預言者たちについて語られているかれらに背神が生じた諸々のことに属するその他もろもろである。

それで私は、一派は、その全てに対して極端であるのを見出した。またかれらはアッラーの啓典、アッラーが預言者たちについて述べたことについて、彼が仰せになったこと全てにおいて正しいことを鑑みて、信じる必要があることから、預言者たちに背神を帰することの信条の義務においても極端で、遂には、「預言者たちが預言者の召命の前にも後にも（神に）背かなかった、と言う者は皆、（クルアーンの）明文の否定、それらの信仰の欠如により、不信仰に陥っている」、とまで述べているのである。

他方、別の一派は、預言者たちにその召命前とその後の背神の免罪において極端である。かれらは言う。「（クルアーンの）明文の字義に固執する者は、それによって（預言者たちが）大罪（を犯すこと）が可能であるとの結論、コンセンサスへの背反、ムスリムが言わないこと、に行き着く」、と述べ、（クルアーンの明文で）述べられていること全ての解釈、その字義から逸らすことにおいて度を越している。

それで私はこれらの二つの党派の説について考えを巡らせ、それを熟考したが、私には混乱が増した。そこで私は、信じ、信条とすることにおいて正しいこと、人々の間に真理であることを広めることへの御導きをいと高きアッラーに求めて、礼拝に立ち、アッラーが私を喜ばし給う屈例を行った。すると私が礼拝をまだ最後の平安の挨拶をして終わる前にその途中で、貴方に読み上げられる言葉の意味の来示が私に訪れた。

そしてそれで、この問題における私の見解は以下のようになる。クルアーンとハディースの明文は二種類ある。中には明確なものがあり、中には曖昧語もある。そして曖昧語にも二種類ある。アッラーについての曖昧な言葉と預言者たちについての曖昧な言葉である。そして疑いなく、アッラーの本質は預言者たちにも不可知であり、かれらの至高者についての知識は、それが不可能であるとの知識、完全な超越化なのである。そしてもしそうでないならかれらのうちの何ものかが無始であり、（別の）何ものかが生起するものであることになり、それは不可能だからである。

我々の預言者たちについての知識も同様であり、それは不可能であるとの知識、完全な超越化[12]なのである。そしてもしそうでないなら我々のうちに、かれらの預言者性、（即ち）シャリーアの立法の預言者性の何がしかがあるか、かれらの中に我々の預言者性の欠如の中の何がしかがあるかになり、かれら以外における預言者性の確定か、かれらにその確定の不在が帰結することになってしまうが、それは不可能だからである。

それゆえ我々には、その二つの本質は不可知なのである。アッラーの本質と預言者たちの本質である。そしてこの二つの本質の双方に、（クルアーンとハディースの）テキスト中に、その全てを、我々がそれから理解することに応じてではなく、その事柄自体に即してそれらの全てを信仰することが義務である確定した諸属性が存在する。そして曖昧語は、この二つの本質の双方の記述について述べたものなのである。

その信仰のあり方についての正答は、先達たちの道であり、そのどれについても、その字義から逸れることのない解釈であり、それから我々に字面に映る通りの信仰ではないのである。我々は、アッラーに、御自身に対して記し給うた記述、命名を、（クルアーンとハディースの）明文の用語だけに述べられた通りに記するのである。そしてそれはその意味を、それと、御尊顔、両手、着座、来臨などの、我々の理解する意味ではなくアッラーが御存知の意味における正当性の完全な確信をもって、アッラーとその使徒に委ねることである。そして同様に我々は預言者たちについても、アッラーがかれらについて、あるいはかれらが自分たち自身について、あるいはかれらのある者が別の者について述べた、背神、迷誤、罪、誘惑への陥り、自己免罪の否定、負目など述べるが、我々がこれらの用語で述べるときに知って理解している意味ではないのである。なぜなら我々は、我々があるところの状態（心境）、人徳以外には知ることも理解することもないのであり、たとえ守護によって支えられているにしても、我々は無謬ではないが、預言者たちは無謬だからである。それゆえ我々はそうした事柄がいかにかれらに帰されるか理解できない。なぜなら、我々はかれらの段階にないからである。我々はいかにそれらの事柄が我々に帰されるかどうかだけを理解するのである。我々はその特定においてかれらの階梯以下であり、それゆえいかにそれらがかれらに帰されるか、確信をもっては理解できないのである。

また知りなさい。我々が罪の秘密について述べたこのことは、その現象が貴方に概論的に、理解させるが、私は、それを貴方に説明する。それゆえ、貴方に読み聞かされる論考に聞き入りなさい。

貴方は既に罪とは、存在の実体化／個体化の暗喩（kināyah）であることを知った。そして疑いなく存在者全てにおける存在の実体化／個体化は、それ自体に対する命令権、それがその他のものの命令下に入らないことを要する。そしてもし、存在において実体化／個体化されたその存在がアッラーの存在であるなら、既述のように、預言者たちのように無謬性が確定されている。そしてもしその存在が、アッラーの第三の存在なら、信仰者たちのように守護が確定されている。そしてもしそれがアッラーの第四の存在なら無謬性も、守護も確定されていない。

第一存在が、第二存在[13]に対する命令・禁止者であり、第二存在には、内実ではなく、乖離の出現の要請による外見上の違反だけしか想像し得ない。そして第二存在が、第三存在と第四存在に対する命令・禁止者であり、それに対しては、形式上も実質上もこの（第三、第四の）二つの存在からの違反が想像される。なぜなら両者（第三、第四存在）に対する命令者（第二存在）は、乖離した第一存在と違い、両者（第三、第四存在）と類似した第二存在だからである。たとえ万物に対する命令と禁止が、第一存在から発し、単一であったとしてもである。それゆえ、一つのものの中における諸存在の均衡を理解せよ。それゆえ第四（存在）からは、第三（存在）からよりも、違反が多いのである。

罪の状態

罪の状態について言えば、それは聖法によると「遠さ」、「追放」であり、それは以下の四種類になる。（1）最

▼12　ＨＡ版には「シャリーア（tashrī'）の預言者性」の語はない。

▼13　ＡＦ版では「第二存在の舌（lisān）」とあるが、ＨＡ版に従った。

適と異なることによる（遠さと追放）、（2）微罪による（遠さと追放）、（3）大罪による（遠さと追放）、（4）不信仰による遠さと追放である。

そしてそれは現世と来世での譴責、悪人、背神者、罪人、犯罪者、不信仰者、多神教徒などの非難の命名、来世での懲罰に値することを帰結する。

真理に基づく罪の状態といえば、罪の状態とは「近さ」――但し称賛される「近さ」でなく、非難されるべき「近さ」――である。それはつまり、罪が生ずるのは存在の実体化／個体化の遠さだけであり、第一存在が、その中に残りの諸存在が入滅することによって、それから遠ざかったものを支配するが、（諸存在があった）場はその規定により顕れるので罪が発生するのである。

それゆえ罪人はその罪の状態にあって彼の服従の状態よりもアッラーに近いのである。但し、存在自体から発したのではなく自分から発した実体化／個体化であるところの、アッラーと並んでのその存在の実体化／個体化を理由としての非難される近さにおいてである。至高者は仰せられた。「我らはお前たちよりも彼（瀕死の不信仰者）に近い。」（56章85節）つまり、お前たちから発した我らの彼への近さ、である。つまり、お前たちは、我々の述定的存在の顕現の場だからである。「しかしお前たちは目にしない。」（56章85節）

なぜならば、ものは近すぎるために、自分自身は目にすることが無いからである、クルアーンは既にかれらの遠さ自体の中にある近さについて示唆しているのである。そしてそれは非難される近さであり、「私の心は私と共にある。だが、私はそれを捜し求めている。」と言う者の言葉の類である。この意味で私は以下のように詠った。

汝の諸事で公正であれ　不正であるな
汝は愛を求める　汝は「私と共にあるもの al-bī」なのに　私は探し回る

汝は聞かなかったか　喩え話に言われる者を
我心は私と共にあるが　私の心を　私は探し回る

続き
至高者はクルアーンの一節で「自らに不正を尽くした我が僕たちに言え、『アッラーの御慈悲に絶望してはならない。』」（39章53節）と仰せられ、罪人たちを奴隷性で描写し給うた。そしてそれはかれらの属性で最も高貴なのである。言う者の曰く。

私に名誉と栄光を増し　昴を足底で踏みしめるばかりに
貴方の御言葉「我が僕たちよ」の下に私が入ったこと
そしてアフマド（ムハンマド）が私に預言者とされたこと

それゆえ、「我が僕たちよ」とのその御言葉においてかれらを彼に関係付けられたことでも、かれらの名誉は確かに増したのである。そしてここに、奴隷性の言及における驚くべき秘密がある。というのは、罪人たちはかれらの罪の常態において、それが罪であり、かれらがそれを行っていることを自覚していることにより、知は崇拝である。――かれらの中にアッラーが罪を創造されたことに対して服することは、（アッラーが）命令し給うたものではなく、望み給うたものにおけるかれらのアッラーに対する服従であり、服従は崇拝なのである[14]――それゆえかれらのアッラーを崇拝しているのである。それゆえアッラーは仰せられている。「諸天と地にあるものは

▼14　この一文はHA版では抜けている。

自発的にそして強制されてアッラーに額ずいている。」（13章15節）

それゆえ多神教徒たちの神々の偶像への跪拝も強制されてのアッラーへの跪拝であり、アッラーへの跪拝は崇神なので、かれらもかれらが偶像を拝んでいる状態にあって、知らずしてアッラーを崇拝しているのであり、「我が僕たちよ」、そして「絶望するなかれ」との彼の御言葉に含まれているのである。そしてこの禁止（絶望するなかれ）は万人に当てはまる。つまり、背徳、あるいは不信仰からの、（背徳を）断つことと（不信仰に対して）信仰による悔悟を望め、との意味なのである。またその後に仰せられている。「アッラーは罪を全て赦し給う。」（39章53節）つまり、それらを隠し給う、との意味である。なぜならば「赦し」とは「隠し」であり、それは、いかなる罪人であれ、罪に対する悔悟を創り給うことによるのであり、それで罪を隠し給うのである。ハディースに曰く。「悪行の後には善行を行い、それを拭い去らしめよ。」

この節の降示の契機についての続き

この節は預言者の伯父ハムザを殺したワフシーに関して降示された。アブー・ハニーファは彼の伝承経路で（教友）イブン・アッバースから以下のように伝えている。

ワフシーはハムザを殺した後、暫く経って（makatha）[15]、イスラームへの入信が心に浮かんだ。そこで（ワフシーは）アッラーの使徒に、イスラームへの入信が心に浮かんだことを告げ、以下のような問い合わせの手紙を送った。「私は貴方（ムハンマド）がアッラーから（の啓示として）『また、アッラーと並べて他の神に祈らず、アッラーが禁じ給うた命を正当な理由なしに殺さず、姦通を犯さない者たちである。それをなした者は罪（の応報）を見出す。彼には審判の日、懲罰が倍増され、そこに屈辱を受けて永遠に留まる。（25章68―69節）』と述べていると聞いた。しかし私はそれらを全てなした。それでも私には免責措置があるか。」

（イブン・アッバース）曰く。すると、ジブリール（大天使ガブリエル）が降り、「ムハンマドよ、彼（ワフシー）に言ってやりなさい。」と言った。「ただし、悔いて戻り、信仰し、善行をなした者は別で、それらの者はアッラーがかれらの悪行を善行に換え給う……。」(25章70節)。そこでアッラーの使徒は、その節を彼(ワフシー)に書き送った。そしてそれが彼(ワフシー)に読み上げられると、ワフシーは言った、「この節は条件付である。私は善行を行うことができず、それを満たせないのではと不安だ。ムハンマドよ、貴方の許にこれよりも易しいものはないかできないか。」

(イブン・アッバース)曰く。すると、ジブリール(大天使ガブリエル)が「まことにアッラーは彼に同位者が置かれることを赦し給わず、それ以外のことは御望みの者には赦し給う……。」(4章116節)との節を降示した。そこでアッラーの使徒は、その節をワフシーに書き送った。そしてそれが彼(ワフシー)に読み上げられると、(ワフシーは)言った。「まことにアッラーは彼に同位者が置かれることを赦し給わず、それ以外のことは御望みの者には赦し給う。それでも、私を赦すことを望み給うという形で、彼の御意思に私が含まれるかどうか、私には分からない。もしこの節が、『それ以外のことは赦し給う』とだけ言われており、『御望みの者には』と言われていなければ、これこそがそう(私の望むもの)だったのだが。貴方の許にはそれよりもより寛大なものはないか。」

(イブン・アッバース)曰く。そこでジブリールがこの節を降示した。「言え、己自身に仇して度を越した我僕たちに、『アッラーの御慈悲に絶望してはならない。まことに、アッラーは罪をそっくり赦し給う。まことにアッラーはよく赦し給う慈愛遍き御方……』。」そこでアッラーの使徒はそれをワフシーに書き送った。そしてそれが読み上げられると、(ワフシーは)「これではないか。よし。」と言い、イスラームに入信した。

それからアッラーの使徒に手紙を書いて言った。「私は既にイスラームに入信しました。それゆえ貴方にお目にかかることを許してください。」そこでアッラーの使徒は彼に書き送った。「お前の顔を私から隠しなさい。私

▼15　ＡＦ版では「暫く沈黙して(sakata zamānan)」となっている。

はハムザを殺した者が目に入るのには堪えられないから。」そこでワフシーは黙したが、そこで（偽預言者）ムサイリマがアッラーの使徒に手紙を書いた。「アッラーの使徒ムサイリマからアッラーの使徒ムハンマドへ。……さて、私が大地の半分、クライシュ族が半分を有することで、私は大地を共有したが、クライシュ族は無法の民である。」そこで二人の使者が、その手紙をもってアッラーの使徒の許にやって来た。そしてアッラーの使徒にその手紙が読み上げられると、（使徒は）二人に言った。「もしお前たち二人が使節でなければ、私は貴方を殺していただろう。」そしてアリー・イブン・アビー・ターリブを呼んで言った。「慈愛遍く慈悲深いアッラーの御名によりて。アッラーの使徒ムハンマドから偽預言者ムサイリマへ。導きに従う者に平安あれ。さて、大地はアッラーの所有であり、彼の僕たちのうちの御望みの者にそれを継がせ給う。そして良き報酬は神を畏れ身を護る者にある。アッラーがムハンマドを祝福しますように。」と書け、と命じた。

ムサイリマがアッラーの使徒に書き寄こしたことがワフシーに伝わると、彼はハムザを殺した槍を取り出しそれを磨き、ムサイリマを誅することを心に決めた。そして（ワフシーは）ヤマーマの戦い（背教者討伐）で遂に彼を殺すまでその初志を貫徹した。

この物語の含意する秘義についての続き

それには、幸福の言葉の先行が中核である。そしてワフシーはアッラーの使徒にいくつものクルアーンの節を繰り返し求めたことが、称賛されるべき「近さ」における指導の階梯の例である。そしてこの三つの節の降示には、彼自身が認めたように、多神崇拝、殺人、姦通の彼の三つの罪の例がある。

多神崇拝について言えば、それは共同、つまり同等化、であり、そして意味において、二つのものが知覚において一つのものとなることである。そして知覚が、一体化のゆえに、覆いとなるのである。それゆえ多神崇拝とは、覆われたものなのである。それではいかに覆われるのか？　それゆえにアッラーは彼に同位者が置かれることは赦し給わないが、それ以外の殺人や姦通は御望みの者には赦し給うのである。彼の御意思は、彼が顕れ、彼こそが御自身で罪を覆う者となり給うために、全ての罪の赦し、つまり覆いを実現させる。こうして全ての罪はその根源に還り、彼もその根源に還り給うのである。そして万物の根源は無であり、彼の根源は存在である。それゆえ彼が我々を無から存在せしめたように彼は我々の許で存在から消滅する。そして彼が我々の無から存在すれば、我々は彼の存在から無となる。万物はその根源に還るのである。

それゆえアッラーは来世で、罪人たちに、かれらの罪をそれで覆うために、獄火を用意し給うているのである。しかし本当は、彼が覆う者なのである。そして獄火は彼の顕現の一部なのである。彼の本体的赦しから除外されるものは、多神崇拝以外にはない。そしてそれは来世の獄火で赦される、つまりそれによって覆われるのである。そしてその覆いは、ムーサー（モーゼ）の日よりも、更に覆い隠すものである。そしてそれは峻厳の覆いであり、優美の覆いではない。現世は峻厳の覆いで覆うことはない。それゆえ山は、火の顕れによって崩落したのである。そしてまた理解の足りない者に対する（誤解、曲解の）懸念から、公にすることができない別の様々な神秘がある。▼16

罪の階梯

罪の階梯について言えば、聖法に基づくところでは、彼の御名「復讐者」に由来する神の御怒りの跡の顕れのための用意、準備であるが、真理においては、慈愛遍き御方の名前の下に罪人が立つことである。それはちょうど、植生を望んで、潅漑を求める水枯れした地のようなものである。なぜならば、（地下）水の豊かな土地は、前者（水枯れした土地）と違って、植物は生育にそれを必要とするが、雨は不要であるからである。

この意味において、罪の階梯は服従の境地よりも更にすぐれている。しかし責任能力者は、服従の階梯と違い、

▼16　この一文はHA版では抜けている。

彼に対する現世と来世の峻厳の諸顕現に対して不動ではいられない。なぜなら彼に対する諸顕現は、現世でも来世でも全て優美系であるからである。そしてこれが聖法（shar'）の制定に秘められた英知なのである。もし望むなら、玉座の設置（'arsh）、と言ってもよい。なぜならば、それは文字を逆に（sh-r-'の三子音を'-r-shに）入れ替えたものだからである。それゆえ悟れ。

冗長になる畏れさえなければ、罪の階梯についてもっと語りたいところであるが、アッラーこそ最も正しい道に導き給う御方であらせられます。[17]

罪の種類

聖法に従うと罪の種類は四種、（1）最善でないこと、（2）微罪、（3）大罪、（4）不信仰である。

（1）最善でないことは、人々が清浄化のための忌避と呼ぶもので、立ったたまで水を飲むこと、屈礼や跪拝での三回に足りない讃美などで、（楽園での）報酬がない以外に（問題が）ないことである。

（2）微罪とは、純粋な禁止でない全ての罪であり、目配せ、接吻、欲望をもっての凝視など、アッラーの権利としてそれに対する懲罰が可能であることである。

（3）大罪とは、姦通、男色、飲酒、窃盗など純粋な禁止行為で、現世においては悔悟によってしか、免じられないものである。但し、一説によると、敬虔な巡礼によっても（免じられる）。それに固執して死んだ者には、来世でその懲罰がある。

微罪、大罪と信仰が両立するかしないかについては、スンナ派とそれ以外の間には（見解の）相違がある。ハワーリジュ派は、微罪でも大罪でも犯した者は不信仰者であると言う。ムウタズィラ派は、大罪を犯した者は信仰者でもなければ不信仰者でもない、と言い、（信仰と不信仰の）二つの身分の間に別の身分を認める。またハサン・バスリー（七二八年没）は、大罪を犯した者は偽信者である、と言う。そしてスンナ派は、大罪を犯し微罪に固執する者は、悪人であるが、不信仰者でも偽信者でもない、と言う。

固執の定義については、私はシャアラーニー（一五六五年没）の『ムハンマドの約束（*al-'Uhūd al-Muhammadīyah*）』の中に、以下のようにあるのを見出した。「その定義は、その者に次の礼拝の時間が来て、その間に彼が悔い改めなかった場合である。」ここから理解できることは、悔悟は必ずしも罪を犯した直後である必要はないということである。そうではなく、怠慢であるか（afrat）[18]、先延ばしが長引いた場合、そのときにのみ、固執者と呼ばれるのである。

この傍証として、人間の行状の書記天使たちについて、預言者から伝えられた以下の言葉がある。「右手（善行簿）の書記（天使）は左手（悪行簿）の書記（天使）の監督である。僕（人）が悪を行った場合、（悪行簿の書記天使）がそれを記帳しようとすると、右手（善行簿）の書記（天使）が彼に『（書くのを待って）控えなさい』と言い、（悪行簿の書記天使は）七時間控え、もしその者がアッラーに赦しを請えば記帳せず、赦しを請わなければ一つの悪行を記帳する。」

時間を七に特化したのは、アッラーが「アッラーこそ七つの天と大地をそれと同じだけ創造し給うた御方で、御命令はそれらの間を降る。……。」（65章12節）、「（それから彼はそれらを二日で七つの天に完成し給い）それぞれの天にその命令を啓示し給うた。」（41章12節）と仰せだからである。いろいろな刻、時刻の意図は、例えばその中で微罪を犯すことが猶予される七つの時刻に微罪を犯した者であるが[19]、赦し給い記帳されないか、赦し給わず一つの些細な悪が記帳されるか、ということである。

▼17　ＨＡ版ではこの一文は抜けている。
▼18　ＨＡ版では farraṭ。
▼19　ＨＡ版ではこの一文は抜けている。

そして、一つの些細な悪が記帳された後には、長時間が経った後であれ悔悟を意思するか、あるいはそれ（悪行）が帳消しにされる（アッラーへの）服従行為を行うことを意思するか、であるが、それは微罪を償うものとして、「礼拝から礼拝の間」、また「金曜集合礼拝から金曜集合礼拝の間」と述べられている通りなのであり、それは固執ではないが、微罪は悔悟か贖罪の行為によって消滅するまでは存続するのである。

その悔悟をしないことを意思するか、微罪を帳消しにさせる（アッラーへの）服従行為を行うことも意思しない場合、それ（微罪）は大罪になる。それが微罪に固執する、という意味である。

上記のシャアラーニーの言葉について言えば、その意味は微罪を犯し、その行い以外に（その悪行の繰り返しも、悔悟も、贖罪の善行も）何も意思していなかった者についてである。その場合（悔悟も贖罪もしなかった場合）はその記帳の後に次の礼拝の直前まで猶予される。なぜならばもし次の礼拝に入るまで猶予されるのであれば、その礼拝の挙行によってそれ（微罪）は償われるからであり、それゆえムスリムには固執しない限りいかなる微罪もないことが帰結するからであり、そうなると「金曜集合礼拝のために沐浴し、そして礼拝した者は、それ（その金曜集合礼拝）と次の金曜集合礼拝と更に三日の間のもの（罪）の償いがある」との預言者の言葉が無意味になるからである。なぜならば金曜集合礼拝も、（一日の義務の）五回の礼拝と同様に償いとなることが定まっているからである。

そしてそこで意図されていることは、この問題に関して伝えられる全てにおいて、微罪が償われるということである。その典拠は「お前たちが禁じられた大罪を避けるなら、我らはお前たちから罪過を帳消しにし、……。」（4章31節）である。大罪と対になっていることから、「罪過を帳消しにし」とは「微罪を帳消しにし」との意味なのである。

またその「儀礼的洗浄をして『我らは威力の夜にそれ（クルアーン）を下した。』（97章1節）を読む者は五十年間の罪を赦される」と預言者が述べておられることなどによっても、意図されているのはそれ（微罪）が償われることなのである。なぜならば、こうしたことがなくとも、忌避だけでも、償いとなるからである。そしてまた「その者には金曜集合礼拝から次の金曜集合礼拝までのことのこうしたことの贖罪がある」との（預言者の言葉）を典拠に、それらのことによる償いは忌避を条件としているからである。というのは、その者が（一日五回の）礼拝もその他の贖罪行為もせず、ただ金曜集合礼拝だけしか行わなかった場合でも、それが彼の微罪を帳消しにする、と考える以外に、それには意味がないからである。

そのような行いの者が、諸礼拝の不履行のような、多くの大罪を犯していることは、自明である。しかし、それを述べている者が、真実を語る御方、預言者である以上、そうでなければならない。そしてこの節の意味は、「お前たちが、将来において、大罪を犯すこともできる時間を（アッラーへの）服従行為に費やすということで、我らへの服従に寄り添うことで、大罪を避けるなら、我らは、お前たちがそこでアッラーの創造によってお前たちから大罪を生ぜしめることも可能であった時間においてお前たちから生じるそれらの服従行為によって、お前たちについて微罪を帳消しにするが、しかし、もしお前たちが、既述のように服従行為に寄り添うことで大罪を避けることをしなければ、我々はお前たちについてお前たちの微罪を一切取り消しはしない」との意味となるのである。

この章の解明の続き

ムウタズィラ派は「お前たちが禁じられた大罪を避けるなら、我らはお前たちから罪過を帳消しにし、……。」（4章31節）との御言葉は（過去形で）「お前たちが避けたならば」の意味と考え、我々が先に述べたような服従行為を一切行わなくとも（悪行の）忌避だけで、微罪を取り消しにする、と述べるが、そうではない。というのは、未完了形の「お前たちが大罪を避けるなら」との御言葉は、過去にお前たちが避けようと避けまいと、未来においてお前たちに忌避が実現した時点で、我々はお前たちにお前たちの悪行を帳消しにする、との意味にならざるをえないのである。

そして忌避の意味は、それを行わないことである。過去においてかれらから発した大罪を、いかにしてかれらが行わないことが可能であろうか。特に、ムスリム（八七四／五年）とイブン・マージャ（八八七／九年没）が伝えるハディースでは「大罪が犯されない限り」[20]とあるから（尚、そう）である。また別のハディースには「金曜集合礼拝の日に沐浴した者は」とある。つまり、この贖罪は、その中で大罪を犯さなかった期間に生ずるのである。ところがもしその期間が過去であったなら、それはこのハディースの字義から理解されるところの未来における贖罪の時間とならないのである。

この節にある「忌避」の別の意味として、向きを変えることの暗喩として、「側面」、つまり人間の一端、を差し出すことがある。何かから向きを変え側面を差し出すことは、疑いなく、他のものに向かい、それに別の側面を差し出すことである。それゆえ大罪を避けることは、それから向きを変え側面を差し出すことであり、「我らはお前たちから帳消しにする」。そしてそれ以外のそれとは反対の服従行為にお前たちが向かい、それにお前たちの別の側面を差し出すことによってしか、それはお前たちに可能とならないのである。なぜならばそれと同様な大罪や、微罪や、許可されているだけの行為にお前たちが向かうだけでは、悪行の償いに値するお前たちからの善行にはならないからである。

それゆえ意味は、大罪を避け、服従行為に向かうこと、となり、それは「善行は悪行を帳消しにする」との御言葉と同様となるのである。預言者の弟子の一人の男が女性と接吻してしまい、預言者の許にやって来て、それを彼に告げたときに、「昼の両端と夜の初めに礼拝を守れ。まことに善行は悪行を追い払う。」（11章114節）の御言葉が降示され、その男が「アッラーの使徒よ、（この節は）私だけのためですか」と尋ねると、（預言者は）「いや、我が（ムスリム）共同体全体のためだ」と答えられた、と伝えられている。

真理に則った罪の種類

真理に則ると罪の種類は以下の五種である。（1）真実在への無自覚、（2）その無自覚への無知、（3）それ（真理）以外への注視、（4）その注視への注視、（5）注視への注視。

真実在への無自覚とは、アーダムの子らと交わされた（アッラーの）主性の誓約の忘却である。また、お前の主がアーダムの子孫から、かれらの腰からその子孫を取り出し、かれら自身の証人とならせ給うた時のこと。「われはお前たちの主ではないか。」かれらは言った。「いかにも。我らは証言する。」お前たちが審判の日に、「まことに我らはこれについて見落としていた。」と言わないためである（7章172節）。至高者は仰せられる。「数の競い合いがお前たちの気を逸らした。」（102章1節）全ての人間の墓は、そこから創造された大地である。至高者は仰せられる。「それから我らはお前たちを創り、その中にお前たちを戻す。」（20章55節）同様に物質の世界に天と地があるように、霊の世界にも天と地がある。もし貴方が知性の持ち主なら熟慮せよ。

そして知れ。覚醒が人間を天使に引き付けるように、無自覚は人間を動物に引き付ける。そして無自覚と覚醒は心の状態であり、姿形は顧慮に値しない。至高者は仰せられる。「もし我らが彼を天使にしたなら、我らは彼を男にしたであろう。」（6章9節）そして無自覚の徒について示し給い仰せられた。「かれらが惑乱しているようにかれらを惑乱させた。」（6章9節）そしてかれらは姿形に惑乱させられているのである。それゆえかれらに対する惑乱は、姿形において、また姿形によってであったのである。至高者は仰せられる。「かれらが最初に信じなかったように、我らはかれらの心と目を反転させた。」（6章110節）それゆえかれらは彼の顕現の最初にかれらの理性によって彼を否定した時、（アッラーは）かれらの心を反転させ給うたので、かれらは彼には姿形があるかのように思い、またかれらの目を反転させ給うたので、かれらは、姿形が、彼の顕現を、かれらがあるところに

▼20　FA版では「広がらない（lam tufsha）限り」とあるが、HA版の読みに従う。

よって（人間の状態から類推して）かれらが見ているのであり、彼があるままに（見ているの）ではないことを理解しなかったのである。それは（カリフ）ウマルの治世に、ラマダーン月の新月をある男が見たが、（他の）全員が見えなかった時、（ウマルが）彼を呼び出し、その男の目の睫の上にあった白い毛を取り上げて、彼に「見てみよ」と言ったところ、その男はもう新月が見えなくなった、との逸話と同じである。この問題については、以下のように歌った者の言葉が最善である。

視線を戻せ　頬には生えるものはない　アッラーはそれを凶運から守り給う
しかし頬の水（汗）が僅かに染み出し　瞼の睫の幻影をお前は見た

この無自覚に対する無自覚について言えば、アッラーは仰せられる。「かれらは自分たちがよいことをしたと考えている。」（18章104節）「かれらは自分たちが導かれた者であると考えている。」（7章30節）そしてかれらが良き行いをしていないこと、かれらが導かれていないことが、無自覚であり、かれらがそうでないと思っていることが、無自覚の無自覚である。それらは二つの罪であり、第二（の罪）は第一（の罪）よりも重い。なぜならそこには真でないことの真との命名があるからである。

「考えている」との御言葉には、確信は真理のみに対してであり、虚偽に対してはそもそもないことの示唆がある。「私はお前が嘘つきに属するとみなす。」（28章38節）とのフィルアウン（ファラオ）の言葉、「確信している」とは言っていないこと、また預言者フードに対する人々の言葉「我らはお前が嘘つきに属すると思う。」（7章66節）、ヌーフ（ノア）に対する「我らはお前たちに我らに対する優越を見出さず、むしろお前たちが嘘つきに属すると思う。」（11章27節）を貴方がたは見なかったか。

真理以外に対する注視とは、諸存在物による幻惑を意味する。そしてそれは崇拝修道者、禁欲修行者たちについてである。というのは、かれらは自分たちの崇拝行、禁欲行について考え、昼も夜もそれに専念し、崇拝行を、かれらの主によってではなく、自力で行っている。そして奉仕される御方ではなく奉仕に専念する者は、欺かれ（成果を）禁じられた者なのである。

この注視に対する注視とは、これらの自分たちの庇護者ではなく庇護者への奉仕に専念している者たちの状態を正しいと思い込むこと、それを自分たちの庇護者に専念する者の状態よりも勝ると考えることである。それでそれは彼に奴隷として仕えることにおけるかれらの状況の改善におけるかれら（庇護者に専念する者）の役割の代わりとなるのである。この類について、アルスラーン・ディマシュキー師はその論考の中で「我らの道は、愛であり、行為ではない」、そして「行為の類ではなく、恵みの類」と述べている。

疑いなく、成功者たちは真実在と共にあって自分たちの内面を正した時、真実在は彼によってかれらの外面を正し給うため、かれらは自分たちの外面に捉われる必要がない。なぜならば、かれらはそれを強く確かな御方に任せているからである。糧について尋ねられてサハル（トゥスタリー：八九六年没）は答えた。「死ぬことのない永世者を想うことである。」「それは霊魂の糧のことでしょう。この空蝉の糧は何ですか。」とかれらが言うと、「我らは家を建築者に任せている。望むなら住めるようにし給い、望むなら壊し給う」と答えた。

注視の注視について言えば、彼からでなく自分たちからの、彼によるのでなく自分たちによる認識で、智者が自らを智者と認識することである。▼21 その理由は、たとえかれらの外見的な形状が滅却されていても、内面的な形状が残存しているからであり、かれらは彼によらずに自分たちによってその（認識の）上に立っているからである。

▼21　AF版では**Ii-sababi**となっているが、HA版に従う。

続き

至高者は「跪拝し近付け。」（96章19節）と仰せられている。それは二つの跪拝であり、第一は貴方による彼のための跪拝であり、第二は彼による貴方のための跪拝であり、第二が、接近と呼ばれているのである。実際には跪拝であるのに、それは跪拝とは呼ばれていない。なぜなら、それによっては大地は、この地と諸天とは（別の地に）変えられているからである。それは実は、弓二張り（彼と預言者ムハンマドの距離）は弓二つの間隔、あるいはさらに近かった（53章9節）。そしてそれにおいてガイン（ghair＝アッラー以外の他者）の文字からアイン（'ain＝アッラー御自身）の（上についている）点が消えるのである。アッラーこそ導き手にして成功の授与者、彼以外に主はいない。

第2章　悔悟の解明

汝から悔いて戻れ　汝が「開示者よ」と呼ぶときに　運命を受け取れ　悔悟が鍵
存在自体に向かって寄り添い立て　その起立　その中に成功が顕れる
汝の内にどれほどの日の出と日の入りがあることか　それから永遠の午後と朝
嘉納を望んでも見出さないこともあろう　それでも楽観せよ　楽観こそ得
試みられたタールート（サウル）の川よ（2章246節以下参照）
彼の民が（試みられた）　これらの書板（個々人の運命の書かれた？）は何か
言え　私から飲む者は全て私に属さない　私は水を与えて試みる者
欲望が運命の海で彼を弄び　船の英雄　船乗りよ
進め　また進むな　立て　また座れ　言え　そして黙れ　汝の沈黙には雄弁が
理解しまた理解するな　また汝の悔悟から悔いて戻れ　それがお前の階梯でお前に咎はない
彼　彼がタウワーブ（悔悟者）ではなく　むしろ彼は汝　汝は悔悟される者ではない　灯篭よ
汝が悔いて戻って彼が汝を愛し給う時　ただ　汝によって彼の愛し給う者は彼の輝く御顔
諸存在物は汝の内秘によって導かれた　それらは物質だが汝の本体は霊
私によって立つ者は　諸物は彼によって立つ　自ら立つ者は亡霊が立つように立つ

警戒せよ　アッラーは彼の僕の悔悟で企み給う　悔いて戻るなら悔い改めて安心しないよう悔いて戻れ
杯は廻す者の手で並び酔わす　アッラーの人の知性を　それにより安息
それで山々の頂も傾き千鳥足　二つの生まれ（現世、来世）で　その目は上の空（視線は遠くを）

聖法に則った悔悟の本質について言えば、それは罪の違いに応じて異なる。

もし罪が貴方と貴方の主の間にあれば、その悔悟も同様に貴方と貴方の主の間にあり、それは、その（罪）を犯すことを止め、それを後悔し、それを繰り返さないことを決意することである。それは、（犯した）罪の全てに対しても、一部を除いた別のものだけに対しても有効である。悔悟の時点でその罪を繰り返すまいとの決意が貴方にあったのであれば、その後で、まさにその罪を繰り返しても、それは悔悟の（有効な）成立を妨げない。アッラーは仰せられる。「まことにアッラーは悔い改めること多き者たち、身を清める者たちを愛し給う。」（2章222節）。「悔い改めること多き者（タウワーブ）」とは強調型であり、罪を犯す度に、アッラーの御定めによりそれ（その罪）を繰り返し、再度それを悔い改め、それらの罪に固執はしないが、それからまたそれから（罪と悔悟を繰り返す）との意味で、「悔悟することの多い者」を意味する。

信仰者も同様である。人間は、一息ごとに死に直面している。死は時に病気などの原因によって訪れるが、頓死のように時に原因なく訪れ、それはよく起きることである。罪を犯し、死の恐怖により悔い改め、それからまた罪を犯し、そして悔い改めた者も同様であり、繰り返すまいとの決意が考慮され、生きている間ずっとそれを実現できなくとも、その悔悟は有効であり、「まことにアッラーは悔い改めること多き者たちを愛し給う。」（2章222節）との御言葉に含まれ、それゆえその者は、どのような状態であれ、アッラーの愛し給う者なのである。

罪が貴方と、貴方と同様な被造物の間にある場合も、貴方と貴方の主の間にもまた必ずある。なぜならばアッラーは僕たちの相互の不正を禁じ給うたからであり、過去に犯したことの全ての悔悟が必要となる。それは貴方が不正を加えた相手が生きていて、可能な場合にはその赦しに加えてであり、死んでしまったか、あるいは生きていても、彼（被害者）に対して貴方の側に（賠償の）遺漏がないのにその（被害者の）苛酷さから貴方を赦さなかった場合は、貴方と貴方の主の間において、その不正を避けること、それに対する後悔、繰り返さない決意に心を尽くし、それを継続しなさい。そうすればアッラーは、貴方にその被害者の赦しの吉報をもたらし給うか、最後の審判の日に、貴方に代わってその者に償い給い、彼を満足させ給うであろう。

貴方の庇護者の御慈悲に決して絶望するなかれ。

真理に則った悔悟について言えば、それはアッラーの賜衣の一つであり、（アッラーは）彼の特別な者のうちの御望みの者にそれを着せ給うのである。そしてそれ（悔悟）には、凡俗の悔悟と選良の悔悟の二種がある。

凡俗の悔悟

凡俗の悔悟とは、諸々の秘密の顔から他者の覆面を剥ぐことであり、それは、克己の戦いの剣によって自我を殺すことによる。至高者は仰せられる。「アッラーに悔いて戻り、汝らの自我を殺せ。」（2章54節）

知れ。自我とは、霊魂が肉体を制御するための方針から身体の中に生じた様態である。なぜなら霊魂が肉体を御するのは、その（肉体の）要請する（体液の）組成だけが原因であり、自我とはこの要請なのである。貴方方は見ないか、太陽が色とりどりのガラスの器に差すと、それらのガラス器の色に応じて照るのを。同様に霊魂も、どのような肉体に接しても、その中で、その肉体の要請に応じて発現するのである。それゆえ人間の肉体の中では人間性の要請に応じて発現し、動物の中では動物性の要請に応じて発現し、植物の中では植物性の要請に応じて発現し、鉱物においても同様なのである。

▼1　AF版では「それらの者（alladhīna）」とあるが文意が通らないため、HA版の「罪」との読みに従う。

これが自我であり、それゆえ自我には相違があり、優劣があるのである。それで（自我は）一つの類にも一つの種の下にも収まらず、人類の肉体のどの肉体にも他の肉体の自我とは似ていない一つの自我があるようである。そしてそれはただ組成において発現する。というのは、その（組成の）相違は、自我の相違の痕跡だからであり、それ（自我の相違）は肉体の相違の痕跡だからである。「……汝は大地がかれ果てているのを見るが、我らがその上に雨を降らせると、それは揺れ動き、膨れ上がる……。」（22章5節）

霊性の雨が、我々と至上の筆の天を遮る護持された書板の雲から、降り注ぐまでは、物質の地に、地中に植物が埋もれているように、魂は埋もれている。霊性の雨は、魂の芽を生やせるのである。そして魂の中には醜悪なものの、善良なものもある。至高者は言われる。「一つの水で潅漑されるが、我らは食においてその一部を他に優らせる。」（13章4節）

「自我（nafs：魂）[2]とは霊（rūḥ）のことである」、と言う者もある。それは、それ（自我）とは、それ（霊）が物質（jism）の地から特定の肉体（jism）に触れることによって顕れたその（霊の）様態であることを考量してである。その（霊の）上に、その様態は、その（霊の）英知として存続し、それによってバルザフ（障壁）の世界において他の魂と区別される。またそれと死体が結合し、互いに尋ね合うのは、伝承にある通りである。

「また自我は霊とは別である、と言う者もある。」それは自我がない状態で、霊は存在した、ということを考量してである。霊は肉体よりも千年前に創造された、と言われる通りである（タバラーニー伝）。

私の考えるところでは、自我（nafs：魂）は霊ではない。霊の間には優劣はなく、相違もない。優劣や相違はただ自我の間にだけ存在する。それ（魂）には、不信仰の自我、信仰する自我、安らぐ自我、従順な自我、反抗的自我、醜悪な自我、善良な自我など、自我の纏う様々な属性があるのである。

一方、霊について言えば、それらは全て善良、清浄である。「かれらが汝に問うであろう。言え。霊は我が主の御許から。」（17章85節）他方、伝承にある不信仰の霊、それが醜悪、懲罰を被ることなどについて言えば、その意図は、前者の（言うところの意味での）自我である。火獄で火獄の輩を罰する獄吏天使たちは、その（火獄）の中でも苦痛を感じないことを考えなかったか。なぜならかれらは清浄な霊だからである。かれらの数は十九であり、かれら全員が一緒になって不信仰者たちの一人一人を個別に責め苛むが、かれら（罪人）の誰に掛かりきりになり他の誰かを等閑にすることはない。その懲罰が、かれら（獄吏天使）のアッラーを崇める崇拝行為なのである。至高者はかれらについて仰せられた。「その上には冷酷獰猛な天使がおり、かれらはアッラーに対して、かれらに命じ給うたことに背くことはなく、命じられたことを実行する。」（66章6節）

開示の階梯に達した者は、自我（魂）について述べたことの全てを把握し、それを学ぶことはもはや必要なくなる。

この原理の説明の続き

「自我を殺すこと」はそのような様態から霊性の空間への超脱である。そしてその意味は、霊の側面の肉体の側面に対する優越である。至高者は仰せられる。「その秤が重くなった者は、満足な生活に。しかしその秤が軽かった者は、その行く先は奈落である。」（101章6―9節）そして満足な生活には秤の「重さ」を確証されたが、「重さ」は、秤の別の天秤皿の上のものと比べての優越を要し、それゆえ（比べられる）他方を必要とする。それゆえ我々は第1章で、たとえ預言者たちについてであれ罪が必要となる、と言ったのである。なぜなら不信仰者と異なり、かれら（預言者たち）の行為はかれらの共同体（信者）の行為と同様に秤にかけられるからである。（不信仰者については）アッラーは仰せである。「我らは復活の日、かれらのために秤を置かない。」（18章105節）

その理由は、かれらには善行の天秤皿に置くべき善行がないからである。アッラーは仰せられる。「我らはか

▼2　ＡＦ版では「物質の地から」の句は抜けている。

れらの行った行為に向かい、それらを散らばった埃のようにした。」（25章23節）

定められた努力により（自我と）闘い、預言者のスンナにある隠遁に引き籠り、新奇な逸脱（ビドア）のない修行を修めた者は、悔悟を遂げたのであり、その者は、一般人の悔悟で悔い改めた、と言うことができる。ところが、選良の悔悟とは、悔悟からの悔悟である。それはかれら（選良）の詩人が詠う通りである。

胡弓の娘よ。私を歌に引き入れよ。その弱い音色で私を動かせ
黒衣の黒染め、それも朝がその色によって染める
一団（修行者）は悔悟により勝利するが。私以外は、悔悟から悔悟しない

それを説明しよう。悔悟は僕（人間）の作為である。そして僕（の存在自体）もその作為もアッラーの作為である。悔悟を為した者は誰でも、アッラーが自分を創り、自分の悔悟を創り給うたことを失念しているのである。ところが失念は悔悟を要する罪であるので、我々は、選良の悔悟は悔悟からの悔悟であると述べたのである。アッラーは仰せられる。「それから（アッラーは）かれらが悔いて戻るようにと、かれらを顧み戻り給うた。」（9章118節）アッラーが顧み戻り給うた者には、（アッラーは）その者に悔悟を創り給うたのであり、そして（アッラーが）その者に悔悟を創り給うた者は、確かに悔悟したのである。それは「汝らは、アッラーが望み給うた以外は、望むことはない。」（81章29節）との彼（アッラー）の御言葉と同様である。我々の意思は、アッラーの御意思の跡であるのと同様に、我々の悔悟は、アッラーが我々に顧み戻られたことの跡であり、それゆえ至高者（アッラー）の名前の一つに大いに顧み戻る御方があるのである。

そして悔悟には、内秘、状態、階梯がある。

悔悟の内秘

悔悟の内秘について言えば、アッラーが悔悟者を愛で給うことである。至高者は仰せられる。「まことにアッラーは悔悟者たちを愛し給う。」（2章222節）しかし本当のところは、アッラーの悔悟者たちに対する愛は、彼の御自身に対する愛なのである。なぜなら既述の通り、悔悟者には、その主に並ぶ自我はもはや存在しないからである。それゆえ悔悟者たちへの愛に関しては、他の神名ではない総合的な「アッラー」の名が述べられているのである。それはかれらに対して、彼の究極の近接の福音の喜びを加増するためである。アッラーの悔悟者たちへの愛の原因は、（アッラーの）至高の本体に他ならない万古の愛には、それ（本体）自体であるその世界に完全な顕現があり、またそれにはもろもろの神名と属性の世界にも顕現があり、またそれには諸行為と所業の世界にも顕現があるからである。ところがその本体を除いては、全てが我々に相関しては、完全な超越性をもって存在するが、至高者に相関しては存在しない関係、関連性なのである。悔悟の階梯は罪の不在を必要とするが、罪とは崇拝されるべき主と並ぶ存在の実体化／個体化である。それゆえそうした関連性が消え去り、指示が絶えれば、そこで超越化する者たちの超越化はかれらに戻り、讃美者たちの讃美はかれらに返され、命名者たちは黙し、記述者たちは口を噤み、永遠の読誦者が「汝の主、栄光の主は、かれらの描写するところを超越し給う。」（37章180節）と誦み給うのである。そしてそこにおいて、属性剝奪も擬人化もなくあらゆる超越化によって超越せしめられた万古の愛の権力が顕れるのである。疑いなく、「よく顧み戻る御方」は至高者の諸神名に属する。「よく顧み戻る御方」は諸世界の虚像に相関しての悔悟者たちを凝集しているのである。そしてただ「悔悟者」が複数になっているのは、必然存在の諸顕現の広大さに対する可能態の狭隘性のためである。何キンタール（一キンタール≒五十キロ）もの小麦粉を針の穴に通そうとする者は、狭さによる不可避性から、少しずつ入れるのである。それは英知ある全能者の不能性によるわけではない。アッラーは全てのものを知り給う御方。

続き

至高者は仰せられる。「もしかれら二人がアッラーに悔いて戻るなら。それでかれらの二人の心は傾いたのである。」（66章4節）「tawwāb（悔悟者）」は、彼の悔悟が生起するために、「神の僕である人間（'abd）」である。また「tawwāb（よく顧み戻る御方）」はそれが彼の神名に属するがゆえに主でもある。それゆえ諸所業の関連性が消え失せ、諸神名と属性の関係が縮滅すれば、その二つの悔悟者（神と人間）は至高の本体の名前であるアッラーに立ち還る（tāba）のである。

「～に（ila）」には終着点の意味があることは隠れもない。それゆえ、星が沈みかかったときには、「星が傾いた」と言われる。「心」は、あたかも主に多くの任務があるように、「神の僕である人間」にも多くの心があり、「神の僕である人間」の心が主の任務以外ではなく、主の任務が「神の僕である人間」の心以外ではないかのように、「神の僕である人間」においては変わりやすいこと、主においては任務の多さに鑑みて、複数形となっている。

預言者は「信仰者の心は慈悲遍き御方の二本指の間にある」と言われた。「指」とは神的任務である。「心」が「心（galb）」と呼ばれるのは、ただそれが真実在の内側にあったが、有体物の外側になるからである。またそれはちょうど内側から外側への核（qulb）のようでもある。それで有体物は真実在の核であり、真実在は有体物の核である。望むなら「有体物は真実在の外側であり、真実在は有体物の外側であり、有体物は真実在の内側であり、真実在は有体物の内側である。」とも言える。それゆえ（アッラーは）仰せられる。「それでかれらの二人の心は傾いたのである」つまり、それは沈潜に傾いたのである。

ここで私は詩を詠もう。

アッラー以外に残らず　清められた本体
それゆえそれには描写はなく　それには名もない

描写されるものは被造物　名を持つのは生起物
またアッラーは、その高さにおいて霊ではなく　肉でもない
描写はない　ただ貴方から、文字がそれを刻んだ
あらゆる超越化により清まる　あらゆる状態で
貴方には把握される分はなく、割り当てもない

悔悟の状態

聖法に基づくところの悔悟の状態とは、（神の）僕（たる人間）が罪を犯したことにより値するアッラーの御怒りからの救済である。スンナと団結の民は、違背者がアッラーの御心のうちにあり、御望みなら罰し給い、御望みなら赦し給うことで、合意を見ている。至高者は仰せである。「それ（多神崇拝）以外のことは、御望みの者には赦し給う。」（4章48節）つまり、悔悟がなくとも、である。悔悟した場合には、多神崇拝もまた赦し給う。多神崇拝に対する悔悟とは信仰であり、それゆえこの節に鑑み、違背者には獄火が必定であるとの断定はできないのである。但し、違背者たちの特定の個々人ではなく、その中の一団の者は必ず獄火に入るが、その後に、その中で死ぬので、そこから（赦され救われて）出る瞬間以外には、（火の）懲罰の痛みを感じることはないのである。アッラーの使徒は言われた。「アッラーが唯一神教徒たちを獄火に入れ給う時は、その中でかれらを死なせ給い、かれらをそこから救出しようと欲し給うたときに、その瞬間だけ、その懲罰をかれらに科し給う。」（スユーティー（一五〇五年没）伝）

このハディースは、唯一神教徒たちの一団は、アッラーはその罪の赦しを欲し給わず、かれらの罪ゆえに獄火に入らねばならないことの典拠である。それはかれらが悔い改めることなく死んだためであり、一部の者に対してであれ違背者たちについて（クルアーンとスンナで）言われている警告が成就するために、それが必要だからで

ある。それで残った自分たちの罪を正当化せずに認めた唯一神教徒たちは、悔い改めることなく死んだ場合には、かれらの一団は罰され、別の一団は赦されることになる。しかし罰される者たちは自分たちが赦されることを知らず、唯一神教徒たちも、最後まで、楽園を断定することはできないのである。

　我が心は私に言う　また我が舌は確証する
　ムスリムとして死んだ者は皆　獄火で焼かれることはない

と詠う者の言葉は、かれらが悔い改めなかった場合について赦しを断定しておらず、それに含まれる者一般を指す「皆」の語（lafẓah）[▼3]によって意味される者の一部は特殊（例外）化されるために、スンナと団結の徒の、悪人の一団に対する定説に反してはいないのである。

真理に則った悔悟の状態について言うと、それは完全な超越化の上での存在の唯一性の顕現、多性のその中への融入である。それは悔いて戻る者が、「私は、私でない。また彼は彼でない」と言い、それから「私はなく、そうではなく彼」と言い、それから「彼」と言い、その後、永遠に沈黙することによるのである。ハディースに「アッラーを知った者の舌は動かなくなる」と言われる通りである。

知りなさい。「彼」の語は存在を示している。そしてその話者が、絶対存在を認識した分に応じて存在を部分的に所有していなかったとすれば、伝聞の形態においてであれ存在を指示する言葉を発することはできなかったであろう。そしてその発話について言えば、本体の動きに合わせて影が動くのと同じで、その形体の存続を示しているわけではないのである。それはアブー・ハサン・ナワウィー（一二七八年没）について以下のように伝えられている通りである。彼が自宅で何日かにわたり、（恍惚）状態に陥り、「彼、彼」と言っていた。そこにジュナイド（九一〇年没）が顕れて彼に言った。「もし貴方がそれを貴方自身によって言っているのなら、貴方は貴方自身と共にある。しかしもしそれを貴方の主によって言っているのなら、貴方はその話者ではない。」

続き

至高者は言われた。「お前が投げた時、お前が投げたのではなかった。そうではなくアッラーが投げ給うたのである。」(8章17節)預言者はかつて何度かの戦争で掌いっぱいの土を取って敵たちの顔に投げつけ、それでかれらは敗走した。そこで彼は「(かれらの)顔は潰れた」と言われた。また何度かの戦争において霊性の掌に肉体性の土を取って、自我と共にそれを他者たち(アッラー以外のもの)に投げた者は言われた。「お前のその主張によればお前が投げた時、お前が投げたのではなかった。そうではなくアッラーが投げ給うたのである。」

それゆえ霊性の真相を知り、肉体性の要請に応じて、それが貴方に曖昧になってはならない。そして彼の御言葉「私はお前に我が霊を吹き込んだ。」(15章29節)において、お前が彼に関係付けられていることの秘義に気付きなさい。そしてこれが悔悟の状態である。それゆえそれを実践すれば、アッラーが望み給えば、貴方は導かれるであろう。

悔悟の階位

聖法に基づく悔悟の階位について言えば、それはその悔いて戻った(僕である)人間へのアッラーからの恵みである。それゆえ全ての悪行は善行に換えられるのである。アッラーは仰せられる。「それゆえかれらは、アッラーはかれらの悪行を善行に換え給う。」(25章70節)

この取り換えは、帳簿上で、悪行の本質を保ったままで悪行の外装を取り換えるのか、それともそれを抹消し、

▼3　HA版ではkalimahとなっているが文意は変わらない。

その代わりに善行を置くのか。

　私に明らかに思えるのは、本質ではなく外装の取り換えである。なぜならば悪行の帳簿は闇の暗黒であるが、（僕である）人間がそれから悔いて戻ると善行の帳簿の中で確定されている彼の悔悟の光が悪行の帳簿を照らし、それでその闇、暗黒が消滅し、アッラーはその悪行を善行に取り換え給い、それらは善行の帳簿に移行するのである。それはちょうど、（行為の）軽重の場合と同じなのである。それゆえ我々は「悔いて戻った罪人は罪人以外よりもすぐれている。それはあるいは（悔いて戻った罪人が）義務、つまり悔悟を行ったからであり、それが罪人以外と異なるからである。あるいは、（アッラーへの）背反の重大さ、背反者の卑小さを鑑みると、悪行は善行より重大であり、もし取り替えられれば、（悪行の変わった）善行は、当初の善行であった善行よりも多大となるからである。」というのは、善行はたとえいくら大きくとも、悪行の重大さに及ばないからである。アッラーは、善を尽くす者たちについて『かれらはアッラーを彼に相応しい評価で評価しない。』（6章91節）と仰せなのである。

続き

「アッラーの御許にこぞって悔いて戻れ、信仰者たちよ。おそらくお前たちは成功するであろう。」（24章31節）との至高者の御言葉において、（アッラーは）悔悟の問題の重大さを信仰と結びつけるのではなく、成功と結びつけることによって、悔悟の問題の重大さに気付かせるために、かれらの成功をかれらの悔悟に関連させ給うたのである。なぜなら信仰は、選良に対する凡俗の信仰のように、その形骸を保ったままで罪であることもあるからである。なぜなら信仰とは、肯定であり、それ（肯定）を行う者を必要とし、それは肯定者と呼ばれる。それゆえ信仰者たちは、かれらの信仰がかれらの主への信仰となり、かれらが至高者の神名「信仰を授け給う者」、「よく顧み戻り給う御方」の顕現の場となるために、かれらのその信仰からの悔悟が必要なのである。そしてそれが確信の真理の段階なのである。それゆえ、真理を正す者たちは「敬神者たちの善行は近習たちの悪行である」と言うのである。
説明は以下の通りである。唯一神崇拝（タウヒード）、信仰、真智、確信は、全ての責任能力者に課された完全性の諸属性である。それ（完全性の諸属性）によって形容される者たちは、二種類に分かれる。

一種は、形容された者なくしてはその述定も存在しないために、それによって形容されていることの必然的結果として、自分自身によって、それにおいて行為する者たちである。それで、それを行う者は、唯一神崇拝者、信仰者、真智者、確信者である。この種（の者）の完全性は、ただ今述べたこの実践によるのである。もし唯一神崇拝が多神崇拝に、信仰が否定に、真智が無知に、確信が疑惑と逡巡に変われば、不信仰に陥り、幸福の名は消え去るのである。これらが敬神者である。

別の（第二）種は、これらの全てにおいて、自分自身によってではなく自分たちの主によって行う者たちである。かれらの許にあっては、上述の形容されたことが必然であることは、かれら自身からかれらの主に移っているのである。そしてかれらの主は、それに対して、彼御自身について彼の御言葉で彼が告げることによって助け給う。「アッラーは、彼以外に神はないことを証言し給う。」（3章18節）「彼こそは、王、至聖者、平安、信仰を授け給う者である彼以外に、神はない者である。」（59章23節）いや、至高者は多義的なハディースに補足されて「我は彼がそれによって聞く耳となり、それによって見る目となる」と言われたところによって、かれらの諸属性の許に下り給う。この種の者が近習である。

かれらには、本体はなく、▼4 またかれらには属性もなく、またかれらには行為もない。そしてかれらは名付けられたものたちでないものの上にある名なのである。それゆえ、かれらが唯一神崇拝をした時、多神崇拝を犯しており、信仰する時、否定しており、知る時、無知であり、確信した時、逡巡しているのである。というのは、か

▼4　AF版では「かれらには本体はない」が抜けている。

れらの唯一神崇拝は彼の彼御自身のための唯一神崇拝であり、かれらの唯一神崇拝は彼の彼御自身の唯一神崇拝であり、かれらの信仰は彼の彼御自身の信仰であり、かれらの真智は彼の彼御自身の真智であり、かれらの確信は彼の彼御自身の確信だからであり、かれらは我々の許（思うところ）では存在者であるが、かれら自身の許では非在者なのである。かれらが行為する時、かれらではなく、彼が諸物に対する行為者なのである。そしてかれらは、関係帰属性によるのであり、因果性によるのではない。かれらは彼の御側の天にあって彼との親密の場にあるのである。それゆえ（アッラーは）仰せられる。「天にいる者から、かれらの唯一神崇拝は彼の彼御自身のための唯一神崇拝であり、地がお前たちを飲み込むことから、お前たちは安全だと思うのか。」（67章16節）アッラーは真理を述べ給う。彼は正道に導き給う。

真理に則った悔悟の階梯

真理に則った悔悟の階梯について言えば、それは接近の諸段階においての確固であり、「まことに私の魂にも不注意が生じ、それで私は一昼夜に七十回アッラーに御赦しを請うている。」との預言者ムハンマドの言葉にある類のものである。そして至高者はムハンマドの存続人たちについて、「ヤスリブ（アル＝マディーナ）の民よ、汝らに居場所はない。それゆえ戻れ。」（33章13節）と仰せられているのである。

この章の説明の続き

至高なるアッラーへの接近には現世においても来世においても終わりはないことを知りなさい。正しくは、至高者に到達することは決してない。万物は、無始から無終まで彼の御許に歩み続けるのである。悔悟の階梯とは、これらの行人たちと共にその道行きに参入することである。一枚のヴェールが剥がれると、別の幾多のヴェールが顕れるばかりである。（アッラーの）顕現に終わりはなく、ヴェールにも終わりはなく、開示にも終わりはない。

（以下のように）語る者にこそ、アッラーの神佑あれ（なんと良きことか）。

私に仰せられた。万物の善美は顕現した
私を楽しんだ。それで私は行った。我が目的は、貴方の後背

全ての顕現は、一枚のヴェールを引き上げることであり、また別のヴェールを降ろすことである。それはつまり、諸顕現（tajallīyāt）[5]は（僕である人間の）心にそれ以前の状態よりも高い完全性の属性を引き起こし、それによって一枚のヴェールが剝がされ、（別の）一枚のヴェールが下がり、そのようにずっと（続くのであり）、そして顕現者は、それがあったところの絶対的隠蔽、常なる完全な心の全てに対する顕現の影響からの完全な超越化の上にあり、そして顕現の跡しかないのである。

真の存在から最初に発出するものは、その純粋無に対しての顕現においてであり、それから、至高の筆に対しての顕現においてであり、それから護持された書板に対してであり、それから完全な者たちの心に対してであり、そして永久永劫に、そうありまたそうあり続けるのであり、現世、バルザフ（障壁）、来世の、多種多様で異なる独特[6]な跡の顕現があるだけなのである。

そして一つの物に対しては、一つの属性によっては、二度と顕現し給うことはない。また二つのものに一つの属性で顕現し給うこともない。三つの存在物（現世、バルザフ、来世）のどの原子のどの一つにも、どの瞬間にも、別の瞬間に顕現するのとは異なる特別な属性で顕現し給うのである。知る者はこれを知り、知らぬ者はこれを知

▼5　AF版では単数形（tajallī）。
▼6　AF版では「ものの諸種類（anwāʿ shayʾ）」。

らない。

続き：本論へ回帰

アッラーの使徒は言われた。「悔悟には二枚の扉の幅が東（日出る処）と西（日没する処）ほどの門があり、太陽が西から昇る（最後の審判の日に）まで閉まることはない。」

知りなさい。太陽はこのマクロコスモスにおいては毎日東（日出る処）から昇り、西（日没する処）に沈む。そしてその昇っている時間は昼と呼ばれ、沈んでいる時間は夜と呼ばれる。このミクロコスモスの霊性の太陽も同様である。至高なるアッラーの日々の一日において、至高霊の世界の東（日出る処）から昇り、西（日没する処）である肉体性の世界に沈む。その昇っている間は昼と呼ばれる。至高者は仰せられる。「どの日にも、彼はその任にあらせられる。」（55章29節）「日」の意味は、時間の（それ以上に）分割不能な（最小）部分である。その沈んでいる間は夜と呼ばれる。至高者は仰せられる。「その僕（ムハンマド）を夜に旅させ給うた御方こそ超越せしかな。」（17章1節）この夜はその日の量による。預言者（ムハンマド）の夜行は、夜に起こったのであり、昼にではなかった。それは奇跡が完璧になるためである。それゆえ我らは言うのである。「夜行は彼（ムハンマド）の霊と肉体によるものであった。」なぜならもし夜行が昼であれば、それは純粋な霊の世界のことであるが、預言者は生身の人であり、生身の人は肉体だからである。

霊性の太陽の東（日出る処）とその西（日没する処）の間のものが、悔悟の扉なのである。そしてそれは人生の期間である。なぜなら人生は、この東（日出る処）とその西（日没する処）の間に生ずることだからである。それゆえ現世の生が門であり、その二枚の扉とはそれによってこの扉の事象が完成するところの二つの魂、つまり内的魂と外的魂であり、この二枚の扉が閉じられれば、門は閉まるのである。

この二枚の扉の幅は述べられているが、高さは述べられていない。なぜならどの人の人生の長さもアッラー以外に知る者はないからである。それから（預言者ムハンマドは）この太陽がその西（日没する処）から昇るときに悔悟の門が閉じられると告げられた。つまり人間は死ぬ時、その霊の太陽が、その肉体であるその西（日没する処）から昇り、そこで悔悟の門は閉じられるのである。

霊こそは、この人間世界（コスモス）における太陽に他ならない。

霊がこの人間世界の太陽と呼ばれているのは、ただマクロコスモス（大世界）の写しだからに他ならない。この世界に太陽があり、その西（日没する処）から昇ると悔悟の門が閉じられるようにこの小世界にも太陽があり、その西（日没する処）から昇ると悔悟の門が閉じられる。この人間世界の太陽は人が生きている状態ではその要素的肉体であるその西（日没する処）に沈む。というのは、人間はこの世界においてその人間性の夜にある。というのは、至高なるアッラーは夜を休憩、つまり「休息」とされた。なぜならそれは眠りの場だからである。預言者は言われた。「人間は眠っている。死んだときに目ざめる。」

太陽がその西（日没する処）から昇ると、人間性の夜は去り、霊性の昼が訪れる。至高者は仰せられる。「我らは昼を生とした。」（78章11節）その昼に人間に、人が稼ぐもの、善と悪が生ずる。疑いなく、このマクロコスモスの太陽はそれによって、三つの産物、鉱物、植物、動物が生育し、それ（太陽）なしにはそれは生成せず、その生がそれに持続することもない。この人間のミクロコスモスにおける霊性の太陽も同様である。それによってその三つの産物が生育する。その骨と神経の鉱物、毛と爪の植物、四肢と関節の動物である。それ（霊性の太陽）がなければそれは生成せず、その生がそれに持続することはない。そしてそれはこのマクロコスモスの太陽が我々の日々の毎日昇り沈むように、至高なるアッラーの日々の毎日、昇り沈む。

その秘密はこのマクロコスモスは我々のものであり、その日々は我々の日々である。一方、我々のミクロコスモスは至高なるアッラーのものである。なぜなら大世界は我々の鏡となるために創造された。我々はそれを見、我々の中にあるもの全てを見る。そして我々の中にあるもの全てを見た時、我々は我々自身を知る。そして自分自身を知った者はその主を知る。そしてそれゆえ至高者は仰せられた。「やがて我らはかれらに地平線と自身の内に我らの徴を見せる。」（41章53節）そして地平線における展示を先にし給うた。なぜならそれは自己の鏡だからである。

神威（天罰）に際しての悔悟についての続き

再び戻り、至高なるアッラーは仰せである。「それからかれらは、われの懲罰を見るときになって『わたしたちは、唯一なるアッラーを信じる。そしてかれに配していたものを拒否する。』と言った。しかしわれの懲罰を見てからの信仰（の告白）は、かれらの役には立たない。（これは）アッラーの僕に対してなされたかれの慣行であった。そして、不信者たちは滅び去った。」（40章84―85節）また仰せられる。「だが、死に臨むまで悪行を続け、そのときになって『今悔い改めます。』と言う者、また不信心のまま死ぬ者の悔悟は御赦しになられない。かれらのために、われは痛苦の懲罰を準備してある。」（4章18節）

この節に基づき、学者たちは神威と懲罰の目撃に際しての信仰が誰からも受け入れられないことにおいて合意している。アッラーはユーヌスの民を除いてその例外とし給わなかった。至高者は仰せられた。「もし信仰しその信仰がそれに役立った村がなかったならば。ユーヌスの民が信仰したときに、我らがかれらから現世の生活での恥辱の懲罰を取り去り、かれらを一時まで楽しませた。」（10章98節）それでそれを除いて、かれらの信仰はアッラーの懲罰の目撃のときに受け入れられない（ghair maqbūl）[7]ままなのである。

フィルアウン（ファラオ）についてのアッラーの御言葉。

「遂に溺死が彼を捉えようとすると、彼は言った。『イスラーイールの子孫が信じた御方のほかに神はないことは私は信じました。そして私は帰依する者たちの一人です。』『今になってか。だがお前はかつて以前、反抗し、害悪を為す者たちの一人であった。それで今日、我らはお前の肉体を救う。お前の後続の者への徴となるように。』そしてまことに、人々の多くは我ら諸々の徴に対して不注意な者たちである。」(10章90―92節)

ここから、かつてユーヌスの民に対してそうであったように、懲罰の目撃の時点でのフィルアウンの信仰が彼への特例として受け入れられることが帰結する。というのは、「我はお前の肉体を救う」との至高者の御言葉は、それを明言しているからである。もしフィルアウンの信仰が、予め存在していなかったとすれば、彼(フィルアウン)に対して救済の語を用いることは正しくなく、彼は彼の民は共に溺死していたであろう。

また「お前の肉体を」との御言葉は、つまり、「お前の民のどの一人でもない特にお前を、お前だけを」を意味する。「その意味は彼の肉体は海の魚の餌食になることなく、海が海岸へ打ち上げた流れ着いたのであり、(フィルアウンの)民の生き残りがそれを目撃し、彼が死んだことを理解したのである。」との通説に対しては、以下のように反論される。

「この節における救済は、彼(フィルアウン)の肉体だけではなく、彼(その人)について言われている。しかしその説はそれ(救済)が彼の肉体(だけ)について言われているように見えるが、それはこの節の意味に反している。」と反論できる。

「今になってか。だがお前はかつて以前、反抗し、害悪を為す者たちの一人であった。」との至高者の御言葉は、不信仰からの悔悟が遅かったことに対する彼(フィルアウン)への譴責であり、それ(悔悟)が受け入れられないことを意味しない。

それはムハンマドに対する至高者の御言葉「アッラーは貴方が彼に許したことで貴方を赦されました。」に反している。(アッラーが)彼(ムハンマド)には赦しを譴責より先に述べているのは、自分の心から自分の主への畏怖

▼7　AF版では逆にmaqbūl(受け入れられる)で意味が全く逆になっているが、HA版の読みを採る。

が失われることがないように彼（アッラー）に服従していたからである。一方でフィルアウンは彼（アッラー）に服従していなかったので、讃責が救済の言及に先立っているのである。それは至高者（アッラー）から彼に対して、かれが形容されている様々な属性によって、その悔悟を受け入れることが実現するためにである。また「お前の後続の者への徴となるように」との御言葉も彼の悔悟が受け入れられたことを帰結する。なぜなら「徴」とは、何かを示す標章であり、彼の悔悟が受け入れられることは、彼（フィルアウン）の後の全ての諸民族に対して、いかに多くの重大な罪であろうとも、現世でそれを犯したフィルアウンの罪のようであっても、アッラーはその僕の悔悟を受け入れ給うこと、それゆえ誰もアッラーの御慈悲に絶望してはならないことを示す明証なのである。

要するに、フィルアウンの悔悟が受け入れられる（との結論）、受け入れられないとの結論は、（どちらも）主性に対する貶価や諸預言者に対する貶価の上に成り立っているものではなく、またそれからアッラーの主権の不完全性を導くわけでもないのである。

この問題において正しいのは、不可視の事柄に属し、我々はテキストがあるところではそれが語ることに聴き入り、それについては信仰と霊感の光に照らしてその意味を解明して語るのである。それゆえ、疑問の余地を残さない明瞭な明文テキストがないところでは、あらゆる者、それについて至るところのもの（結論）を遠ざけなさい。アッラーこそ諸々の状況の真相をよくご存じであらせられる。

懲罰の目撃の時点での信仰が受け入れられないことの英知は、それは死によって悔悟の門が閉じられる時間である。悔悟にはこの悔悟者がそれ（悔悟）が顕れたときにそこからアッラーの御許に入る門が残らない。なぜなら全ての不信仰者はその死に際してその不信仰を悔い改めるしかないが、それは悔悟の門が閉じられ、彼に開かれることがないときにあたる。アッラーは仰せられる。「かれらには天の門は開かれない。」（7章40節）至高者は仰せられる。「汝の主の諸徴の一部が顕れ、誰にもその信仰が役立たず、『お前は以前に信じなかった』（と言われる）日。」（6章158節）人間がその生の期間において夜にあり、死ねばその昼が昇ることは既に述べた。それゆえ仰

せられる。「役立たない日……略。」（26章88節）

そして、「悔悟の門は死によって閉じられるが、死に臨んで不信仰から悔いて戻る者は、（その時点では）まだ生きているので、門はその時閉じられていない。」とは言われないのである。

なぜなら我らは言うからである。不信仰からの悔悟は重大である、なぜなら重大なこと、つまり不信仰から立ち戻ることだからである。臨死においてその門の一部が閉じることは、その重大さゆえに彼からそれが生ずることを妨げるのである。それゆえ預言者はこの門の広さについて「悔悟には二枚の扉の幅が東（日出る処）と西（日没する処）ほどの門があり、太陽が西から昇る（最後の審判の日）まで閉まることはない。」との既述のハディースのその言葉の中で言った。もし（悔悟の門が）その一部が閉まることで狭くなれば、不信仰からの悔悟は不可能であり、それゆえ神威目撃に際しては悔悟が受け入れられないのである。

（不信仰以外の）残りの罪からの臨死の信仰者の悔悟については学者たちの見解は分かれており、一部は「悪行を為した者たちは、その誰も死に臨んで、私は今悔いて戻った、と言っても悔悟は（受け入れられ）ない。」（4章18節）との至高者の御言葉の一節を典拠に信仰と同じくやはり受け入れられないと言う。

（教友）アブー・アイユーブは預言者から「アッラーは僕である人間の悔悟を、断末魔にならない限り受け入れ給う」と伝えている。アターゥ（七二二／二年没）からは、「たとえ雌ラクダの断末魔ほどでも死の前であれば」とある。ハサン（バスリー：七二八年没）の伝えるところ、その霊が肉体の中にある限り離れませんでした。『汝の威光にかけて、私は人間から、その霊が肉体の中にある限り離れません。』そこでアッラーは仰せられた。『我が威光、我が尊厳にかけて、我はその者に、断末魔にならない限り、悔悟の門を閉じはしない。』」

至高者の「彼こそは、その僕たちについて悔悟を受け入れ給う御方。」（42章25節）の無条件な表現を採用して、以下のように言われるのがより適切である。「（臨）死者に悔悟を理解し意図することができるだけの虫の息が残っている限り、悔悟は不信仰を除く他の全ての罪について受け入れられる。臨死によってその（悔悟の）門の一部が閉じられることは彼（臨死者）からそれ（悔悟）が生ずることを妨げない。なぜならばその重大さは不信仰からの悔悟の重大さ以下だからである。

「彼こそは、その僕たちについて悔悟を受け入れ給う御方。」（42章25節）との彼の御言葉を、「その僕たちから」と言わなかったことを、熟考した者はこの節の示唆から、僕である人間は死が近づいてその状態に達したならもはや悔いて戻ることはできないことを理解する。というのはアッラーは、至高者が彼の代わりにそれが彼から発することにおいてそれを行い給うた彼の悔悟を受け入れ給うのである。「不信仰者として死んだ者たちではなく。」（4章18節）を典拠に、既述の節の「悪行」の意味は、種々の不信仰なのである。つまり、かれらが死んだ後で来世を見たところでは、かれらの悔悟は受け入れられない、との意味である。それで意味は、不信仰者たちは、神威に際しては、断末魔の臨死の時点で悔いて戻ったのであれ、死んでバルザフの世界に移った後で（悔いて戻ったので）あれ、かれらの悔悟は受け入れられない。なぜならこの二つのときにおけるどちらの悔悟も受け入れられないことにおいて等しいからである。

続き

自殺者が、直接の死因となることを行ったときに、霊が肉体を離れる前に、それから（min dhālika）[8]悔いて戻った者の悔悟が受け入れられるかについても、この上記の見解の相違によ（って異な）る。正しくは、死因を除去し生き返ることが可能な状態で（それを除去せずに結局死んだ場合）悔いて戻った場合は、受け入れられない、と言われるのが正しい。なぜならばそれは（アッラーへの）背反行為の時点での悔悟だからである。そうでなければ受け入れられる。

「刃物で自殺した者は、刃物を手にし、火獄の火の中で永遠無窮にそれで自らを殺し続ける。投身自殺した者は、火獄の火の中で永遠無窮に投身し続ける。」との預言者の言葉は、激情に駆られて自殺を正当化し、死ぬまでそれを後悔しなかった者についてであると解釈される。そうではなく、自殺を正当化せず、死因となることを行った者は、もしそれを感じ取れば、死ぬ前に後悔し、命を取り止めることを願う必要があり、それが悔い改めとなる。この場合はその悔悟は受け入れられる。(自殺を)正当化することが、このハディースの(適用の)要件なのである。

続き

法学者たちは、死の瞬間の前に現世の生において悔いて戻った不信仰者は皆、その悔悟は受け入れられると言う。ただしその悔悟は、啓典の民であれ、マギ教徒であれ、背教者であれ、その他の種類の不信仰者であれ等しく、ムハンマドの宗教に反する全ての宗教から絶縁したイスラーム入信であった場合である。

但し一部は除外されるが、その中には、その不信仰の事由が預言者たちの一人、つまりムスリムであって預言者たちの一人を中傷した者である。生来の不信仰者が預言者たちの一人を中傷した場合は違う(除外されない)。というのは、彼(生来の不信仰者)は裁量刑には処されるが、死刑には処されないからである。なぜならばある預言者を中傷した者は、それ以前に、彼がムスリムとなる正しい信仰によって、彼(その預言者)を信仰する者であったからである。ユダヤ教徒のムーサーに対する信仰や、キリスト教徒のイーサーに対する信仰のような、それで不信仰にもかかわらずその者の庇護義務が発生するような自称の信仰ではないので、「不可謬の僕である預言者」の権利は既述のこと(誹謗中傷)に対して無罪なので、その預言者への誹謗を彼に対して赦すことは不可能なのである。僕(である人間たち)については、悔悟が受け入れられる条件は(被害者による)赦しであるので、それゆえ我々に関しては、その条件(被害者、つまり預言者からの赦し)が欠けていることにより、その悔悟は受け

▼8　HA版では「直ぐに(min qarīb)」。

入れられない。その者とアッラーの間の関係について言えば、もしその悔悟において内心で純粋であるならば、その中傷された（預言）者からの赦しはそれが不可能なために彼に成立しなくとも、その悔悟は受け入れられる。アッラーの慈悲に絶望はない。

その（悔悟の受け入れから除外される者の）中には、邪教の不信仰者がある。捕まる前に自分から悔いて戻ったのでない限り、その悔悟は受け入れられない。ここでのザンダカ主義者の意味は、諸宗教のどの宗教も信奉しないが、諸宗教はどれもアッラーと諸預言者たちへの不信仰を含んでいるという側面においては正しく真であると信じる者である。このような者には悔悟は決して成立しない。なぜならばその者は、世界の中には不信仰も、多神崇拝も、（神への）背反行為も見出さないからである。なぜならそれらは世界の中に存在している（存在している以上、悪ではない）からである。それらは全て聖法の外面についてである。（現世の法的裁判における判決上、赦されない）一方、宗教的には（diyānatan 来世での審判における判定は）、アッラーのみに純粋に捧げ、彼への敵対と忠義を区別するなら、その悔悟は受け入れられるのである。

篤信者と万教同一論者の差異についての続き

現在世界にある諸宗教の全て[9]は、その信奉者との関係においては、二分される。唯一の真理の宗教――つまりそれがイスラームである――と、虚偽の全て[10]の諸宗教、すなわちイスラーム以外である。創造者との関係においては、真も虚偽も全ての宗教は、彼のために創造され、彼がそれらの創造者である。至高者は仰せられた。「そして諸天と地にある者は自発的、また強制されて、彼に服従した。」（3章83節）つまり、信仰者は、彼に自発的に従ったのであり、不信仰者は強制されて従ったのである。なぜなら彼以外に創造者はいないからである。

この二派の双方（イスラームと他宗教）から顕れたものを見て、「それは全て真で正しい」と言う者が万教同一論者であり、その二派の双方から顕れたものを見ることなく、かれら全ての上にあるアッラーの至高の御手のみを見、それ（アッラーの御手）から生じたものは全て正しく真であると信ずる者が篤信者なのである。

両者の差異は微妙であり、アッラーの神慮と神祐がなければ理解できない。万教同一論者の外装を纏って篤信者が顕れることもあれば、篤信者の外装を纏って万教同一論者が顕れることもありえる。見る場所は一つであり、それは被造物（人間）である。そして被造物（人間）を見て、それらは全て正しいと言った者は、かれらが万古の創作者から生じた側面からかれらを見てそう言ったなら、その者は篤信者であるが、かれらそのものの側面においてかれらを見てそう言ったなら、その者は万教同一論者なのである。

その原因は、かれらが万古の創作者から生じた側面からかれらを見て、「お前は慈悲遍き御方の創造に矛盾を見ない。」（67章3節）「アッラーは万物の創造者であらせられる。」（13章16節）とアッラーが仰せられ、そこで差異や区別を意図し給うていないので、かれらが等しいと判断した者は、その同等の判断において、彼はそれを命じられているので、正しいのである。しかしかれらそのもの、そしてかれらがあるところの状態の側面においてかれらを見て、かれらの間が等しいと判断したのであれば、全くの間違い、無知なのである。至高者は仰せられた。「それでは我らがムスリムたちを罪人たちと同じにするというのか。お前たちは何ゆえ、いかなる判断を下すのか。」（68章35—36節）また至高者は仰せられた。「我らが信仰し善を行う者たちを地上で退廃を為す者たちと同じにするのか。それとも我らが（神を）畏れ身を護る者たちを邪悪な者たちと同じにするのか。」（38章28節）そして（アッラーは）ただかれらの間の差異と区別を意図し給うているのである。それでかれらはかれらの間を等しいと判断したことで誤っているのである。

時に篤信者の言葉は万教同一論者の言葉と紛らわしいこともある。そして意図が分かつものなのである。それ

▼9　ＨＡ版には「全て」の語句は抜けている。
▼10　ＨＡ版には「全て」の語句は抜けている。

は全て、その者の別の場所での別の言葉から理解されるのである。
イブン・アラビーの『マッカ開示（*al-Futūḥāt al-Makkīyah*）』の諸節の中での言葉がその例である。

人々はアッラーについて様々な信条を立てる。
そして私はかれらの信ずるところのもの全てを信ずる。

その意図は、「それが万古の創作者から生じたという側面においてかれらが信じていることの」全て」である。[11] なぜならそれは全て、それが信じている者たちからそれが生じた（ṣudūr）[12]との側面において至高者を示す跡だからである。なぜならばそれはかれらが彼ではなくかれらを示しているとの側面からだからである。そしてそれについての専門家たちの信条は、跡について無関心で、跡を残す者を見ることなのである。そしてそれは彼の様々な箇所から知られる。道の人の誰か、特にイブン・アラビーの言葉にそうしたものを見つけたら、それを「スンナと団結の民」の信条に合致した正しい理解で理解し、これらの師匠たちの誰をも知らないために醜悪な意味でそれを解し、それによってそれを批判することに（ならないように）気をつけなくてはならない。
ある者が言う。

お前ができないことがあれば、それを放っておけ。
そしてそれをお前ができることに委ねよ。

私はイブン・アラビーに反論する者に反論する本を書き、『真智者ムヒーッディーンを貶す者への確かな反論（*al-Radd al-Matīn ʿalā Muntaqiṣ al-ʿĀrif Ibn ʿArabī*）』と名付けた。アッラーがそれをウンマ（ムスリム共同体）に役立たせ給いますように。

その悔悟が受け入れられない者の一団に、たとえ女性であれ魔術を行う不信仰者たちがある。魔術とは、幽精の悪魔たちと庇護関係になり聖法によって禁じられたことでかれらの仲間になってかれらを使うことである。魔術師の不信仰に関しては見解が分かれている。シャーフィイー師の考えでは、もし不信仰と結合すれば不信仰者となるし、そうでなければ（不信仰ではなく単なる）大罪である。アブー・ハニーファの見解では、それは無条件に不信仰となる。

（見解の）相違の元は、悪魔たちとの庇護関係、仲間になることが、不信仰においてかれらに従うことなしに考えられるか、にある。第一の説（シャーフィイー説）を取る者は、スライマーンのケース、彼が悪魔たちを使役したことを典拠に、それを論証する。至高者は「スライマーンは不信仰に陥らなかった。そうではなく悪魔たちが不信仰に陥ったのである……。」（2章102節）と仰せになられている。第二の説（アブー・ハニーファ説）を取る者は、それは不信仰においてかれらに従った後でなければ考えられないと論ずる。スライマーンの問題は、アッラーによって諸世界を彼に従わせる神的代理任命（カリフ職）であったため、魔術の範疇には入らず、またそれとどの時代にも存在する完全人間に属したからである。

魔術師とこの完全人間の差異は、アッラーへの呼び招くことと預言者たちにその伝えたことにおいて[13]服従することにのみある。魔術師は不信仰と異端（ビドア）に招くのに対して、彼（完全人間）は既述の通り信仰とスンナ

▼11　ＨＡ版では「『……信じていることの全て』を私は信じている」。
▼12　ＨＡ版では zuhūr。
▼13　ＡＦ版では「その許されたことにおいて」、ＨＡ版では「その伝えたことにおいて」となっているが、ここではＨＡ版に従う。

に呼び招くのである。そしてその者とアッラーの間については、悔悟の門は、上述の通り、生きている間は、全ての人間に開かれているのである。

「拒否者（ラーフィダ、シーア派）」について言えば、かれらの中でも両師（アブー・バクルとウマル）を中傷するか、二人、あるいはその片方を呪うかすれば、アブー・ハニーファの説では不信仰に陥る。両名のカリフ位を否定するか、かれらを憎んでも同様である。それは預言者がかれら二人を愛されたからである。もしアリーが二人よりもすぐれているとする者は、異端者であるが、彼（アリー）を二人よりも更に愛しても非難されることはない。残りの（法学）祖師たちは両師を中傷、あるいは呪った者を不信仰と判定せず、その者が悪であることと懲戒を定めているだけなのである。アブー・ハニーファは、彼が真性と判定したダイラミー（一一一五／六年没）の伝える「お前たちがアブー・バクルとウマルの悪口を言う者を見つけたら、その者を殺せ。その者は（両氏の悪口を言うことで間接的に）ただ私とイスラーム（の悪口）だけを意図しているのだから。」とのハディースを典拠にしているのである。

アブー・ハニーファの見解では、両師の双方、あるいは片方を中傷し不信仰に陥った者は処刑される。それは「その者はただ私とイスラーム（の悪口）だけを意図しているのだから。」との預言者の言葉に基づく。なぜなら預言者の中傷により不信仰に陥った者は既述の通り、その悔悟は受け入れられないからである。このハディースで預言者は、両師を自分自身になぞらえ、二人の悪口を言うことが、自分の悪口を言うことに他ならない、とされたからである。それは二人の他の教友たち全員に勝る長所、徳があったために、かれらではなく二人の特例としてであったのである。

続き

その中で我々は既述のこれら四種類の者たち、一人の預言者を中傷した者、両師を中傷した者、万教同一論者、魔術師の悔悟が、我らの師アブー・ハニーファの学説に従うと、受け入れられないことのシャリーアの秘義について述べよう。

預言者たちの一人を中傷した者については、シャリーアの顕教によってその悔悟が受け入れないことの秘義は、以下の通りである。その預言者に対する中傷によって、そこから恩寵がもたらされるところの、彼の信仰の豊かな心から預言者たちの精妙体の座と繋がった精妙体が断ち切られるからである。それは全ての新生児はイスラームの天性、即ち、この繋がった精妙体の上に生まれるのであるが、両親がユダヤ教徒に教育したり、キリスト教徒に教育したり、マギ教徒に教育したりして、その子の中にあるこの繋がった精妙体の看取を妨げてしまうので、それによって預言者の誰かを中傷してもシャリーアはその悔悟を受け入れるのは、彼がまだその精妙体を見知っていないからである。ところがこの天性の上に生まれて、それ(精妙体)を見知りつつ育ち、不信仰の何ものによってもそれから遠ざけられなかった、あるいは一度は妨げられても、その後でそれを見知り、それを確かに知ったのであれば、預言者たちの誰か一人でも中傷すれば、その彼の心から預言者たちの精妙体の座と繋がった精妙体が断ち切られ、その後でそれが繋がりイスラームの天性に戻ることはありえないからである。

それゆえシャリーアの顕教に則ると、悔悟は考えられないのである。霊的世界と物質的世界の精妙体は、それら全てが、預言者たちの精妙体に繋がっており、預言者たちの精妙体は、無始の座からそれら(精妙体)を貫い受けた後でそれを(預言者たち)全てに授与するところのムハンマドの座に繋がっているからである。そしてそれは慈悲遍き御方の顕現の玉座であり、この玉座の文字の逆である聖法が、その精妙体から切り離された者の悔悟を受け入れない裁定を下すものなのである。

その者とアッラーの間のことについて、その主だけの御顔からのその悔悟の受け入れは、ただ隠れてしかありえないのである。至高者が仰せの通りである。「我らは彼にその頸動脈よりも近い。」(50章16節)

既述のこの精妙体から切り離されたことによって頸動脈を切られた者は、アッラーはその精妙体なくしてもその者により近いので、その悔悟における至誠を認め給うなら、それを繫ぎ給うのである。

心の精妙体は全て、「護持された書板」[▼14]から放出されることを知りなさい。それはちょうど、太陽自体から発し、地上の全ての物質に放射される光線の放出のようなもので、全ての物質には、それ（太陽）に繫がり、光線の源泉から放出され、それ自体において区別された精妙体があるのである。しかしその区別はその地上的な物質に帰属するものとしてしか顕れず、輝くのである。しかし、一旦、その地上的物質から何か覆うものがそれ（光線）を遮るなら、それは全ての光線の源泉であるその起源に戻し、それ以前にあったように、区別されたものとなるのであるが、把握できない隠れた区別なのである。それらの光線は、太陽それ自体ではない。ただそれはそれ（太陽）から授与され、物質に接合するように整えられた精妙体なのであり、この現世の霊的諸存在物の全ても、同様に理解せよ。

そして、そこから精妙体が発出し、地上的・天上的物質に接合される太陽に相当すると我らが述べた「護持された書板」は、「至高の筆」の顕れる顕現の場である。そしてそれ（至高の筆）は「聖霊」がその中に居て、その知が明かされる場である。「護持された書板」から我々の許に下されるものは全て、そこから授与されたものなのであり、そこから発出した精妙体はただ、本当は、その至高の筆から発出したものなのである。なぜならそれはその集積場だからである。

「護持された書板」において、聖霊の集積から最初に分かたれるものは、預言者たちの霊であり、それから世界の残りの霊は、預言者たちの霊の集積から分別されたものなのである。それゆえ我々は、その連なった精妙体を見た後で、それに不注意であったのでなく預言者たちの誰か一人を中傷する者は、聖法に則ると、アッラーの万物に対する特別な御顔による以外、（再び）繫がることは不可能であり、悔悟が受け入れられないと述べたのである。「私に従う者は、私の仲間であり、私に背く者は、貴方は誠によく赦し給う慈悲深い御方。」（14章36節）とのイブラーヒームの言葉は、我々が述べたことを示唆しているのである。

アブー・バクルとウマルの両師の中傷の悔悟が受け入れられないことについては、なぜならばハディースを引用したように預言者が二人を自分自身になぞらえられたからであり、篤信者アブー・バクルについてはそれを「二人のうちの第二のもの。」（9章40節）との至高者の御言葉が支持している。つまり、不特定の二つのうちの一つであり、両者の間に類似があることから、不定名詞を用い給うているのである。なぜなら両師の霊性は預言者の霊性から授与されたもの（延長物）だからである。至高者は仰せられる。「汝らの許に、汝らから、既に使徒がやってきた。」（9章128節）

それゆえ預言者の霊性は全ての霊であり、それから授与されたもの（延長物）が、預言者たちの霊なのである。それゆえ預言者から授与されたもの（からの延長物）であることのうちに共通性があるのである。それゆえハディースに、「学者たちは預言者たちの相続人である」とあるのである。

預言者からこのウンマ（ムスリム共同体）への霊性の授与（延長）は、それ自体、相違がある。篤信者アブー・バクルの授与（延長）はウマルの授与とは違う。そして完全なかれら二人の授与（延長）は、このウンマのその他の教友たちへの授与（延長）とも違うのである。

両師への預言者の分け前が最も豊かな分け前であり、二人への預言者の高貴な地位の授与（延長）が最も完全な授与であったので、我々はその中傷者の不信仰において、彼の他の教友たちではなくこの二人だけを預言者に付随させるのである。

シャリーアの顕教において、万教同一論者の悔悟が受け入れられないことは、その者が叡智界における区別の秘義を理解していないことに鑑みてである。アッラーには、この存在の枠内に二つの世界がある。天性世界と呼ばれる内奥の世界——なぜならそれは心的考察に基づくからであり——[15]と叡智界と呼ばれる外表の世界である。

▼14　ＡＦ版では「護持された」が抜けている。

そしてこの叡智界は天性界の秘義なのである。なぜならばそれが神的凝視の場であり、天性界はその凝視の光線に相当し、その源泉は諸属性の場なのである。

それゆえその凝視を無視する者は、確かに目的から逸れているのである。なぜならば凝視される者は、凝視する者であるのだが、万教同一論者は、区別であるところのその秘義において、目的から逸れているのである。至高者は仰せられた。「我らは諸天と地と両者の間のものを真理と一定の期限をもってしか創造しなかった。」（46章3節）それゆえその期限が至ると、諸天と地と両者の間のものは過ぎ去り、その全てをそれによって創造し給うた真理のみが残るのである。それはちょうどそれによって創造し給う以前と同じなのである。そして聖法はその期限それ自体であり、諸天と地と両者の間のものの諸部分の全てのものには、聖法（sharʻ）[16]の中に規定があり、その規定こそがそのものの期限なのであり、それによってそのものの生の期間が終わり、その規定を知った後に、その起源である無に戻るのである。そしてそれによってそのものを創造し給うた真理が残るのである。その規定は、それ自体に対してそれをもって定めた側面から扱われるのである。

アッラーを正しい知識によって知った者は、ただ彼をその諸規定、つまり聖法において知るのである。聖法は様々な規定であり、あらゆる（kull）[17]物に個別に対応している。天性界を見ることでそれから目を逸らす者は、至高なる真実在からの逸脱により確かに既に不信仰に陥っており、その悔悟は受け入れられない。なぜならば天性界に没頭しながらアッラーへの志向を僭称しているからである。しかし天性界は目的ではなく、目標への通路に過ぎず、それ（目標）は叡智界なのである。天性界は光である。叡智界も光であるが、それは逆転されており、闇の形で顕れるのである。闇の中を歩む者は光を必要とするが、光の中を歩む者はもはや光を必要としない。諸世界は全て無の闇であり、それゆえ光を必要とするのである。至高者は仰せられる。「その日、信仰者たちと信仰する女たちは、かれらの光が、かれらの前を、かれらの信仰と共に進むのを見る。」（57章12節）そして至高なる真実在について言えば、それは存在の光の中にあり、闇を必要としないのである。

そして万教同一論者は、相応しいところで主性を否認する者であり、それゆえその主に多神を配し、そのお側から追放されるのである。至高者は仰せられる。「アッラーに多神を配する者は空から落ち、それを鳥がさらっていったか、風がそれを遠くに吹き飛ばしたかのようである。」(22章31節)もし叡智界の秘義の探求に戻りアッラーにその規定において向かい、それにおいて既述のように彼を知るなら、その悔悟は内的に受け入れられる。なぜならそこからそれへと立ち返ることは、それがあるところのもの以外の何ものでもないからである。聖法は玉座から降下したものであり、その下のものに対しては、慈悲遍き御方の臨在が授けたもの以外によって裁くことはないからである。なぜなら、それ(慈悲遍き御方の臨在)がそれ以外の臨在とは違いそれ(玉座)を支配しているからであり、それは最も有益なものを必然的にもたらすからであり、このように形容される者にとって最も有益なのは、悔悟を受け入れず、その近づきと向かうことそれ自体において遠ざけと追放の火でその者に試練を課すことによることだからである。

それゆえ、その者が自ら進んで悔いて戻った者として、我々の許に(nā)[18]帰順してくれば、受け入れられる。なぜなら外的に(アッラーに悔い改めて)向かったので、外的に(その悔悟が)受け入れられるのであり、内的に向かえば、内的に受け入れられるのである。

魔術師について言えば、真理と虚偽を混ぜ合わせたがゆえに、その悔悟は受け入れられない。それ(魔術師)は「夜明け前」からの派生語であるが、それは夜の最後で曙が白み始める直前であり、悪魔たちと庇護関係に

▼15 HA版ではこの一文が抜けている。
▼16 AF版では「髪(sha'r)」。
▼17 AF版では「あらゆる」が抜けている。
▼18 AF版には「我々の許に」が抜けている。

入って、真理そのものに対して虚偽を召喚し悪魔たちを使うのであり、服役させる人々とは異なるのである。かれら（悪魔を服役させる人々）は、虚偽そのものに対して真理を祈願するのである。それゆえ前者は、夜が夜明け前の元であるのと同様に元が虚偽であることから魔術と呼ばれるのであるが、後者はその逆（元が真理）なのである。

真理と虚偽を混ぜ合わせる者の許では、その外見がその内奥であり、それによって真理を隠しているのであり、そして隠蔽（satr）とは不信仰（kufr）なのである。それからその者には、魔術が真実である、と言われるように、その虚偽から真理が外には顕れる。それゆえ彼には悔悟はない。但し真理を虚偽に混ぜ合わせることから、虚偽を真理に混ぜ合わせることに立ち返り、その者の許で元が真理となることによって、内的（に悔いて戻ったの）であれば別である。しかしそれは聖法においては顧慮されない。というのは既に述べた通り、慈悲遍き御方の臨在は最も有益なことを要請するからである。それゆえ聖法の秘義を悟れ。アッラーこそが成功を恵み給う御方。

第3章　神に関する正しい信条

私には神について愛しい信条がある　それと存在の中のものは同じ
光の上の光　それでこれは我らの許では地　しかしアッラーの御許ではそれは天
私には二つの生まれがありそれを極め始めた　これは私には朝　それは夕
決して　私は照らす光　そして闇　また私は存在の中の土　そして水
我が天は割れ　我が太陽は巻き上げられた　そして我が星々は飛び散り　光は消えた
我が復活は成り　まことに私はそのようだ　報せが述べたところに従って
私には望むものについて前腕　助け手がその掌が双子座の指の手
そして繊細な聖句を語る口　雨の予兆はその慈雨を良くし続ける
蜂よ　至福がお前に啓示した　山には日陰となる汝の家
新鮮な果実を食べ　そして行け　幸福の道を　不幸は汝を襲わない
内から外へ　その飲み物は　人間には　それに味楽と癒し
これがその中に願望の共有のあるもの　そして諸物がそれによって存立するものの存在
私が公正に熟考した時　千の文字もバーゥに還る
真存在は我々には彼の徴ではない　我らは彼からの徴　目配せなのだ

離別された人間、施錠され閉められた鍵、諸存在物の中に隠された秘密よ、助けを求められるべきアッラーによって、諸存在物は全て心の中にあるのであり、心が諸存在物の中にあるのではなく、内在が外在の器であり、外在を見る者は内包物を見、内在を見る者は包摂者を見ることを知りなさい。

貴方はこの世界に貴方の外在ではなく、ただ内在によって来たのであり、それゆえ悪魔イブリースの惑わしを警戒し、貴方がいるところではなく、貴方がやって来たところから出ていきなさい。なぜならそれこそが永遠無始の扉なのだから。

貴方が内在の外在に対する優越を知ったところで、舌ではなくそれ（内在の心）だけが信条に特化していることを知り、貴方の心の耳で、私の器にある正しい信条を貴方に注ぎ込むのに聞き入り、それによって疑念と妄想の汚れを洗い流し、異端、逸脱、過誤の不浄を祓いなさい。それでは私は言おう。

アッラーの本体

我が主は私への御恩、御恵みにとって私を証人と為し給い、それゆえ私は私の権能、私の力によるのではなく、彼の権能と彼の力によって、以下のことの目撃証人となった。

彼こそは、彼以外に神はないアッラー、諸々の本体が似ず、諸存在者たちの諸本体の何ものとも比類せず、その存在がその本体そのものであり、その上の付加物ではないような無始万古の本体である。そしてそれは万物の一つではなく、諸物質の一部でもなく、諸偶有の一部でもなく、理性の一部でもなく、霊の一部でもなく、知の一部でもなく、幻想の一部でもなく、想起の一部でもなく、理解の一部でもなく、想像の一部でもなく、光の一部でもなく、闇の一部でもなく、煌きの一部でもなく、力の一部でもなく、備えの一部でもない。

またそれは上記の全ての何ものの上にもなく、上記の全ての何ものの下にもなく、上記の全ての何ものの右側にもなく、上記の全ての何ものの前にもなく、上記の全ての何ものの後ろにもなく、その上にもなく、その下にもなく、その方向のどこにもなく、それと連結しておらず、それから離れてもおらず、その中にもなく、その外にもなく、それから遠くもなく、それに近くもない。

それはそれら全てから、そして欠陥のある魂や理性は言うに及ばず、完全な理性と魂に思い浮かぶもの全てから超越しており、そしてそれはこの超越化からさえも超越した本体なのである。なぜならそれ（超越化）は、生成物に過ぎず、万古なる御方の描写となるには相応しくないからである。

本体と属性

この超越的本体の諸属性もまた、無始永遠であるが、それ（本体）自体ではなくその上の付加物でもない。世界は全てこの（諸属性の）必然的帰結であり、本体の必然的帰結ではない。そしてそれもまた本体の超越と同じく超越しており、至高なるアッラーが御自身を描写し給わなかったならば、誰もあえて彼をそれ（属性）によって描写することはない。なぜなら我々は、彼が彼の書（クルアーン）においてか、その使徒の舌を通して我々に知らせ給うたところ以外では彼を知らないからである。至高なるアッラーが彼の書（クルアーン）においてか、その使徒の舌を通して自分御自身について描写し給うた諸属性は全て至高なる本体に立脚した無始永遠の概念体であり、また本体そのものでもなく、本体以外でもなく、またそれらの属性の一つは、他の属性そのものでもなく、それ以外でもない。

至高なるアッラーの本体には、単一性と唯一性がある。それとその諸属性は、いかなる側面においても、そこには複合はない。諸属性は皆、ただ至高なるアッラーと世界の間の関係であり、世界はその万古の本体から、それがやはり万古である諸属性によって形容されることを介してしか、無から存在に出現することはないのである。

諸属性の語における本義と転義

至高なるアッラーは、その本体に立脚するその万古の概念体（maʻnā）の翻訳による聖法によって我々に知られる。そしてそれ（概念体）は、彼の万古の発話と彼の使徒の舌におけるアラビア語によるところの彼の諸属性である。それゆえアッラーの諸属性であるその概念体がそれによって我々に翻訳されるところのアラビア語の諸単語は全て、それらに概念体のために設定された本義であり、転義ではない。至高なるアッラーが我々にそれを理解させ給い、それを我らの中に創り給い、我々のためにそれを名付け給うたそれらのアラビア語の諸単語はアラビア語における転義なのである。

例えば「力」（の語）は、それによってクルアーンが啓示されたアラビア語におけるその真の意味は、アッラーが形容されるところのものなのである。一方、我々の中に創り給うた生成されたある諸物に対する我々の力、そして我々にその表現をもってそれを理解させ給うたところの力の意味は、アラビア語における「力」という単語の転義的意味なのである。そしてこれから我々が論ずるものは（全て）そうなのである。[1]

至高なるアッラーは仰せられた。「慈悲遍き御方。クルアーンを教え給うた。人間を創り給うた。彼に明証を教え給うた。」（55章1―4節）それゆえ、それによってクルアーンがムハンマドの胸に啓示されたアラビア語は、その単語は全て至高なるアッラーに関してその本義的意味において用いられた本義である。至高なるアッラーは我々を啓示されたそのアラビア語の単語によって形容されるものとして創造し給うたが、ただし、転義においてなのである。それは語をそれが設定されたところのものと別の意味で用いることである。それゆえ「人間を創り給うた」と仰せられたのである。またハディースに曰く。「至高なるアッラーはアーダムを彼の形に創り給うた。」別のヴァリアントでは「アーダムを慈悲遍き御方の形に創り給うた。」

つまり、至高なるアッラーが御自身を形容し給うた形容は彼の使徒に啓示された彼の言葉において本義であり、我々をその全てによって、但し転義であり本義ではなく形容された者として我々を創り給うたのである。その後で、至高者は我々に我々をそれによって形容された者として創り給うた転義的意味を教え給うたが、我々に理解不能であるため、超越者が形容され給うているそのアラビア語の諸単語の本義的意味は我々に教え給いはしなかったのである。

それゆえ我々が至高者を信ずるなら、（アッラーが）その万古の御言葉においてと彼の使徒の舌を通じて御自身を形容し給うたものを我々は洞察するのである。そして我々は至高なるアッラーを、至高なるアッラーの知識の中にある本義的意味に則った上でその全てによって形容するのであり、至高なるアッラーが我々について設定し、それらのアラビア語の単語において我々に教え給うた転義的意味に則ってではないのである。

至高なるアッラーが、ムハンマドに啓示された万古の彼の御言葉の中で御自身を形容された諸形容の説明についての続き

それはつまり、御自身の形容の中で、「諸世界の主」（1章2節）と、主であると仰せられ、「裁きの日の王」（1章4節）と王であると仰せられ、「アッラーはかれらを嘲弄し給う。」（2章15節）と、偽信者たちを嘲弄し給うと仰せられ、「アッラーはかれらをその無法のうちに放置し給う。」（2章15節）と、偽信者たちを放置し給うと仰せられた。また（アッラーは）かれらの光を取り上げ、闇の中に置き去りにし給い、「不信仰者たちを取り囲み給う。」（2章19節）また彼は「万物に全能であらせ給う。」（2章20節）また彼は「よく赦し給う御方、慈悲深き御方」（2章37節）、また彼は「不正な者たちを知悉し給う御方」（2章95節）、また彼は「かれらの為すことに通暁される御方。」（5章71節）また彼は「不信仰者たちの敵」（2章98節）であらせられ、また彼は「大いなる御恵みの持ち主」（2章105節）であらせられ、また「彼には諸天と地の王権が属す。」（2章107節）また至高者は「彼の御顔を除き、全

▼1　HA版には「その表現をもって」という語句は抜けている。

てのものは消滅する。」（28章88節）と仰せられ、至高者は顔を有し給い、「どこを向いても、そこにはアッラーの御顔がある。」（2章115節）と仰せられ、我々が向くところはどこにも彼の御顔。また彼は「諸天と地の創り主」（2章117節）であらせられ、また彼は「何事であれ決定し給えば、それに『あれ』と言えば、すなわちそれは有る。」（2章117節）また「彼は威力比類なく英知ある御方」（3章6節）、また「我への約定を果たせ。我も汝らへの約定を果たす。」（2章40節）と仰せられ、彼は彼への約定を果たす者に対して約定を果たし給う。また彼は人々に「憐れみ深く慈悲深くあらせ給う。」（9章117節）、また「我を想え。我も汝らを想おう。」（2章152節）と仰せられ、彼は彼を想う者を想い給う。また彼は「耐え忍ぶ者たちと共にあらせられる。」（2章153節）であらせられ、また彼は「恩に報い知悉される御方。」（2章158節）であらせられ、また彼は「唯一の神であらせられ、彼、慈悲遍く慈悲深き御方以外に、神はない。」（2章163節）であらせられ、また彼は「きっと人々が畏れ身を護るであろうと、彼の諸徴を。」（2章187節）明らかにし給う。また彼は「矩を超える者たちを愛し給わない。」（2章190節）また彼は「畏れ身を護る者たちと共にあらせられる。」（「2章194節）また彼は「善を尽くす者たちを愛し給う。」（2章195節）また彼は「清算に迅速な御方。」（2章202節）また彼は「堕落を愛し給わない。」（2章205節）また彼は「悔いて戻る者たちを愛し給い、自らを清める者たちを愛し給う。」（2章222節）また彼は「全てのものを知悉し給う御方。」（2章29節）。また彼は「よく赦し給う度量広き御方。」（2章225節）。また彼は狭め、また広め給う御方。また彼は「永生者、自存者であらせられ、仮眠も睡眠も彼を捉えることはない。」（2章255節）。また彼は「いと高く偉大なる御方。」（2章255節）また彼は「信仰する者たちの後見であり、かれらを闇から光に引き出し給う。」（2章257節）また彼は「生かし、また殺し給う。」（2章258節）また彼は「自足し称えられる御方。」（2章267節）また彼は威力比類なき復讐の主。また「アッラーは、彼の他に神はない、と証言し給い、天使たちと知識を持つ者たちも、正義に立脚して。」（3章18節）また彼は王権の持ち主であらせられ、御望みの者に王権を与え、御望みの者から王権を取り上げ、御望みの者を高め、御望みの者を卑しめ給う。善は彼の御手にある。また彼は「諸世界から自足してあらせられる。」

（3章97節）また彼は「汝らの為すことに対する証言者。」（3章98節）また彼は「かれらの為すことの包摂者。」（3章120節）また彼は信仰する者たちを清め給い、「不信仰者たちを抹消し給う。」（3章141節）また彼は「耐え忍ぶ者たちを愛し給う。」（3章146節）また彼は「援助者たちの最良の者。」（3章150節）また彼は「一任する者たちを愛し給う。」（3章159節）また彼には「諸天と地の遺産が属する。」（57章10節）また彼は僕たちに不正ではあらせられない。また至高者は「まことにアッラーは汝らに対する監督者であらせられる。」（4章1節）と仰せられ、彼は我々の監督者であらせられる。また彼はいと高き大いなる御方。また至高者は「まことにアッラーはいと高く大いなる御方であらせられた。」（4章34節）と仰せられる。また（アッラーは）「傲慢な自賛者を愛し給わない。」（31章18節）また彼は「全てのものに力及ぶ御方。」（4章85節）また彼は「全てのものの清算者。」（4章86節）また彼は「全てのものを取り囲み給う御方。」（41章54節）また「栄光は全てアッラーに属す。」（4章139節）また彼は「公正な者たちを愛し給う。」（5章42節）また彼は「よく聞き知悉し給う御方。」（2章127節）また彼は「諸天においても、地においてもアッラーであらせられ、また彼は彼の僕たちの上にある支配者であらせられ、また彼は英知ある通暁者。」（6章18節）また彼は「御自らに対して慈悲を書き定め給うた。」（6章12節）また彼は「真理を語り給う」、あるいは二つの読誦法では「真理を決定し給う。」（6章57節）また彼は「裁定者たちの中で最良の御方。」（6章57節）または彼は「全てのものを知識として包含し給う。」（20章98節）また彼は「種と核を割り給う御方。」（6章95節）また「視覚は彼を把握しないが、彼は視覚を把握し給う。彼は精妙にして通暁し給う御方。」（6章103節）また彼は「度を越す者たちを愛し給わない。」（6章141節）また彼は「真実」によって形容される御方であらせられ、仰せられた。「まことに我らは真実なる者である。」（6章146節）また彼に慈悲と猛威があり、仰せられる。「それゆえ言え。汝らの主は広い慈悲の持ち主であるが、彼の猛威を罪深い民から退けはしない。」（6章147節）また彼は不注意ではない。「そして汝の主はお前たちの為すことに不注意ではない。」（6章132節）また不在者でもない。アッラーは仰せられる。「それゆえ我々はかれらに知識に基づいて語ろう、我々は不在者ではなかった。」（7章7節）また彼は玉座に座し給い、仰せられる。「それから玉座に座し給うた。」（7章54節）また彼には謀があり、仰せられる。「かれらは謀を為したが、アッラーも謀を巡らし給うた。」（8章30節）また彼には言葉があり、仰せられ「そして汝の主の御言葉は正しく完成した。」（6章115節）、また話もあり、仰せられ、「アッラーの話を聞くまで。」（9章6節）また諸々の言葉があり、仰せられた。「そしてかれらはアッラーと、彼と彼の諸々の御言葉を信じた彼の使徒の文盲の預言者を信じた。」（7章158節）また彼には帰属性があり、仰せられる。「汝の主の御許にいる者たち。」（7章206節）また彼は「人間とその心の間を遮り給う。」（8章24節）また彼は「裏切り者たちを愛し給わない。」（8章58節）また彼には光があり、仰せられる。「かれらはアッラーの光をかれらの口で消そうと望む。」（61章8節）また彼は光であらせられ、仰せられる。「アッラーは諸天と地の光であらせられる。」（24章35節）また彼は偽信者たちを嘲り給い、仰せられる。「アッラーはかれらを嘲り給うた。」（9章79節）また彼には満足があり、仰せられる。「アッラーはかれらに満足し給うた。」（5章119節）また彼には怒りがあり、仰せられる。「アッラーはかれらに対して怒り給うた。」（58章14節）また彼は喜捨を受け取り給い、仰せられる。「かれらはアッラーが、その僕たちから悔悟を受け入れ給い、喜捨を受け取り給うことを知らないのか。」（9章104節）また彼には目があり、仰せられる。「我々の眼前で船を創れ。」（11章37節）また彼は「全てのものを監護し給う御方。」（11章57節）であらせられ、また彼は「近い応答者」（11章61節）であらせられ、また「彼は強く威力比類なき御方。」（11章66節）であらせられ、また彼は「尊大な者たちを愛し給わない。」（16章23節）また彼は鳥を把握し給い、仰せられる。「かれらは鳥が、天の空気の中で従わされているのを見なかったか。アッラー以外にそれらを把握するものはない。」（16章79節）また彼は「御望みの者を迷わせ、御望みの者を導き給う。」（16章128節）また彼は「畏れ身を護る者たちと善を尽くす者である者たちと共にあらせられる。」（16章93節）また彼には霊があり、仰せられる。「我らはその中に我らの霊から吹き込んだ。」（66章12節）また彼には自身があり、仰せられる。「アッラーは汝らに御自身を警戒させ給うた。」（3章28節）また彼は「御望みの者を迷わせ、御望みの者を導き給う。」（16章93節）また「我が主は迷わず、忘れ給うこともない。」（20章52節）また（アッラーは）「信仰する者たちを護り給う。」（22章38節）また（アッラーは）「裏切る不信仰者たちを愛し給わない。」（22章38節）また（アッラーは）「諸天と地に潜むものを暴き給う。」（27章25節）また（アッラーは）「得意然たる者たちを愛し給わない。」（28章76節）また彼は「全てのものに対して監督者であらせられる。」（33章52節）また彼には不信仰者による傷害が生じ、仰せられる。「まことにアッラーと彼の使徒を傷つける者たちを、アッラーは呪い給う。」（33章57節）また彼は「真理で虚偽を撃ち給う。」（21章18節）また彼は「不可視のものを知り尽くし給う御方。」（5章109節）また彼には両手があり、仰せられる。「何が汝を、我が我が両手で創ったものに跪くことを妨げるのか。」（38章75節）また彼には手があり、仰せられる。「アッラーの御手はかれらの手の上にある。」（48章10節）また彼は「何ものも彼のようなものではない。そして彼はよく聞きよく見給う御方。」（42章11節）また彼は「毎日、彼はその任にあらせ給う。」（55章29節）また彼は偽信者たちを黙殺し給い、仰せられる。「かれらはアッラーを忘れ、それゆえ彼もかれらを忘れ（黙殺し）給うた。」（9章67節）また彼には策略があり、仰せられる。「そしてかれらを猶予せよ。まことに我が策略は確固たるもの。」（7章183節）そして彼は「天にあり、地にあり」によって形容され、「到来」等々のアッラーが御自身を彼の偉大な書（クルアーン）の中で形容し給うた形容詞によって形容され給うている。そして我々はそれらを一冊の本に纏めたが、それは二百以上に達した。

至高なるアッラーが御自身を彼の使徒の舌を通じて描写し給うた諸記述についての続き

その中には、彼に御足があることがある。ブハーリーの『正伝集』に教友アナスからカターダ（七三六／七年没）、シュウバ（七七六／七年没）、ハラミー（八一六／七年没）、イブン・アル＝アスワド（没年不明）を介して預言者から伝えるところ、曰く。「その（火獄の）中に投げ入れられ続け、言う。『まだ追加があるか』。遂に諸世界の主が彼の御足をその中に置き給うと、それはまくれ上がり言う『もういっぱい、いっぱい。』」

また彼の御手は、充溢しており、彼のもう片方の御手には、秤がある。ブハーリーが、教友アブー・フライラから、アゥラジュ（七三五／六年没）、アブー・ズィンナード（七四七／八年没）、シュアイブ（八〇四／五年没）、アブー・アル＝ヤマーン（七五五／六年没）を介して伝えるところ、預言者曰く。「アッラーの御手は充溢しており、糧の支給が彼それを減らすことはなく、夜も昼も降りそそぐ。お前たちは見なかったか。彼が諸天と地を創り給うて以来、施し与え給うたものを。彼の御手にあるものは減らない。そして彼の玉座は水の上にあった。そして彼のもう片方の御手には秤があり、上がり下がりしている。」

また彼には指もある。ブハーリーが、教友イブン・マスウードから伝えるところ、ユダヤ教徒が預言者の許にやって来て言った。「ムハンマドよ、アッラーは諸天を一本の指に載せ、諸地をまた一本の指に載せ、山々をまた一本の指に載せ、木をまた一本の指に載せ、諸創造物を一本の指に載せ、そして仰せられる。『我こそはアッラーなり』。」すると預言者は歯がこぼれるほどに笑われ、それから読み上げられた。「かれらはアッラーを彼に相応しく評価しない。」（6章91節）フダイル・イブン・イヤードはそれに付け加えて言った。「アッラーの使徒はそれに満足し肯定して笑われたのである。」

またアッラーの使徒の別のハディースに曰く。「心はアッラーの指のうちの二本指の間にあり、御望みのままにそれを転がし給う。」

またクルアーンのある章においては、（アッラーは）来臨によって形容されており、また笑いによっても形容されている。ブハーリーは、教友アブー・フライラから伝えているが、それは全て「神の唯一性」の章においてである。そのハディースには、以下のように言われている。「アッラーはかれらの許に来臨し給い、『我は汝らの主なり』と仰せられるが、かれらは、『我らの主が来臨し給うまで、ここが我らの場所である（ここから動かない）。』と言う。」（ハディース）

またその中には、獄火に顔を向けている男について（のハディース）がある。「（その男は）呼び求め続け、遂にアッラーは彼に対して笑い給う。そして彼に対して笑い給うと、彼に仰せられる。『楽園に入れ。』」

また（アッラーは）声によって形容されている。ブハーリーは彼の『正伝集』でマスルークを介して教友イブン・マスウード（六八二年没）から伝えている。「アッラーが啓示を語り給い、天人たちが何かを聞きつけると、かれらの心は懼れさせられ、御声が静まると、かれらはそれが真理であることを悟り、呼ばわる。『汝らの主は何を仰せか。』かれらは言う。『真理です。』」

ジャービルから伝えられるところ、彼は言った。「私はアッラーの使徒が（僕である）人間たちが追い集められる。そして（アッラーは）遠くからも近くから同様に聞こえる御声でかれらに仰せられる。『我こそ王なり。我こそ裁き主なり。』」

また毎夜の最下天への降臨によっても形容される。ブハーリーは、教友アブー・フライラから、アッラーの使徒が以下のように述べられた、と伝えている。「我らが主は毎夜、夜の三分の一を残すまで、最下天に降り給い、仰せられる。『我に祈る者は誰か。我はその者に応えよう。我に請い求める者は誰か。我はその者に与えよう。我に赦しをこう者は誰か。我はその者を赦そう。』」

また（アッラーは）随意の善行をもって彼に近づく者の聴覚、視覚、腕であると形容される。ブハーリーは、『祈願の書』において教友アブー・フライラから、アターゥ（七二一／二年没）、シャリーク（七五七／四年没）が（父）アブドッラー・イブン・アブー・ナムル、スライマーン・イブン・ビラール（七九三／四年没）、ハーリド・イブン・マハッラド（八二八／九年没）、ムハンマド・イブン・ウスマーン（八三八／九年没）を介して伝えている。「まことにアッラーは、仰せられる。『我の被後見人に敵対するものに我は宣戦する。僕が、我がその者に課したことで我が愛でる何事かによって我に近づくとき、我が僕は、随意の善行をもって我に近づき続け、遂には我はその者を愛するようになる。そして我がその者を愛したとき、我はその者がそれによって聞く聴覚、それによって見る視覚、それによって力を振るう腕になり、それによって歩む足となる。そして我に求めるなら、我はその者に与え、我に庇護を求めるなら、その者に与え、我が躊躇いながらも行った物事は、死を忌む信仰者の魂についての我が躊躇いである。そして我はその不幸を嫌う。』」

また（アッラーは）喜びによって形容される。ブハーリーは、『祈願の書』の最初の方で教友アナスから、預言者が言われたと、彼が言ったと伝えている。「アッラーにとって、その僕の悔悟は、砂漠で見失っていた自分のラクダを見つけ出したお前たちの一人よりも、いっそう喜ばしいことである。」

また至高者には陰がある。ブハーリーは、『祈願の書』において教友アブー・フライラから、ハフス（七九六／七年没）とアースィム（七四五／六年没）を介して、預言者が言われたことを伝えている。「七つ（の範疇の者）は、アッラーが、彼の陰以外に陰がない日（最後の審判の日）、かれらを彼の陰の中に隠れさせ給う。正義の指導者（イマーム）、アッラーの崇拝のうちに育った若者、一人アッラーを想い両目に涙を溢れさせる男、その心がモスクに愛着している男、アッラーにおいて愛し合う二人の男、高位の美貌の女性からその身体に誘惑されても、『私はアッラーを畏れる』と言う者、喜捨を施しながら、左手が右手が施したものを知らないほどにそれを隠す男。」

その他、預言者から伝えられた真正のハディースの中でアッラーの形容で確定しているものである。

この原則の説明についての続き

クルアーンとスンナの中で語られたアッラーの様々な形容の全てについて、イスラームの学者たちは先達（salaf）と後進（khalaf）の二種類に分かれる。

先達たちについて言えば、アッラーが御自身について彼の書（クルアーン）の中と彼の使徒の舌によって形容し給うたことの全てを、人間の理性の思い描くところのその形容の転義的意味に則ってではなく、アッラーが知り給い、彼の使徒が知る意味である、その形容の真の意味に則って全て信じ、その知解をアッラーと彼の使徒に委ねていたのである。そしてそれらの形容についてのかれらの信仰は、理性における幽玄への信仰であったのである。アッラーはかれらを彼の御言葉によって褒め給うている。「幽玄を信ずる者たち」（「雌牛」章3節）それゆえかれらはアッラーを、彼の書において彼の使徒の舌を通じて御自身を形容し給うたものによって形容しているのである。但し、アッラーの御許の、そして彼の使徒の許での意味に則ってであり、かれら（自身）の理解の許での意味に則ってではないのである。そしてかれらはそれ（形容）をアッラーに対して述べることを憚らない。なぜならアッラーはそれ（形容）を御自身に対して述べ給い、彼の使徒もそれを彼に対して述べられたからである。それゆえかれらは、それを述べることにおいて、アッラーと彼の使徒に従う者なのである。

アッラーは仰せられる。「使徒が汝らにもたらしたものはそれを取り、汝らに対して禁じたものは、避けよ。」（59章7節）

疑いなく、至高者についてのこれらの形容は、彼に対してそれを述べることの禁止は、クルアーンの中にもなく、スンナの中にもない。既に我々が述べたのを貴方がたが見たように、それ自体が、クルアーンとスンナの中でアッラーに対して述べられて、まさに記されているのである。

先達の字義主義

字義主義には二種類ある。一つの字義主義は、クルアーンとスンナの字義を固守するが、その理解においてではなく言葉においてであり、双方（クルアーンとスンナ）の中で、アッラーについて述べられていることが正当であるためである。そしてかれらはその理解を実際にそれがあるところのものに委ねる。なぜならばかれらは自分たちがアッラーの御言葉と彼の使徒のスンナの意味を、アッラーが知り給い、彼の使徒が知っておられた真意に則って知解することができないことを認めているからである。アッラーは仰せられる。「アッラーは知り給うが、汝らは知らないのである。」（2章216節）

これらの党派は教友たちの道を歩む者たちである。アッラーが「お前たちに明らかになれば、お前たちを困らせることになることについて尋ねてはならない。」(5章101節)と仰せられている通りである。それゆえかれらは何事であれ、預言者には、彼の方からかれらに話しかけない限り、質問をしなかった。そしてそれは、アッラーと彼の使徒に対する完璧な礼節なのである。そしてアフマド・ブン・ハンバル師やその同類たちはその党派なのである。

擬人神論者の字義主義者

第二の党派は、アッラーが御自身について彼の書(クルアーン)の中と彼の使徒の舌によって形容し給うたクルアーンとスンナの字義の全てを固守し、かれらが自分たちの理性で思い描いた擬人神観、受肉、四肢であるとの意味に則って、それを理解し、それを信じ、その全てによってアッラーを形容する。そしてあれらの者たちは、勿論、かれらの集団が不信仰者であることに異存はない。なぜなら、かれらはアッラーに生成物の諸形容を帰属せしめており、そしてかれらはクルアーンとスンナに書かれた超越化、聖別[2]の形容を否定するのである。アッラーが望むならば、以上の事柄とかれらの信条の醜悪さについての暴露は、不信仰の章で見ることとしよう。[3]

後代の方法論

後進について言えば、かれらがアッラーの形容を「明晰語(muḥkam)」と「曖昧語(mutashābih)」の二種に分け、明晰語はその実情である超越化に則って信じ、「曖昧語」は「明晰語」に還元し、それ(明晰語)によってそれ(曖昧語)を解読し、その結果、クルアーンとスンナにおける彼の形容が、一種、つまり明晰語に還元され、それゆえかれらは曖昧な諸単語をアッラーに対して用いることを避けるのである、と考える者は間違いを犯している。[4]中には、人が「アッラーの手」、「アッラーの足」、「アッラーの指」と言うのを聞くと、それを拒絶し、それを忌避する者さえあるではないか。ところがその者が、「アッラーの力」、「アッラーの知」と言うのを聞いても、それを拒絶しない。遂にはかれらの一部は、その語用により、他の者に不信仰を宣するに至った。イブン・タイミーヤと彼の時代のイスラーム学者たちのうちで彼に従う者たちについて起きた通りである。しかしイブン・タイミーヤとその追従者たちの誤りは、その語用ではなく、別の点にあったのである。

明らかな無知、宗教における偏狭な党派性による以外に、その拒絶、忌避に至ることはない。アッラー（御自身）がその偉大な書（クルアーン）の中でそれを述べており、また彼の預言者も同様に抑制、忌避、自粛していないというのに、どうして（否定、忌避する）というのか。アッラーは仰せである。「アッラーは真理を恥じ給わない。」（33章53節）

イスラーム学者たちが、この用語を拒絶する理由

一部のイスラーム学者が、この用語者たちに対するその用語の拒絶（という誤り）に陥る理由は、後代の方法論に対する無知にある。というのは、教友たちが死に絶え、三百年の後に、異端（ビドア）が紊乱と共に顕れ、イスラームの民が先達たちの方法論に満足しなくなり、かれらの間でアッラーの形容についての議論が喧しくなり、かれらの見解においてあらゆる方法論を取るようになった時、スンナ派の一派は、曖昧語全てを解読し、それを我々の念頭に最初に浮かぶ字義から逸らすことに頼ることにした。それは異端者たちが、かれらの誤った方法論のためにそれ（アッラーについての意味の曖昧な言葉）を典拠とすることがないようにとのためであった。しかしかれら（スンナ派の一派自身）は、それ（解読）がアッラーの御言葉の真意であるとも彼の使徒の言葉の真意である

▼2　ＨＡ版には「称賛（tabīḥ）」が加わる。
▼3　ＨＡ版ではこの一文が抜けている。
▼4　ＨＡ版では「……、と考える者は間違いを犯している」の句が抜けている。

とも信じていなかった。かれらが解読したのは、それによって（異端者の）論敵が論ずる詭弁の論証を反駁するためでしかなかったのであり、かれらは（自分自身では）その解読を信じてはいなかったのであり、かれらの方法論は、内実においては、先達の方法論だったのである。

後代の方法論は、先達の方法論の内的（解釈）なのである。[5] 解読の意味を知る者は、このような拒絶を必要としない。なぜなら、解読とは、注釈とは異なり、語を（意味の）複数の可能性のうちの一つに、他の諸可能性をも認めた上で、帰着させることだからである。アイニー師（八五五年没）は『ブハーリー注解』の中で以下のように述べている。

「それは物事が帰着する注釈である。また法理学者たちの節では、それは、物事の劣った注釈である。また、字義を、それを優位にする根拠に基づき（その根拠がなければ）劣った可能意味に転じさせることである、とも言われるが、それはそれ（前者）よりも特殊である。

クルアーンの注釈について言えば、それは預言者と教友から伝えられたものである。他方、その解読とは、アラビア語の原則に則り、それ（クルアーン）から演繹されたものである。」（了）

解読は、先達の一部からも伝えられており、教友イブン・アッバースからさえ、彼が「『知識において確固たる者たちは、曖昧語の解読（真意）を知っている。そして私はその解読（真意）を知る者の一人である。』と言った」と伝えられている。しかし先達のほとんどは、それについて問うことは異端（bid‘ah）であると見なし、その意味については黙し、それについて話さなかった。またたとえかれらの中でそれについて話す者がいても、真の意味を意図していたわけではなく、ただその語が表面的に意味するものの何かの示唆を意図していたのであり、それが教友イブン・アッバースやその同調者たちの言葉の本意なのである。

要約しよう。「後代の方法論に則る解読」によって意味されるのが、語をその意味がそれ以外に他の意味が不可能であるという形で、曖昧な意味が明晰な意味に帰するように、多様な意味の中の一つの意味に転じさせることであり、例えば、「アッラーの御手はかれらの手の上にある。」（48章10節）と「アッラーは万象に全能であらせられる。」（2章20節）は「手」の意味は「能力」に還元されるので、同一の意味となるというのであれば、それは後進の方法論ではなく、また解読とはそのようなものではない。この主張は、アッラーに属する「手」という属性の意味剝奪（ta'ṭīl）に他ならない。そしてこの解読は、「天は、我らが複数の手で建てた。」（51章47節）、「我は我が手で創った。」（38章75節）と矛盾する。アッラーの力には複数性はないからである。

正しい解読

「後代の方法論に則る解読」によって意味されるのが、それがその語の意であると断定することなく、またその語の意味がそれだけに尽きるとすることなく、ただそれがその語の多くの可能意味の一部でしかないということで、語を様々な意味の一つに転じさせることであるなら、それ（こそ）が（本当に）後代の方法論の意味するところであり、最も賢明な方法論であり、真智を有する検証者たちがそれを採っている。人がアッラーの書（クルアーン）の節に関して、先例がないが、自分たちの主を知る真説の徒の許での倫理道義を外れることのない新説を唱えるということがあるかもしれない。それが至高者の御言葉「知恵ある者たちしか思念しない。」（2章269節）、なぜならアッラーは「我らは確かにクルアーンを思念のために易しくした。それで思念する者はあるか。」（54章17節）、「かれらはクルアーンを熟考しないのか。」（4章82節）と仰せられ、クルアーンの熟考を勧め給うているからである。

▼5　HA版ではこの一文は抜けている。

疑いなく、アッラーの御言葉は万古無始永遠だからである。至高者は仰せられる。「言え。たとえ海が我が主の御言葉のためのインクであっても、我が主の御言葉が尽きる（書き尽くされる）前に、海が尽きる。たとえ、我らがそれと同じだけをインクとして足そうとも。」（18章109節）、また仰せられる。「たとえ地上の木がペンであり、海にそのインクとしてそれ以外に七つの海を足そうとも、アッラーの御言葉が尽きる（書き尽くされる）ことはない。」（31章27節）

真理の方法論の補遺

（アッラーが）彼御自身に対して、そして彼の預言者が彼に対して述べられた通り、「曖昧語（mutashābih）」（属性形容）をアッラーに対して用いることは正当であるというのが真である。そしてそれが先達の後進の方法論でもあるのである。ただ違うのは、その曖昧語を、解読（ta'wīl）と名付けられるところの、その語が意味しうる様々な意味のうちの一つに転じさせることだけなのであり、それがそのように（一つの意味に）断定することをしない後代の方法論なのである。そしてそれ（先達の方法論）はその語の意味しうることのうちの何一つとして理解することなく（真意の理解可能性をアッラーだけに）ただ任せ切るだけであり、それが（誤解の可能性がない点で）より安全である。また、断定しないことにより、それ（後進の方法論）がより賢明である。なぜなら、一つの意味を理解した上で、他の可能な意味を立法者に任せている点に鑑みて、それは任せることに加えての付加であり、そこには先達の方法論への付加があるからである。先達は、方法論が、語の可能な意味の何ものも理解することなく任せ切ることであったのであり、そしてそれはより安全なものなのであった。

そして先達が、（アッラーを曖昧語によって形容する）用語の正しさにおいて合意しているために、アッラーの形容において、彼は、その超越化については既に述べた通りに、万古の本体であり、万古の諸属性によって形容された万古の本体であり、我々はその全てを信ずることを義務付けられている、と我々もまた述べる。そしてそれが実際にあるところの意味については、そのありえる可能性の一部たりとも我々には全く分からないか、あるいはその一部についてはある程度は我々も理解できるかであるが、前者が任せ切ることであり、後者が解読なのである。

アッラーの諸属性のその全ては曖昧語

アッラーの諸属性は全て曖昧語である、というのが真である。彼の御力も彼の御意志もまたやはり、我々はその意味を理解できないのである。それについて我々が理解するところのものは全てのその解読（に過ぎないので）ある。それゆえ我々はアッラーには霊、魂、目、複眼、手、諸手、手（aydī）[6]、足、諸指、顔、陰、嘲弄、卑しめ、笑い、喜び、怒り、満悦、発話、言葉、諸語、謀、策、来臨、降臨、黙殺などが帰属する。それらは万古の形容であり、我々はそれを理解できず、ただ（アッラーが）彼の偉大な書（クルアーン）の中で、そして彼の預言者の舌を通じて我々に告げ給うたものに則って、我々がよってたつところの（mā naḥn ʿalai-hi）[7]それら（形容）の転義的意味だけ（を理解するの）であり、至高者の形容の真義（を理解するわけ）ではないのである。

そして彼の能力、意志、知、生、聴覚、視覚、力（quwā）[8]、慈悲、憐れみ、優しさ、愛、敵意、息吹、威力など、万古無始永遠の諸形容についても同様なのである。それらは、本来は彼について本義であり、我々については、転義の一種の比喩であり、その（本義と転義の間の）関係性は、因果性なのである。

▼6　HA版では「両手（yadān）」。

▼7　HA版では「それに生じるところの（mā yajī' ʿalai-hi）」。

▼8　HA版では「言葉（qawl）」。

本論への回帰

我々は、アッラーはその被造物の何ものにも宿り給わず、その被造物の何ものも彼に宿らないことを証言する。なぜならば「宿り」は、同一の形容が両者を纏める二つのものの間にしか考えられないが、僕と主の間には、いかなるものの中にも、また存在そのものにおいても、相同性がないからである。そうである以上、一方が他方に宿る、あるいは一方が他方と合一するなどということがどうして考えられようか。

同様に、僕（であるところの人間）の存在も、彼（僕）自身については存在であっても、それ（僕の「存在」）はアッラーの存在に比較すると、純粋無に過ぎない。僕の聴覚と視覚も同様で、僕にとっては存在であっても、アッラーの聴覚と視覚に比較すると、純粋な聾、盲に過ぎず、全ての属性も同じである。世界は全て、それ自体においては、存在者であるが、アッラーに対しては純粋無に過ぎない。両者の一方と他方をどうして混同することができようか。

夜はそれ自体としては存在者であるが、昼の存在に比較すると不在ではないか。夜が昼に宿っている、あるいは合一することを、あるいはその逆を考えることができようか。

「アッラーはどこにいらっしゃるのか。」と言う者があれば、我々はその者に言う。「『どこ』とは場所について尋ねる言葉である。そしてアッラーはそれ（『どこ』という言葉）を創り、その意味を創り、その発話者を創り、全ての場所を創り給うた。そして至高者は生起する被造の諸属性によっては形容されない。それゆえ彼については、「どこに」と問うことは適切ではないのである。」

「アッラーはいかにあらせられるか。」と言う者があれば、我々はその者に言う。「『いかに』とは物の様態について尋ねる言葉である。そしてアッラーはそれ（『いかに』という言葉）を創り、その意味を創り、その発話者を創り、その問いを創り、全ての様態を創り給うた。そして（アッラーは彼が）創り給うたいかなるものによって形容されることも考えられない。それゆえ彼について、「いかに」とは問われない。」

「アッラーは何の中にいらっしゃるのか。」と言う者があれば、我々はその者に言う。『『～の中に』は、その意味は、例えば『ザイドはモスクの中にいる』は本義的副詞であるか、『救済は誠実性の中にある』のように転義的副詞であるかである。そしてアッラーはそれ（『どこ』という言葉）を創り、その意味を創り、その発話者を創り、本義と転義の副詞を創り給うた。それならばどうして、彼について「何の中に」と言うことが適切であろうか。

「アッラーは何の上にいらっしゃるのか。」と言う者があれば、我々はその者に言う。『『～の上に』は、その意味は、上位性である。そしてアッラーはこの言葉（『上に』という言葉）を創り、その意味を創り、その発話者を創り、その話を創り給うた。それゆえ、彼について「何（の上）に」とは言えない。

人間が問う質問は全て同様で、貴方の質問は全て被造物であり、貴方が尋ねた全ての意味もまた被造物であり、貴方もまた被造物であり、アッラーが全てのものの創造主なのである。そして創造主は、自分の創ったものによっては形容されない。それゆえ彼について、（アッラーが）創り給うた何ものによっても、彼にその同類があるか、との質問は考えられないのである。

壁に彫られた像は、それを彫った者について、像と彫刻家の間には双方共に無から生じたという点で相同性があるにもかかわらず、「その者（彫刻家）にその（彫像の）手と同じような手があるか」、と貴方が尋ねられたなら、その者にどう答えられるだろうか。ところがアッラーには、彼と（彼が）創り給うた物との間には、いかなる点でも相同性がないのである。というのは、彼は曖昧性なく確実に、それより遥かな上位にあらせられるのである。

理性の絶対的幽玄についての信仰の様態についての続き

我々に、「アッラーがそのように理性から絶対的に隠れているなら、理性はいかにしてそれを信ずることができるのか」、と尋ねる者があったなら、我々は以下のように答える。

理性は、これらの被造物のあらゆるものの存在から、我々が既に述べたこと及び（それ）以上のものに則り、超越化された至高者の存在を推論する。（以上のものとは）すなわち、（五感によって）知覚されるものであれ、理性（による推論）によって知られるものであれ、全てのものの存在は、その生起する存在に類似した他の存在から発生する（ṣādiran）▼9か、そうでなければそれと同様に生起したものであるに違いない。ところが、生起するものには、それ自体、あるいはその同類物を生起させる力はない。

それゆえ、（五感によって）知覚されるものであれ、理性（による推論）によって知られるものであれ、この生起する存在を目にする者は、理性による必然性をもって、この生起する存在が強制、拘束ではなく意志と自由選択によって、そこから発生するところの万古の別の存在があることを知る。そうでなければ、それはその他のものの強制の下にあることになり、それゆえ（それもまた）生起するものであるしかないことになるが、それは万古であるからである。

――アッラーは不正な者たちが言うことから高く偉大に超越しておわします。――そしてその万古の存在こそがアッラーなのである。それゆえ、その時、それがあるべき完全な超越化に則って、それを信ずることは、怠慢に過ごしている不注意の時を除いて、理性から逃れ去ることは考えられない。なぜなら全てのものの存在は、既述のように、アッラーの存在を示しているからである。それについて我々は言う。

自分の幻想に従い思い悩む者に言え　全てのものは神を示す徴。
いかなる理性がそれを推論しないであろうか　諸々の記号で、そして彼がそれらの中にそれ（理性）を置き給うたのに。
それはその迷妄に捉えられた理性　導きを認識せず、廉直も（分から）ない。
これらの諸存在物は、上も下も　神について、その御言葉を私に通訳している。

なぜ理性はアッラーの把握が不可能なのか

もし我々に「完全な理性も万象を把握することが可能であるにもかかわらず主を把握することができない理由は何か」と問う者があれば、我らはその者に以下のように答えよう。

アッラーは精妙さの限りであり、彼に比較すると理性は粗雑の限りである。精妙は粗雑を把握するが、粗雑は精妙を把握しない。それゆえ物質は、それに比較して理性が遥かに精妙であるために理性を把握することができないが、理性は物質を把握するのを見るがよい。

アッラーは、世界を精妙界と粗雑界に分け、前者を後者から遮り給うたが、後者を前者からは遮り給わなかった。それはそれ（粗雑界）が主の認識における完璧な教訓となるためである。

アッラーは仰せられた。「視覚は彼を捉えないが、彼は視覚を捉え給う。そして彼は精妙にして通暁し給う御方。」（6章103節）これは語順における「屈伸（liff wa-nashr）」（修辞法）であり、視覚が彼を把握しないのは、彼が精妙であらせられるからであり、彼が視覚を把握し給うのは、彼が通暁し給う御方だからなのである。

アッラーに対する時間、場所、個物についての続き

知りなさい。アッラーは、彼として存在するのであり、彼に関して時間は存在せず、世界自体の中にある順序もなく、全ての時間における先行も遅延もない。諸々の個物はその起源から無限遠まで彼の御許ではそれらの全てが現在であり、それらの何ものであれ彼に関しては変化せず、交代することはなく、彼に関してはそれらの存在は変容せず、移行することもない。それで彼はその存在それ自体であり、（存在は）その上の付加物ではない。そして世界はその全てがアッラーの存在の光の中に顕れた概念体、量化体である。そして存在は、彼に属する。

▼9　ＡＦ版では「達成する（darran）」だが、ＨＡ版の読みを採った。

そしてそれらはそれらがある無限定の概念体、量化体であることによるそれがあるがままにおいて、存在の被決定体であり、それらには存在の本質はない。これがあるがままの物事の実相なのである。

他方、世界は、その相互序列に関しては、原因の結果に対する順序、単体の複合体に対する先行、部分の全体に対する先行のように、それには順序、先行、遅延がある。そしてこれによって時間の存在が帰結する。それゆえ昨日は今日に、過去は未来に先行するが、それは全て理性の見地からであり、物事の実相においてではないのである。至高者は仰せられる。「我は、汝らが見るものと、汝らが見ないものにかけて誓おうではないか。」（69章38―39節）

そのときには、ただ見られるものと鏡の開示しかない。前者が把握されるもの、後者は把握するものと呼ばれる。そしてそれによって開示されるものは、真実在の光である。アッラーは仰せられる。「アッラーは諸天と地の光であらせられる。」（24章35節）また至高者は仰せられる。「そして彼こそ諸天と地を真理をもって創られた御方。」（6章73章）また預言者は言われた。「貴方は真実在であらせられ、貴方の御言葉は真理です。」

アッラーは、それが純粋存在のあるがままにおいて、それであり、また世界はそれが純粋無のあるがままにおいてそれである。しかし心はアッラーの御手にあり、御望みのままにそれを転じ給い、それに顕しもし給えば、それから覆い隠しもし給う。教友アブドゥッラー・イブン・マスウードからブハーリーが伝えるハディースに曰く。「預言者が最も多くなされた誓言は『いや、心を転じさせ給う御方に誓って。』であった。」心もまた世界の一部であり、そのあるがままにおける純粋無なのである。また転変において心に把握されるものも、それが把握するものの全ても同様なのである。ただそれはそのあるがままに真実在の照明を受けることによってのみ整序されて顕れるのである。

それゆえ、無始永遠はその時、万象をそれがあるがままにその純粋無の様々な位置において常在するものとして把握することである。それゆえ至高者はムーサーが拝謁を求めたときに彼に仰せられたのである。「しかし山を見よ。もしそれがその場に常住するなら、汝は我を見るであろう。」（7章143節）そして無が全ての可能存在の場であることは疑いない。それゆえもし可能存在がその場に常在したとすれば、その動きは静まり、その動きが静まれば、永生自存者の御顔が顕れるのである。そしてそれが無始永遠の臨在なのである。

それゆえ無始永遠を過去の時間と考えてはならない。無始永遠は、過去の時、現在の時、未来の時の、単一の包摂による包括者である。その過去に対する関係は、相違なく未来に対する関係と同じである。そして無窮永遠も実は同様である。

無窮永遠と無始永遠は真実在に対しては同一の意味であるが、両者は世界に対しては、二つのものである。過去世界の端が無始永遠と名付けられ、その未来の端が無窮永遠と名付けられるのである。そして真智の目で見る者は我々の述べたことを悟るが、理性の目で見る者は、その盲目のうちに彷徨うのである。

知と知られるものの間の序列についての続き▼10

顕正の徒の師中の師最大の師ムヒーユッディーン・イブン・アラビーは万古の知の問題については、序列において知は知られるものに次ぐとの立場を採った。なぜならば知とは、それによって知られるものがそのあるがままに矛盾の余地のない完全な開示によって明かされるところの属性だからである。それゆえ知られるものの序列は知に先立つのである。全ては永遠無窮である。アッラーは様々な知られるものから、様々な知られるものがその上にあるもの（知）を知り給うのである。なぜならば彼は、それらをそれらがあるままに明らかにするのであり、それゆえそれ（知）は序列においてそれら（様々な知られるもの）の次になるのであり、それらがその次になるのではないのである。それゆえ至高者は仰せになられた。「我々がかれらに不正を働いたのではない。そうでは

▼10　この節は全体がＡＦ版では完全に抜けているため、ＨＡ版から訳出した。

なくかれらが自分たちに不正を働いたのである。」(16章118節)(つまり)我らはかれらに不正を働いてはいない。なぜなら我らはかれらに、かれらについて知っていたことしか創らなかったのであり、我らが知っていたこととは永遠無窮の帰属においてかれらがあった通りのことでしかなかったからである。しかしかれらは、かれらがそのように確定し、確定したがままに存在した(見出された)ことにより自分たちに不正を働いたことになるのである。

一方、顕正者の模範アブドゥルカリーム・ジーリー師(一四二四年没)は知られるものは知に次ぐ、との立場を採った。それは様々な知られるものは、知だけが、その存在を知の臨在において保持するのであり、他の何ものでもないからである。そこで永遠無窮の知は生起する知と相違する。なぜならば、生起する知の中の様々な知られるものは、外界に存在するそれらの個物そのものだけが、それらが生起する知の中に存在することを維持させるのであり、永遠無窮の知(の場合)とは異なり、その生起する知そのものではないからであり、それゆえ相違するのである。

私は、永遠無窮の知は知られるものに次ぐということはなく、知られるものが永遠無窮の知に次ぐこともない、との立場を採る。というのは、「後続性」において、単に序列において後続するというだけの意味であれば、実際には違いはないし、真の後続性を意味するなら、それは不可能だからである。なぜならば知は永遠無窮であり、知られるものもまた永遠無窮なので、一方が他方に後続すると考えることはできないからである。両者は永遠無窮においてそのように存在しているのである。

イブン・アラビーの立場がより理論的であり、ジーリーの立場はより超越的、神聖であり、私の立場は、より放下において安全なのである。アッラーこそ最もよく知り給う。

本論の補遺の続き

善と悪

我々は、アッラーが、善であれ悪であれ僕である人間の行為、そして益と害の全ての創造者であらせられるが、悪と害はアッラーに帰されず、ただ善と益のみが彼に帰されることを証言する。

その立証は以下の通りである。アッラーは体液と本性から生み出された自我（nafs：魂）を、清い器と汚れた器のような善と悪の傾向を蔵するものとして創り給うた。それからその中に彼の霊を吹き込み給うた。それゆえその自我（魂）からそれが蔵していた善と悪が顕れる。そしてそれは清い器の中に注がれて清いままであった水と、汚れた器の中に注がれ汚れた水のようなものなのである。

水は本来が清浄であり、器は本来が不浄である、と言う者があれば、その者は真実を述べている。それゆえアッラーは仰せられた。「汝に良きものが生じれば、それはアッラーからである。」（4章79節）アッラーの御業は、その本来の善であるからである。「汝に悪しきものが生じれば、それは汝自身から。」（4章78節）

なぜならばアッラーの御業を悪に変えるものは、汝自身（自我）だからである。というのは、彼がその中に潜在していた悪を出現させ給うたからである。それゆえその前に仰せられているのである。「言え。全てはアッラーの御許から。それなのにこの民は何ゆえニュースを理解しようとしないのか。」（4章79節）つまり、（「ニュース（hadīth）を」とは）、「無から生じた（hadath）もの」を（理解しないのか）、ということである。そしてそれは自我であり、それ（自我）から発生した善と悪である。それならいかにかれらが「万古なるもの」を理解しようか。そしてそれは、「貴方の御手にこそ善は有ります。」（3章26節）との至高者の御言葉により、純粋善であるアッラーの御命令なのである。

強制と選択

また我々は、アッラーは彼の僕である人間の責任能力者たちに、それによって善悪を選択する選択部分、すなわち理性を創り、それを報奨と応報の負荷場とし給うたのである。そしてそれは人間の不可分の部分であり、アッラーの被造物の知見に応じて強まりも弱まりもする。そしてそれはアッラーの御手にあり、御望みのままに変え給う。至高者は仰せられる。「アッラーが望み給わない限り、汝らが望むことはない。」（76章30節）

そしてそれはアッラーの諸々の部分的な筆の中の一本であり、それによって部分的自我（魂）の書板の中に、この世界の中でその確定を意図し給うものを書き留め給う。それゆえ、夢精を経験する前の小児、正気に返る前の狂人、目覚める前の眠る者、という三つの範疇の者には、筆は（行為を書き留めることを）止められる、と（ハディースに）述べられているのである。

見神（アッラーを見ること）

また我々は、アッラーが来世において、楽園の人々によって、完全な超越化によるありようで、見られることを証言する。それでかれらは彼を、かれらの頭の目によって、方向もなく、距離もなく、様態もなく、見る。至高者は仰せられる。「その日、諸々の顔は輝く。それらの主を眺めて。」（75章22—23節）

預言者たち、使徒たち、諸啓典

また我々は、アッラーがアーダムの子孫たちの中に預言者たちを創り、かれらの中から使徒たちを遣わし給うたことを証言する。その最初の者はアーダムであり、その最後の者はムハンマドである。かれらは、アッラーについて伝えたこと全てにおいて真実を語っており、他の人間には生じる大小の罪を免れている。かれらはアッラーが託し給うた啓示の秘義と聖法の諸規定の何一つとして背任することなく、伝達を命じられたことの何一つとしてかれらの信奉者たちに対して隠すことはなかった。アッラーはかれらに啓典、書巻を下し給うたが、それらは全て真理であり、アッラーの万古の御言葉であり、文字ではなく、声でもなく、アッラーの属性の一つであり、その中には複数性も合成もない。天使ジブリールが預言者たちの心にそれらをもたらし、かれらがそれらをかれらの民の言語に翻訳した。至高者は仰せられる。「我らはいかなる使徒も、かれらの民の舌（言葉）によってかれらに説明するために[11]しか遣わすことはなかった。」（14章4節）それでそれがヘブライ語に翻訳された時、それは「タウラー（律法）」と名付けられ、シリア語に訳された時、「インジール（福音書）」と名付けられ、アラビア語に翻訳された時、クルアーンと名付けられたのである。写本の中に書き留められ、心の中に記憶され、舌によって読まれるクルアーンのこの翻訳もまた本義においてアッラーの御言葉と呼ばれる。それは、それとアッラーの本体に自存する万古の意味との間に語源的な共通性があるからである。

天使とジン（幽精）

また我々は、アッラーが彼の天使を創り給うたことを証言する。かれらは三種類に分かれる。（1）離在天使、その中、智天使たち、玉座の支持天使たちがいる。（2）権天使、かれらの中にはジブリール（ガブリエル）、ミーカイール（ミカエル）、イスラーフィール、アズラーイール、玉座の担い手たちがいる。（3）機能天使、かれらは地上的体型の持ち主の完全体である。

また我々は、アッラーはジン（幽精）と悪魔たち、イブリースと呼ばれる大悪魔を創り給うたことを証言する。かれらは精妙な火の肉体を駆使する霊体であり、粗雑な地上的物質の中に形を取り、侵入（憑依）する能力がある。

▼11　AF版ではこの「説明するために」が抜けている。

バルザフ（煉獄）と来世

また我々は、死者の霊魂がそこへと移住する「バルザフ」と呼ばれる世界をアッラーが創り給うたことを証言する。それは現世と来世の間にあり、そこで死者はかれらの（埋葬された）墓の中でアッラーとムハンマドについて試問される。そして信仰者たちには、アッラーがその正答を思いつかせ給う。またアッラーは、来世界と呼ばれる世界を創り給う。アッラーはそれについてクルアーンの中で描写し給い、その情景は預言者の諸ハディースの中でも描かれており、それは復活、追い集め、橋、秤、清算、楽園、獄火、至福、懲罰を含む。楽園の民はその中に無窮永遠に留まり、その至福に終焉はない。また獄火の民はそこに無窮永遠に留まり、かれらにはその懲罰が緩和されることはない。

預言者たちに次いですぐれた人間

また我々は預言者たちに次いですぐれた人間がアブー・バクルであり、次いでウマル、次いでウスマーン、次いでアリー、次いで残りの教友たち全員であることを証言する。そして我々は、我々以前の先人たちの善人、正導の師たちの誰をも謗らない[12]。また我々は、四大法学祖アブー・ハニーファ・ヌウマーン、マーリク・イブン・アナス、シャーフィイー（八二〇年没）、アフマド・イブン・ハンバル（八五五年没）に対して、我々にまで伝えられたかれらの知識、アッラーの宗教における独自の発見、そしてかれらがそれ（アッラーの宗教）において見出した、クルアーン、スンナ（預言者の言行）、ウンマ（ムスリム共同体）の合意、直接、間接の類推（キヤース）から演繹した見解において、力を尽くしたこと（イジュティハード）に感謝する。

また我々は、ムスリムの支配者たちに味方し、たとえかれらが不正であったとしても、かれらに対する反乱を認めない。また我らは（儀礼的浄化において）革靴の上から足を拭うことが赦されることを信じ、不信仰に陥らない限り、キブラ（礼拝を捧げる方向であるマッカのカアバ禁殿の方向）の民（礼拝をするムスリム）の誰もその罪によって不信仰者と裁定し、かれらに獄火が必定と断定はせず、かれらをアッラーの御意志に任せる。また我々は預言者たちと天使たち以外には、無謬性があるとは信じない。

アッラーこそは成功を授け給う御方。

▼12　ＨＡ版では tatʻanu。

第4章　不信仰の解明

不信仰には存在における闇あり　霊は皮の覆いの下に隠れる
それは「他者」そのもの　そして光には火　それは（現世来世）二つの生まれにおいて燃料
災いなるかな近侍の昼を売り払った者　遠隔の極みの暗闇の夜で
それゆえその中に粗大物を見出し　その後の日に汝は永住を許される
全ての高さには不信仰からの低さ　その存在者を喪失物に包み込む
近侍の近さの昼を売り払った者に災いあれ　甚だしい遠隔の暗闇で
それで　かれらの行為は　蜃気楼のように顕れ　（火炙りの）穴における水のように思う
それでそこに行くとそれを見出さない　追放された者の無知がかれらを襲い
かれらの天がかれらを流星を投げつけ　かれらは柱の下に火を見る

聖法の外顕に基づく信仰の本質

知るがよい。信仰を有する者たちに不信仰を解説することとは、最重要事項の一つである。なぜならば、夜を知らない者が昼を知らず、材料を知らない者が構築物を知らず、自分自身を知らない者が自分の主を知らないのと同じように、不信仰を知らない者は信仰を知らないからである。というのも、アッラーは相反する二つのものを、一方が他方によって知られるようにと創り給うたからである。それで両者は一緒に知られ、それからその両者の知識から彼（御自身）もまた知られるのである。なぜなら彼は両者（共）に類似し給わず、また両者は（共に）似ないからである。それゆえ彼が知られれば、彼は確証され、両者は否定されるのである。それで不信仰の本質、その（不信仰の）規定、その種類、その宿駅、その民の諸状況についての解説が必要となる。

外顕の聖法に則るその（不信仰の）本質は、語源的には、「覆い（satr）」である。それゆえ、種を土で覆うことから、農夫はkāfir（不信仰者＝覆う者）と呼ばれる。周知の通り、全ての新生児は、信仰の天性[1]と、主性の誓約（アッラーを主と認める誓い）によって生まれる（7章172節）。それゆえ信仰こそが、全ての人間の原状であり、それ（信仰、あるいは信仰の原状）を虚偽の諸信条によって覆い隠す者がkāfir（不信仰者）なのである。不信仰とは信仰の隠蔽である。信仰が、実在事象であり、それにおいては天性がそれにおいて無理をすることがない（lā tatakallafu）[2]のと同様に、（仮に）他のもの（迷信）に（天性が）逸脱して、（一時的に）それ（信仰）がその他（迷信）によって覆い隠されたとしても、その他のもの（迷信）が消えさえすれば、それ以前と同様に、その（他の迷信の）代わりに信仰が苦もなくまた見出されるのである。それゆえ不信仰は、その天性の原状においてそれを組み込まれている[3]信仰が隠れているのを感知する気づきへの障害物に相当するのである。またそれは磁石に鉄が引き寄せられるのを妨げている鉄を摑んだ邪魔な手に相当し、その手が消えれば、磁石はその吸引作用を行うのである。それゆえ、不信仰は不信仰者の死によって消滅するのである。ただ死ぬことでかれらの信条（迷信）の誤りはかれらに明らかになり、生まれたときに生まれたままの状態であったところの信仰が戻るのである。至高者は仰

▼1　HA版ではimāniyah。
▼2　AF版では「それには無理がある（la-hu tatakallafu）」と逆の意味であるが、HA版の読みを採った。
▼3　AF版では「置くja'ala」、HA版では「創るjabala」。訳は両方を考慮した形にした。

せられる。「お前の主の諸々の徴のいくつかが到来する日。▼4 誰にもその信仰は役立たない。お前は以前に信仰しなかった。」（6章158節）つまり、「現世において（信仰しなかった）」ということである。それが信仰と呼ばれているのは、それは出生のときに、それを有していたが、現世において、それが彼に覆い隠されており、死後にまたそれが露わになり、その原状に復帰したからである。そして現世（出生）以前においてそれが（救済の）役に立たなかったように、それはその後（死後）にも役に立たない。

聖法の内秘に則った不信仰の真相

他方、真理と呼ばれる聖法の内秘に則るならば、不信仰の真相とは内面による外面の隠蔽、外面による内面の隠蔽である。

その説明は以下の通り。種類や個々物が相違するこれらの諸世界は、アッラーの知のうちにあったが、外に顕れた。それゆえ、それ（アッラー）をそれら（諸世界）で隠す者は、外面（アッラー）を内面（アッラーの知のうちにあった世界）で隠し、不信仰に陥っているのである。それから、それ（アッラー）をそれら（世界）で隠さず、それ（アッラー）を見て、それら（世界）から完全に目を逸し、それらの存在を否定するに至るとすれば、内面（世界）を外面（アッラー）で隠し、やはりまた不信仰に陥っているのである。

そして信仰とは、内面の中に外面的に、そして外面の中に内面的に、両者を共に貴方が信ずることなのである。それゆえ貴方が、真実在の内面である諸存在物の外面を見る時、貴方が真実在を信ずることが必然となる。また貴方が諸存在物の内面である真実在の外面を信じれば、貴方は諸存在物を信ずることが必然となる。つまりこの意味は、両者の一方で他方を隠すな（an lā tastura）▼5、ということである。まことに、隠蔽こそが不信仰の本質なのである。外面は不変に外面であり、内面は不変に内面なのであるが、彼が貴方を隠し給うたように、貴方が彼を隠し、また彼が貴方を外に現し給うたように、貴方が彼を外に現し給うたのである。隠蔽は必然であり、また顕現も必然である。（アッラーは）夜を昼の中に入れ給い、また昼を夜の中に入れ給う。以下のように述べる者の言葉のなんと良きかな。

朝は乾く、暗闇の中に　それゆえ私に注げ。
酒を、寛大な者を浪費者に変える（酒を）。
私は、繊細、清澄を知らない。
それが器の中にあるのか、あるいは器がその中にあるのか

不信仰の規定

聖法における不信仰の規定

聖法における不信仰の規定は、その者が来世で獄火の懲罰に永遠に留まることによる無窮永遠の悲惨であり、現世では死刑に処される。但し生来の（不信仰）者は別で、ムスリムはその者に安全保障を与え（ることができ）、徴税吏はその者からジズヤ税を徴収し、（そうでなければ）奴隷にする（こともできる）。その者の全ての行為（善行）は無効となり、その婦人たちは離婚される。[6] 背教者は男性であれば死刑に処さずに放置されることは許されないが、女子供は違い、両者は監禁され、イス

▼4　ＡＦ版ではこの一文は抜けている。ＨＡ版から訳出した。
▼5　ＡＦ版では「隠せ（an tastura）」となっているが、ＨＡ版の読みを採る。
▼6　この段落は違いが大きく、ＨＡ版の方が意味が通り易いのでＨＡ版から訳出した。

ラームを強制される。

真理の不信仰の規定

真理に則る不信仰の規定は、現世と来世における盲目である。至高者は仰せられる。「現世において盲目な者は、来世においてより盲目で道からより迷い逸れる。」(17章72節)「盲目」の原義は「視覚を遮る脳に昇る濁気」である。それゆえ不信仰とは、魂が脳に昇り理性の洞察力を遮る諸元素の濁気なのである。そしてその濁気が心の目に充満すると、埃が太陽の目に舞い上がって、目によるその証明の完全な視認を妨げるのと同じようになるのである。「砂塵をそこに巻き上げたもの。」(100章4節)以下のように述べる者の言葉のなんと良いことか。

その蹄には上に泥がかぶっている。
もしお前がそれに乗って歩みたければ、我々にはそれが可能だ[7]

それゆえ不信仰のこの世での応報は死刑であり、諸元素の濁気が霊性の庭から出て行くようにとのことなのである。アッラーも不信仰者について仰せである。「それゆえ我らは汝から汝の覆いを取り上げ、それゆえ今日、汝らの目は鋭い。(つまり視力が強まる)」(50章22節)かつてその中にあったその濁気の弱さが汝から消滅するために(目が鋭くなる)。

それゆえ不信仰者が現世でイスラームに入信した場合、彼からその弱点は消え、その視力(洞察力)は強まる。それは、彼が開示と明察の境地(maqām)[8]に達することによって本当にそうなるのか、あるいは論証、証明、正当な追随を達成することによって準じてそうであるのかである。そして、自分ではできると思っていないけれども、一里を歩くことができる者が、死んでその謬見の覆いが消え、誤解が解けた者と同様になるのであり、現世では視力（洞察力）が弱かったが死後に（初めて）視力が鋭くなったが、死後の視力の鋭さは役には立たない不信仰者とは違うのである。なぜならその者に（死後に）洞察力が生じたとしても、もはや洞察すべき何ものもないからである。なぜならば真理は彼には覆い隠されているからである。現世の我々の開かれた生とは異なり、死は、隠れた生であり、死者はその中では、物事それ自体ではなく、それらの霊性以外には知覚できないからである。

それで信仰者は、その隠れた生に至ると、この（現世の）開かれた生においてあったよりも更に遠くまでの上昇、飛翔が生じるのである。

要約しよう。信仰者も不信仰者も、死後にはその視力（洞察力）は鋭くなる。しかし、信仰者の視力（洞察力）は、現世においてその外装を信じていたその（死の）霊的真相について鋭くなるのであるのに対して、不信仰者の視力は何も対象なしに鋭くなるからである。というのは、（不信仰者は）現世で、アッラーがその者に対して主性を認める契約を取り交わしたときに授与し給うたその霊的真相を、現世におけるその付帯義務を行わなかったために、信じていなかったからである。（不信仰者は）それから、その鋭い視力をもったまま火獄の火に投げ入れられ、その中で無窮永遠に罰されるのである。そしてそれは預言者が手に鉄の指輪をはめた者について「私はお前に獄火の民の装飾を見せようか」と言われたことがそれを示唆している。預言者は、鉄が獄火の装飾であることを告げられたのである。それ（鉄）は、その鋭さ、硬さ、強力さゆえに、鉄と名付けられた鉱物の一種である。そしてそれに復活審判の火の不信仰者の視力が喩えられている。というのは、鉄以外の他の鉱物が火によって溶けるので、それは獄火の民の装飾なのである。

▼7　この詩はＡＦ版では抜けており、ＨＡ版から訳出した。
▼8　ＡＦ版では「鍵 miftāḥ」だが、ＨＡ版の読みを採る。

不信仰者の獄火での懲罰の永続性に関して：続き

大多数は不信仰者たちの獄火での懲罰は終わりなく永遠に続くことで合意している。「それから不正を働いた者たちは言われる。それは至高者の御言葉『永遠の懲罰を味わえ。おまえたちはおまえたちが稼いだことに対してより他に報いられようか。』」（10章52節）、また彼の御言葉「おまえたちが行ったことゆえ永遠の懲罰を味わえ。」（32章14節）等の明白なクルアーンの諸節による。

不信仰者たちの意図が、現世にかれらが留まる限り不信仰を続けることにあったのは疑いない。かれらの目的が、現世に留まる限り不信仰に留まることであったため、至高なるアッラーは、相応の報いとして、火獄の獄火の中の永住をもってかれらに報い給うのである。これが真実である。それ以外には、語られるが信じられない諸説があるばかりである。その中には、イブン・タイミーヤ（一三二八年没）――アッラーが彼に慈悲を垂れ給いますように――が教友イブン・ウマル、教友イブン・マスウード、教友アブー・サイード、教友イブン・アッバース、教友アナス、ハサン・バスリー、ハッマード・イブン・サラマ（七八二／三年没）などから伝えた「火獄の消滅」説がある。またその中には、バガウィー（一一二二年没）らが教友アブー・フライラから伝え、またアブド・イブン・フマイドが彼の許での信頼すべき[9]人々を経てウマルから伝えている「獄火の住人がアラビアの砂丘の砂の数だけ獄火に留まれば、かれらにもそこから出る日が来よう」との言葉がある。またアフマド（イブン・ハンバル）は教友イブン・アムル・イブン・アースから「火獄には、もはやその中に誰もいなくなりその扉が閉められる日がやがて来る」と伝えている。イマーム・アル＝ラーズィー（一二〇九年没）が伝える以下の言葉がある。「ある人々は、『アッラーの懲罰は中断され、それには終わりがある』と述べ、『かれらはその中に幾歳月も留まる』との節（78章23節）[10]を典拠とし、（現世で不信仰者たちの犯した）不正の背神行為は有限である以上、それに対する無限の（lā yatanāhā）懲罰は不正である、と論ずる。」

回答は以下の通りである。彼の御言葉「幾歳月も」は、それに終わりがあることを必ずしも帰結しない。なぜならアラブ人は、そうした言葉で、永続を表現するからである。またそれには不正はない。なぜなら不信仰者は、生きている限り不信仰でいることを決意していたのであるから、永遠に罰されるのであり、（不信仰の）永続（の決意）に対して以外に（獄火の）永続によって罰されるわけではないからである。それゆえその懲罰は相応しい報いでしかないのである。

補遺

「最大の師」イブン・アラビーがその著『マッカ開示』などで述べているところの、「不信仰者たちの懲罰は甘美に転化し、苦痛の期間が過ぎるとかれらはそれを享楽するようになる」との説について言えば、それは来世での真実の秘義の開明に基づくことであり、それには我々が述べた「不信仰者たちの獄火での懲罰は永遠に続く」との大多数派の説に反するところはない。そうではなく、それには、永遠の懲罰に際しての、来世での再生（mansha'ah）▼11 に相応しいかれらの状態についての告知があるだけなのである。アッラーの獄火の住人に対する峻厳の相における顕現についての暗喩として、（アッラーが）獄火に彼の御足を踏み入れ給う時、ハディースに述べられているように、それ（火獄）は縮み上がり、「もう十分十分（qad qad）」、あるいは別のヴァリアントでは「もういっぱいいっぱい（qaṭ qaṭ）」、つまり「私にはもう満杯、満杯」という意味である、と言う。そしてそれはアッラーの獄火の住人への御怒りが昂じ、かれらへの懲罰が増した時のことである。そして御怒りが増す時、御慈悲もまた増すのである。なぜならば、明言されている通り、それ（御慈悲）は御怒りに先んじているからである。

▼9　AF版では抜けており、HA版から訳出した。
▼10　AF版では「有限の（lā yunāhī）」。HA版の読みを採った。
▼11　HA版では nasha'ah。

それゆえかれらは御怒りの昂進により懲らしめられ、御慈悲の昂進により享楽するのである。

人間は腫瘍があるとそれによって彼の痛みが増す。しかし医者が自分に対してそれ（腫瘍）を切開する時の、自分に対する彼の心遣いを知るなら、医者がその切開を施術する時、（切開施術の時点で）以前（の腫瘍の痛み）よりも痛みが増したとしても、それ（その心遣い）によって彼の感じる痛みを享楽することもあるかもしれないではないか。

獄火の住人の懲罰は永続し、同様にその懲罰によるかれらの苦痛もまた永続する。しかし神的峻厳の優美にかれらが熱中し、懲罰の激しさの感覚がかれらから隠滅すると、その懲罰を感知せず、かれらがそれに激痛の極みの苦しみにあったことも隠滅するのである。それは楽園の住民が、自分たちの主に拝謁すると、神的優美の峻厳に熱中し、楽園の至福も忘れ、かれらがそれを体験していることも感じなくなるのと同じである。アッラーには、峻厳の属性と優美の属性のこの二つの属性があるのであり、楽園の住人には優美の属性で顕現し、獄火の住人には峻厳の属性で顕現し給うのである。そしてこの二つの属性の双方の中に他方の属性も含まれているのである。なぜならそれによって述定されるものは一つだからである。それゆえ優美は、その内奥は峻厳であり、峻厳はその内奥は優美なのである。そしてことは、永遠、恒久に、そのようなのである。

「最大の師」イブン・アラビーが不信仰者たちの（火獄での）懲罰が終わり、かれらからなくなると述べているのも、その意図はその事柄の本質について我々が述べた通りであると考えねばならない。しかし彼の表現は異なっており、それを示す文が分散しており、述べる頁数が彼が意図することを（伝えるには）少なすぎたために、無知な者は彼（イブン・アラビー）の意図が、不信仰者への永遠の懲罰が中断すると述べていると考え、それに基づき（不信仰者への永遠の懲罰を告げる）確定的なクルアーンとスンナの明文テキストを結論するのである。それは避けねばならない。それは我々が『真智者ムヒーユッディーンを貶める者たちへの強固な論駁』の中でその研究について詳論した通りである。

実は私は、この問題に関する真相について論考を著し、そこで詳しい議論をし、この問題が聖法に述べられたことに少しも反さず、それは外面と内面を統合した完全な信仰の持ち主にアッラーが授け給うアッラーの秘密の一つに他ならないとの前提の上にそれを組み立てることを思い立った。しかし、立法者に対する礼節が、その問題とそれに類するものについてのその御言葉がその決定であることから、それ（著述）を妨げた。また我々の考えと異なる理解をし、その不十分な理解に基づき我々が間違っていると難ずる者があるかもしれない。しかし我々は、我々の言葉を、偉大なるクルアーンと預言者のスンナの意味に応じて我々の言うことの全てを理解する用意のできた者を相手にしか語りはしないのである。我々のこの知識はその両者（クルアーンとスンナ）によって限定されており、その双方のどちらか一方からでも決して少しも外れることはないのである。

それゆえ我々の言葉の中にアッラーの書クルアーンとその使徒のスンナに合致して理解できないことを少しでも見出した者があれば、その問題については判断を留保し、もし我々が存命であれば我々に、あるいは我々の同類の者に照会せよ。それはそれ（我々の言葉）から、霊感降臨の場において我々が考えていたことを理解するためである。なぜなら我々が正論以外を書くことはありえ難いからである。我々が述べたようにそれを理解することができない者は、自分が理解したところの問題のある意味に当てはめて、我々を曲解し、罪を犯すことのないように、我々がそれを考え、意図していたことに応じせしめ、我々に委ねるがよい。アッラーこそ、導きと成功の与え手におわします。[12]

▼12 「『最大の師』イブン・アラビーが……」以下の二段落はＡＦ版にはなく、ＨＡ版から訳出した。

不信仰の種類

聖法に則しての不信仰の種類

聖法に則した不信仰の種類は、三種類であり、全ての不信仰の種はそれらに還元される。そしてそれ（1）擬被造物化、（2）属性剥奪、（3）否認（嘘つき呼ばわり）、であり、これらが不信仰の基礎の中の三つの基礎であり、人間はこれらから外的にも内的にも絶縁した後でなければ、ムスリム庶民の位階に入ることはできない。そして人は、これらのうちのどれかが見出されれば、その者が不信仰者であり、信仰者ではないことを知り、アッラーに依って、悪魔が人を惑わすことがあってはならない。

擬被造物化とは、アッラーがその被造物の何かと似ると信ずることである。アッラーが玉座の上の物質であると信ずる、あるいはアッラーには二つの身体器官としての両手がある、あるいはアッラーは、某の形姿である、あるいは某の様態である、あるいはアッラーは理性が思い浮かべるところの光である、あるいは天の中にいる、あるいは六つの方向のどれかの方向の中にある、あるいはどこかの場所の中にある、あるいは全ての場所の中にある、あるいは諸天と地を満たす、あるいは何かの物の中に、あるいは万物の中に宿る、あるいは何かの物、あるいは万物と合一する、あるいは諸物は、彼の宿った物、あるいはそれらの一つである、と信ずる者たちのようなものである。

これらは全て、明白な不信仰である。アッラーにこそ庇護を求めます。そしてその原因は物事のそれが（真に）あるがままの認識の無知である。その説明は、アッラーは人間理性を創り給い、また彼こそはその（理性の）中に彼の概念や彼についての判断の全てを創り給うた御方である。それゆえもし理性が自分の主を信じようと望み、我々が上で述べたところのこれらのことのどれかを思い浮かべたとしたら、その概念化によって彼には彼への信仰が失われるのである。なぜならその概念は、アッラーが彼にその理性の中にそれを創り給うたものであり、主が創造し給うた概念と類似するということは不可能だからである。それはもし彼がそれ（概念）と類似するなら、アッラーはそれと同様の生起物であるということになるが、アッラーは万古（永遠）の必然（存在）であり、彼以外の全ては生起物であるからである。

属性剥奪とは、諸物の何ものにも類似しない主の否認、彼は存在者ではないと信ずることである。また諸物が、四元素（水土火風）などの自由行為主体以外のものの影響により生成、崩壊すると信ずることや、アッラーが我々が既に論じたような理性が思い浮かべる物に類似すると信ずることによっても、それには真実在であらせられる超越した主の属性剥奪があるのである。

結論的には、責任能力者である理性人の理性の中の主は様々であり、どの理性にも、その中にそれ（理性）だけの特別な主があるのである。そして（それら様々の理性のそれぞれの主）全てが、妄想の思い込み、思弁、知解の想念、虚偽、被造物を超越した至高の主がそれらを創り給うた虚偽、被造物に過ぎないのである。

次の作者のなんと素晴らしいことか。

お前たちに顕れた神は汝の主ではない。
アッラーにかけて、アッラーにかけて、それはアッラーではない。
それはお前たちに、お前たちによって顕れた文字に過ぎない。
もしお前がそれらの意味を熟考すれば、それがアッラーである。▼13

▼13　この詩はAF版では抜けており、HA版から訳出した。

否認とは、預言者たちの一人、あるいはアッラーの降示し給うた啓典の一つ、あるいはその一節、あるいは一般的に言って過去の預言者たちにアッラーが降示し給うたところの書版の一つを否定することである。但し、現時点で不信仰者の手にあるところのそれらの残滓を否定することではない。「言え。『我々はアッラーと、彼が我々に降示し給うたもの、イブラーヒーム、イスマーイール、イスハーク、ヤァクーブ、支族たちに降示し給うたもの、ムーサーとイーサーと預言者たちがかれらの主から授かったものを信じ、かれらの誰一人差別しません。そして我々は彼に帰依する者です。』」(2章136節)と至高者は仰せられており、アッラーが彼の万古の御言葉の中でかれら(預言者たち)についての記述においてそれ(現行の不信仰者たちの有する啓典)には歪曲、改竄があることが確定されているからである。

また我らの預言者ムハンマド以前に降示された啓典、書版の全ては、偉大なるクルアーンによってその読誦も諸規定も廃棄されているからである。それゆえ、今では、それはかつてあったようには存続していないのである。『律法の書』はムーサー(モーセ)の時代には律法であった。それからその読誦と諸規定が廃棄されたので、それはたとえその歪曲、改竄がないと仮定しても、今ではもはや律法ではないのである。同様に『詩篇』もダーウードの時代には詩篇であったが、それからその読誦と規定が廃棄されたので、たとえそれを無謬者(預言者)が我々に読み上げたとしても、今ではもはやそれは詩篇ではないのである。『福音書』も同様で、イーサーの時代には福音であったが、今ではもはや読誦としても規定としても廃棄され、イーサーが再臨の後に我々にそれを読み上げようとも、もはや福音であることを止めているのである。また、「婚外交渉女と婚外交渉の男、双方とも百回鞭打て」との節(24章2節)によって廃棄されたアッラーの御言葉「淑女と紳士が姦通を犯せばアッラーからの見せしめとして、両者を鞭打て」のように、読誦のみが廃棄され規定は存続したクルアーンの諸節もその節はその読誦の廃棄により、クルアーンであることの範疇から除外され、クルアーンと呼ばれず、その規定が廃棄されずに存続していても、それにはそのための清めの義務やそれによる礼拝の有効性やその否定者の不信仰などのクルアーンであることの諸規定が適用されないのである。

　それなのに、『律法の書』、『福音書』、『詩篇』[14]などの昔の諸啓典が、その読誦も諸規定も破棄されたことが確定した後に、それらの名前[15]で呼ばれる啓典であることから排除されないことがあろうか。それゆえ、我々が信仰する（nuʼmin）[16]なら、ムーサーとイーサーに降示された『律法の書』と『福音書』を信じ、それが『律法の書』、それが『福音書』であり、現在、ユダヤ教徒やキリスト教徒たちの手にしているものは、律法でもなく、福音でもないと信ずるのである。それはたとえありえない仮定に立ったとしてもである。それはその両者に歪曲がない、ということで、それ（歪曲）は、我々の啓典、即ち、不特定多数の伝承により確証され、その諸規定と読誦において、アッラーが望み給う間存続するクルアーンの中で、アッラーが我々に告げ給うていることなのである。

　いや、現在ユダヤ教徒やキリスト教徒が『律法の書』、『福音書』と呼んでいる文書は、不信仰の表現がない場合であっても、被造物である人間の言葉の寄せ集めの物語、祈願文、箴言であり、不信仰者たちが主張するようにそれが律法でもなく、福音でもないという前提であるなら、我々が教訓や英知の文献を読むことが許されるのと同様に、それらを読むことは許されるのである。

　一方、預言者たちの誰かや、アッラーの書（クルアーン）の章句や御言葉、あるいは預言者の真正な伝承の何かに、あるいは合意の成立したアッラーの規定のどれかに対する嘲笑、侮辱は、否定そのもの、否認となる。また聖法と真理の学者の誰かに対する嘲笑、侮辱も同様であり、これらは全て否認の派生なのである。

▼14　AF版では『詩篇』が抜けており、HA版から訳出した。
▼15　AF版では『詩篇』が言及されていないので、（『律法の書』、『福音書』という）「二つの名前 al-ismayni」となっているが、HA版の読みに従い複数形で読む。
▼16　HA版を採る。AF版では faʼumin となっているが誤植である。

続き：ユダヤ教徒、キリスト教徒、マギ（ゾロアスター）教徒その他の多神教徒の不信仰について

ユダヤ教徒の不信仰は擬被造物化である。なぜならかれらはアッラーについて、物質化、玉座上の座位、彼が上方にあることなどを信じているからである。そして既述の通り、擬被造物化は属性剝奪を必然的に伴う。なぜならば、かれら（ユダヤ教徒）と、かれらの彼に対する不信仰と、座位、玉座、方向の全てを創り給うた（khalaqa）[17]超越的な真の神は、かれらの考えでは、かれらが主張する擬人神化をかれらが採っているために、根拠がなく、無であることになるからである。

またかれらの不信仰は、否認にもよる。というのは、かれらはムハンマドとかれらの伝えた真理の全てを嘘として否認しているからである。そしてムハンマドが伝えたことの何かを否認することは、アッラーの否認なのである。なぜならアッラーは、服従において彼を彼に準ずるとし給い、「使徒に従う者はアッラーに従ったのである。」（4章80節）と仰せだからである。

またユダヤ教徒の不信仰から迷誤の分派の物神論者の不信仰が派生する。かれらはムハンマドを否認しなくともアッラーが諸物体と同じような物体であると信じている。それゆえその不信仰は擬被造物化と属性剝奪だけとなる。ユダヤ教徒は（ムハンマドの）否認の追加によって区別されるのである。

これらの物神論者が、アッラーは諸物体とは同じではないが一つの物体であると信ずるならば、かれらは不信仰者ではないが、迷誤の異端なのである。なぜならばかれらの言葉の中にはアッラーの超越化のための「諸物体とは違う」という、擬被造物の不在、属性剝奪の不在があるためである。一方、至高者が物体であると論ずるがゆえに、アッラーが御自身をそう形容し給わず、また彼の使徒も彼を形容されず、またそれには適用可能な正しい意味もないために、かれらは（新奇な）異端説を捏造したことになるのである。（正しい意味を持たないというのは）なぜなら全ての物体は複合物であり、全ての複合物は生起物であるが、アッラーは賢者たちの合意するところ、万古永遠であるからである。

またユダヤ教徒の不信仰から、生成物の世界における物性、元素の影響力を信じ、属性剝奪の不信仰に陥っている物性論者（自然主義者）の不信仰も派生する。なぜならば、諸物性、諸元素、諸生成物、その他の諸物体を創り給うた超越的な主を否定しているからである。またかれらには擬被造物化も随伴する。なぜならば、かれらは神でないもの、即ち物性に、神性を帰すからであり、またかれらの不信仰は否認にもよる。なぜならかれらはいかなる預言者もいかなる啓典も信じないからであり、かれらはその点でユダヤ教徒よりも（不信仰が）甚だしい。なぜならユダヤ教徒はかれら（物性論者）とは違い、ムーサーが預言者であること、『律法の書』を信じているからである。

キリスト教徒の不信仰は擬被造物化である。なぜならばかれらはメシアの神性を信じ、「彼はアッラーの息子である」、あるいは「三つの第三」などと言い、主は、これら三つ、父、息子、聖霊の一つである、と主張する。疑いなく、メシア、その母、子性、父性、聖霊、かれらの理性、かれらの概念、かれらの思考は全てこれらによる形容から超越したアッラーの被造物なのである。これらの言説はおぞましいものである。それゆえかれらのアッラーの肯定は、その時、ユダヤ教徒の物神論について既に論じた通り擬被造物化なのであり、またユダヤ教徒に随伴したのと同じく属性剝奪がかれら（キリスト教徒）にも随伴するのである。なぜならばかれらは真の超越的な神を信じていないからである。

結論的には、ユダヤ教徒の擬被造物化は、物体の世界においてであり、キリスト教徒の擬被造物化は霊界においてなのである。そして物体の世界も霊界も、アッラーの二つの被造物なのである。ユダヤ教徒とキリスト教徒はこれらの二つの世界、前者は現世、後者は来世、において紊乱に陥っているのである。アッラーがムーサーに「お前の両靴を脱げ」と仰せられたのは、この二つの世界についての示唆だったのである。

▼17　AF版では「捕まえるkhatifa-hum」となっているが文意が通らないため、HA版の読みを採った。

ムスリムは、ユダヤ教徒にもキリスト教徒にも、かれらの信条について尋ねるべきではない。なぜならアッラーは、「ユダヤ教徒は『ウザイル（エズラ）は神の子である』と言い、キリスト教徒は『アル＝マスィーフ（メシア）は神の子である。』と言う。」などの両派の不信仰を明示する彼の真なる御言葉で既に我々にかれらの信条について告げ給うているからである。アッラーこそ、最も真実の言葉を語る者であらせられる。そしてそれを少しでも疑う者は偉大なるクルアーンを信じない者である。アッラーにこそ庇護を求め奉る。またキリスト教徒の不信仰は否認にもよる。なぜならかれらはムハンマドとその伝えた真理を嘘と否認したからである。かれらの一派は、彼（ムハンマド）がアラブに遣わされた使徒であることは認めてはいるけれど、かれらも彼が自分たちに遣わされたことは否認しているのである。アッラーはその偉大なる書クルアーンの中で「言え。『人々よ、私（ムハンマド）はお前たち全てに遣わされたアッラーの使徒である。』」（7章158節）

キリスト教徒の不信仰から、融入、合一論者たちの不信仰が派生する。かれらは以下のように言う者である。アッラーは物体の世界、あるいは霊界に融入する。あるいはその何かが彼に融入する、あるいはその何かが彼によって融入される、あるいは彼がその何かによって融入される。このどれかの信条を信ずる者は、ユダヤ教徒やキリスト教徒が不信仰に陥ったようには（ムハンマドを）否認していなくとも、確かに擬被造物化、属性剥奪を犯しているのである。

ムハンマドとその伝えた真理を信じている者たちの中の無知な者たちの信条もこれに近い。それは、アッラーは天に、あるいは玉座の上に、あるいは高みにおわす、あるいは彼には有形の[18]、形姿がある、あるいは彼は自分たちが知っているような諸物体のような一つの物体である、といった信条であり、その原因は正しい信条をかれらが知らないことによる。かれらはその無知によって免責されない。なぜならかれらの理性は、かれらの日常問題の処理には十分に備わっているのであり、かれらはそれをかれらが求められていること（神認識）に向けることができるからである。特に都市部に生まれ育ち、（イスラームの）学匠たちの側に暮らしているにもかかわらず、かれら（学匠たち）から（学ぶ）益を得なかった者たちはそうである（免責されない）。それはかれらが聖法の外的規定の多くを拒否し、かれら（学匠たち）を尊敬せず、かれらを謗り、かれらを侮辱するからである。偉大なるアッラーの他に力も権能もない。

またキリスト教徒の不信仰から、アッラーがハーキム・ビ・アムリッラーに受肉したなどのかれらの書物の中にあるかれらの信条の醜怪な説を説くドルーズ派とタヤームナ派、ヌサイリー派の不信仰も派生する。かれらは預言、聖法、啓典、最後の審判の全ての否定と、かれら（独自の）霊魂の輪廻の教説によってキリスト教徒よりも（不信仰が）甚だしい。

かれらの同類がラーフィダ派（シーア派）で、かれらは死者の現世への再臨、霊魂の輪廻、神の霊のイマームたちへの移入、イマームたちが神であるなどと言う。また内的イマームが真理をもたらし、命令と禁止がその出現までで終わること、（啓示天使）ジブリールがアリー・イブン・アビー・ターリブと間違えてムハンマドに啓示を下したなどの主張をしている。

またキリスト教徒の不信仰から、哲学者と呼ばれるギリシャの賢人たちの不信仰も派生している。かれらはアッラーは原因の中の原因（究極因）であると信じ、彼に因果による万物の造化を帰している。かれらの中には、かれらの醜怪な専門用語に則り質量と形相による世界の万古（無始）を信じる擬被造物主義虚無主義者がいる。シハーブッディーン・ウマル・イブン・ムハンマド・スフラワルディー師（一一九一年没）は、かれらについて、『ギリシャの醜説の暴露、信仰の忠告の杯』と命名した本を著し、その中でかれらの誤り、信条の怪異を明らかにしている。アッラーが彼の恩寵と恵みをもって彼に報い給いますように。

マギ（ゾロアスター）教徒の不信仰はアッラーに対する多神崇拝と（ムハンマドの）否認による。かれらは彼の唯

▼18　HA版は「有形の（mujassam）」がない。

一性、彼の預言者たち、使徒たち、諸啓典、最後の審判は認めているにもかかわらず、かれらは太陽や火の神性を信じており、かれらがアッラーを認めていながら、かれらが軽率さから彼の擬被造物化、彼の属性剥奪によって、彼を認めながら彼以外の崇拝に専従してアッラーから遠ざかり、そうしたものを拝んでいるのである。

かれらの同類が、他の月や土星などの星辰崇拝者たち、偶像崇拝者たち、悪魔崇拝者たちである。かれらやその類の者の不信仰は、（アッラーの）唯一性、預言者たち、諸啓典と全ての聖法、最後の審判の否認によるのである。

真理に基づく不信仰の種類

真理に基づく不信仰の種類もまた三つである。（1）アッラーの失念、（2）アッラーと並べての存在の実体化／個体化、（3）アッラー以外への目移りである。これが、その結果として、疎遠の獄火での永住と神智の楽園への入場が禁じられる「不信仰」であり、この三つがその基礎なのである。最初の三つの（不信仰の）基礎（聖法に則る不信仰の三種）から絶縁した後、それらから絶縁した者は、顕在的、及び潜在的不信仰から外的、内的に絶縁し、来世において火獄の獄火、疎遠と追放の獄火から免れ、「その主の場を畏れる者には二つの楽園がある。」（「慈悲遍き者」章46節）との至高者の御言葉に算入されるのである。

最初の三つの（不信仰の）基礎（聖法に則る不信仰の三種）から絶縁しても、この三つの（不信仰の）基礎から絶縁していない者は、顕在的な不信仰を免れるが、潜在的な不信仰に陥っており、来世での獄火での永住は免れるが、それに入ることとは違い、疎遠と追放の火獄に落ち、霊性の楽園である真智の楽園を禁じられ、感覚的楽園だけが与えられるのである。

そこで最初の三つの（不信仰の）基礎（聖法に則る不信仰の三種）を論じたように、この（真理に基づく）三つの（不信仰の）基礎を説明して、我々は言おう。

アッラーの失念については、「罪」章において、既に説明したが、[19] その本質は、心に顕れる諸存在物によってアッラーが隠蔽されることである。「隠蔽」が「不信仰」である。この失念の徒は、内的学知に対して、家に対するその図形、髄に対する殻にあたる（聖法の）外的学知の従事者である。それはちょうど家の図形が、その建物の痕跡の顕れであり、建物それ自体であるのと同じである。なぜなら家とはその建物とその図形の両方共の名前であり、図形だけのではないからである。というのも、それ（図形だけ）はそもそも意図されていないからであり、また図形なしの建物のでもない。なぜならそれ（図形なしの建物）はそもそも（abadan）[20]存在しないからである。外的学知、諸知識、奥義の形態も同様である。「ムハンマドの宗教」とは、それらの共通の名前なのである。[21]外的学知の従事者の許での、礼拝や斎戒のような身体的崇拝行為、浄財のような財的崇拝行為、あるいは巡礼のような（身体・財）複合的崇拝行為などの外的学知については、外的学知の従事者の許では、それらの崇拝行為の形態、様式だけが研究されるのであるのを見ないか。立法者により目的とされたその本質と実質は、真理の学においてのみ探究されるのである。

それゆえアッラーは「礼拝を挙行せよ」（2章43節）と仰せられ、「礼拝せよ」、「喜捨せよ」[22]とは仰せにならなかったのである。なぜなら、（礼拝に）立つこと、（喜捨を）行うことは、形態・様式そのものとは異なる別の事象であり、諸基礎、諸行為にはただ（行為）の体系があるだけだからである。またムハンマドは、直立、屈礼、跪拝、座礼などの形のみを指して、「私には礼拝において、目の喜びが設けられた」とは言わなかったのである。そうでなければ、それを行った者は、たとえ無知、不注意で、現世の事柄を考えながらそれ（礼拝）を行っても、

▼19 この句はAF版では抜けており、HA版から訳出した。
▼20 AF版では「家はbi-dār」となっており、HA版の読みを採った。
▼21 HA版では『「ムハンマドの宗教」とは、それらの共通の名前なのである」の一文は抜けている。
▼22 HA版では「礼拝せよ」のみ。

その崇拝行為は預言者の崇拝行為と同様であることになったであろう。否、否、本物のアンチモンは人造アンチモンと同じではない。

外的な学問に従事し、自分が学習に努めているイスラーム法学、クルアーン注釈学、ハディースの他に、表面に顕れたそれらの外観の下に立法者が示唆したところの、それこそがアッラーの御許での救済となるがゆえに、その目的である真理、内的学知が存在することを信じない者は、アッラーについて失念しており、ムハンマドの宗教について無知で、「かれらは現世の外観は知っているが、来世については失念している。」（30章7節）との至高者の御言葉で言われている者なのである。

そして疑いもなく、これらの崇拝行為の形態とその様式は、現世の我々と外的学知の学者たちの許では顕在的である。一方、その他のことについては、かれらはたとえその存在を認めているとしても、それについて失念しているのである。そしてもしそれを否定しているなら、かれらはムハンマドの宗教の目的であるところのものを、その形式だけは認めているとしても、否定しているために、隠れた不信仰ではなく明白な不信仰の不信仰者なのである。それは太陽の光を、それが大地に移っていることから認めていながら、自分が見ている光の源である太陽の存在を否定する者と同じなのであり、かれらには、「かれらは自分たちが仕事をうまくやっていると思っている。」（18章104節）との至高者の御言葉が当てはまるのである。

内的学知のみに従事し、外的学知を究めず、そのうちの僅かたりとも知らない者は、迷った無知者であり、蜃気楼を見て、飲み水だと錯覚しているのである。なぜならば外的学知こそが真智者の許において目標とされる念神の本質だからである。なぜならばそれは真理と真智の実の種のようなものだからである。至高者は仰せられる。「慈悲深き御方の唱念に目を瞑る者には、我はその者に悪魔を割り当て、彼がその伴侶となる。」（43章36節）アッラーは天を悪魔が昇らないように護り給い、仰せられた。「我らは最下天を灯明で飾り、それを悪魔たちを打つ礫とした。」（67章6節）また仰せられる。「全ての反抗する悪魔たちからの守護として。」（37章7節）それゆえ慈悲深き御方の唱念に目を瞑って天に昇ろうとする者は、守護の流星が追い払い、その天上的姿に対する伴侶となるのである。それゆえ「彼がその伴侶となる」と仰せなのである。

この失念を免れている覚者は外面の知と内面の知を統合した者で、髄と殻を包摂しているのである。そして髄のない殻は無益であり髄は殻なしには破壊的悪魔の囁きから守られないのである。いや、そもそも殻は髄なしには「殻」とは呼ばれない。髄は殻を割ってそれ（髄）を取り出さない限りそれを得ることはできない。両者は不可分であり、他方なしに片方だけでは役には立たないのである。

アッラーと並べての存在の実体化／個体化とは、万古のアッラーの存在を生起する人間の存在による隠蔽である。隠蔽（satr）が不信仰（kufr）なのである。ここで述べられた実体化／個体化の徒とは、自分自身という覆いの後ろからアッラーを崇めている崇拝者たちのことである。かれらはアッラーの崇拝において自分たち自身によって行為している。そこで、かれらの考えによると、かれらの存在は実体化／個体化しているのであり、かれらの存在によってアッラーの存在は隠されており、かれらは潜在的な不信仰の不信仰に陥っているのである。

もしかれらが真の一任をもって彼に一任していたならば、自分たち自身によってではなく、彼によって、開示と目視により、彼を崇め、かれらからは自我の覆いが取り払われていたであろう。しかしアッラーは、実行される命令を定め給う。

アッラー以外への目移りとは、霊性がそれに対して現象する真の形成者を覆い隠す諸物体の形象に目を奪われることである。隠蔽とは不信仰なのである。ここで述べられた目を奪われる者とは、様々な物への欲望を抑えた禁欲者たちである。かれらは、かれらが様々の物を見、それが確かにあると主張すればこそ、それらに対して禁欲しているのである。それゆえ、かれらの様々な物に対する禁欲により、真実在はかれらから覆い隠され、かれらは潜在的な不信仰の不信仰に陥っているのである。それで、もしかれらが理解していたなら、かれらは何ものにも禁欲などしなかったであろう。なぜならかれらにとって無であるものは、無に対していかにして禁欲することができようか。それは不可能なのである。かれらに生じざるを得なかったものは、それを禁欲しようとしても、かれらにそれはできなかったのである。かれらは予定に逆らおうともがいただけなのである。そしてかれらはかれらの禁欲に忙殺されアッラーから離れているのである。かれらが彼に専心するならば、以下の話者の言葉こそ最善。

　我が心は、禁欲の位階から剝離し　それゆえ貴方こそ真実在、我が見るところは貴方のみ
　何ものでもない貴方以外のものに私が禁欲しようか　貴方以外にそれを見て、存在の秘密よ

不信仰の宿駅

不信仰の宿駅について言えば、それは五つ。(1)無知、(2)疑い、(3)頑迷、(4)誤解、(5)欺かれ、である。

無知の宿駅

無知とは、何かに対するそれがあるがままの状態についての知の不在であり、何かについて断言しても、何にもならない。不信仰者が、その間違った信条を確信し、それで安心しているのを貴方が見る通りである。至高者は仰せになられる。「しかし不信仰に胸を開く者、かれらにはアッラーの御怒りがあり、かれらには大いなる懲罰がある。」(16章106節)そして死後に彼の鏡が引き寄せられると、自分が信じていた某か(fulān)[23]を見出す。至高者は仰せになられる。「アッラーの御許から、かれらが思ってもいなかったものが、かれらに顕れる。」(39章47節)

無知は不信仰者が陥る不信仰の階梯の一つである。それはアッラーが天使に「『アーダムに跪拝せよ』。それでかれらは跪いたが、イブリースは別であった。」(2章34節)と仰せられた時のイブリースの不信仰の原因であった。というのは、彼は彼の知識自体において無知であったからである。彼は主は望み給ういかなる顕れにおいても顕

現することができることを知ってはいたが、超越者がアーダムの外形性に隠れてアーダムの内面性において顕し給うた時、その粗雑性が彼（イブリース）に繊細性を覆い隠し、それで彼（イブリース）は彼の繊細性からアーダムの外面的粗雑性への降臨を否認したのである。それゆえ彼は言ったのである。「私は貴方が変質した黒土の乾いた泥土から創り給うた人間には跪きません。」（15章33節）そして言った。「貴方が泥から創り給うた者に私が跪くのですか。」（17章61節）そして真実在の形相に他ならないアーダムの内面性に気付かず、判断は外面性によると考え、それでアッラーがアーダムの内面に置いたものに無知であった。もしそれを知ってさえいれば、天使たちのように直ぐにも跪拝したであったろう。アッラーがかれら（天使）に「我はこの地に代理人を置く。」（17章61節）と仰せの時、地における代理任命に相応しい者について考察し、それには繊細性ではなく粗雑性しか相応しくないことを知り、粗雑性が悪の源であることであることを知り、かれらの本質がかれらの状態である善しかもたらさない繊細性に対する知識に鑑みて、述べ、詰問への返答に努めつつ、善の反対をもって反対の判断を下したのである。「貴方はそこ（地）にそこで悪を働き血を流す者を置かれるのですか。我々が貴方の称賛をもって称え、貴方を聖化しているというのに。」（2章30節）そこでかれらの言葉に対してアッラーは仰せられた。「我は汝らが知らないことを知っている。」（同）つまり、私は、その粗雑性が包含しているところの、お前たち（天使）の状態の讃美と聖化においてお前たちに匹敵する真知が詰め込まれた繊細性について知っている、ということなのである。

それからアッラーはそれを明らかにしようと欲し給い、アーダムに全ての名を教え、天使を試し給い、アーダムの優越性を示し給い、かれらはそれを悟ったのである。アーダムの位階は、かれら（天使）の許（考え）では、その地位は上位者の中でも最上でありながら、諸世界の主への奉仕のために下位に降った謙遜者の地位であり、それゆえ（天使たちは）彼（アーダム）に跪いたのである。

▼23　HA版では「信じていたのと違うもの（khilāf）を見出す」。

ところがイブリースは、彼の許（考え）では、アーダムの位階はアッラーが大地から創り給うた動物の位階であり、それゆえ彼への跪拝を拒み、彼に対して不遜となったのである。そして彼への嫉妬（ḥasad）[24]が、アッラーが彼の中に詰め込んだ秘義と知識の妙を見出すことを遮ったのである。それから、アッラーが彼（イブリース）を追放し呪い給い、自分の不信仰を悟った時、アッラーがアーダムとその子孫に授けた偉大な徳を知ったのである。そこでそれによって不信仰に陥った彼（イブリース）[25]の無知は消え、嫉妬の激しさによる頑迷に移行したのである。それゆえ、今や（イブリースは）嫉妬と頑迷（ʻinād）による不信仰者に成り下がったのである。力も権能も至高至大なるアッラーの他にはない。

疑いの宿駅

「疑い」とは、真理と虚偽の間での、両者が等しい（ように見える）ことによる逡巡であり、不信仰の階梯の一つである。それは時に憶測を指して言われることもある。至高者は仰せられる。「かれらの大半は憶測に従うだけ。まことに憶測は、真理に対してなんの役にも立たない。」（10章36節）

　そしてそれは偽信者たちの不信仰でもある。アッラーはかれらについて仰せである。「あちらの方でもなく、こちらの方でもなく、その間を行ったり来たりしている。」（4章143節）それゆえかれらには獄火の最下層が割り当てられる。なぜならかれらは信仰者と不信仰者を共に裏切ったからで、それゆえアッラーはかれらを両派の下に置き給うのである。アッラーが彼の御言葉で不信仰者について「不信仰者たちは言う。『我らが主よ、ジン（幽精）と人間で私たちを迷わせた者を私たちに見せてください。私たちが両者を私たちの足の下に踏み敷き、両者が最下層の者となるように。』」（41章29節）

　不信仰者は信仰者を裏切ったので、アッラーはかれらの住処を火獄となし給うた。そしてそれは楽園の下にある。なぜならばそれは最下層にあるからである。そして楽園は最上層にあるのである。かれらの信仰者に対する裏切りは、かれら（不信仰者）のかれら（信仰者）に対する友好の不在とかれら（信仰者）に対する敵意と敵対なのである。しかし信仰者たちのかれらに対する敵対は裏切りではない。なぜならばかれら（信仰者）は（イスラームの宣教が）かれら（不信仰者）たちの役に立つようにと闘うのであり、自分たちがかれらから利益を得るために戦うのではないからである。

続き：偽信仰の本質について

それ（偽信仰）はトビネズミが創る巣穴の名「nafaq」の派生語である。（トビネズミは）その中に二つの入り口を創り、一方は見えるもので、他方は塞がっているが、僅かの力で凭れると穴が開くようになっており、猟師（猟犬）がその見える入り口からそこにやって来ると、他方の（塞がった）口に凭れかかり（yaftaḥ）[26]、そこから脱出して逃げ出すのである。偽信者たち（munāfiqīn）[27]はそれに喩えられる。なぜなら信仰者と話をしていても、その心中には不信仰への入り口があり、不信仰者たちと寄り会うと、そこからかれらの許へ逃げ出すからである。

そしてその見える入り口が信仰であり、隠れた入り口が不信仰なのである。それゆえアッラーは偽信者たちを、彼の御言葉「かれらはまるで立て掛けられた板のよう。」（63章4節）と形容し給うたのである。立て掛けられた板は、外見は飾り立てられているが、その中には火が隠れており、一端に火がつけば、全焼するのである。偽信者たちも同様で、乾燥した板の中に火が隠れているように、かれらの中には不信仰の炎が隠れており、死によって

▼24 AF版では「彼の肉体（jasad）が……遮った」であるが、HA版の読みを採った。
▼25 AF版では「困難（'anā'）」だが、HA版の読みを採った。
▼26 HA版は「開通させ（yanfatiḥu）」。
▼27 HA版は単数形 munāfiq。

そのためにかれらの身体のどこかに火がつけば、全身が燃え上がるのである。また至高者の御言葉「かれらはいずれの叫び声もかれらに向けられていると考える。かれらは敵である。」（63章4節）によって（形容し給うた）。なぜなら、かれらは信仰者に対しても、不信仰者に対しても、敵対するので、両派のどちらから叫び声を耳にしても、かれらはあちらでもこちらでもなく両者ともかれらから絶縁しているので、「かれらは敵である」と言うのである。かれらは不信仰者よりも邪悪である。なぜならかれらは信仰を表明しているため不信仰者たちの許でも非難され、不信仰を蔵していること（iqmār）[28]から信仰者の許でも非難され、不信仰者の間にいる時はかれらから警戒され、信仰者たちの間にいる時はかれらからも警戒されるのである。それゆえ至高者は彼の預言者に仰せられた。「かれらを警戒せよ。アッラーはかれらを呪殺し給うた。いかにかれらは逸らされるのか。」（63章4節）つまり、信仰を表明し不信仰を隠したことで嘘つきと見なされるのである。

しかしかれらはその本質においては不信仰者なのである。ただかれらはイスラームを自分たちが不信仰に属するとされないための防御、守護としているのである。それはアッラーが「（偽信者たちは）信仰する者たちに出会うと、我々は信仰しています、と言うが、かれらの悪魔たちだけとなると、我々はおまえたちと共にいる。我らはからかってやっているだけだ、と言う。」（2章14節）なぜなら、かれらが信仰者たちに会った時の「我々は信じています」という言葉は、信仰する者たちに対してある程度の信仰の表明をしてみせる必要があるため、自分たちの実際の不信仰を隠すことにおける自己矛盾の免責であり、それ（信仰者に見せるためだけの最小限の信仰の素振り）を超えるものではない。それゆえかれらが自分たちの不信仰の元である悪魔たちだけになれば、「我々はお前たちと共にいる」、つまり「お前たちの状態と同じである」と言って、自分たちの実態の不信仰を露わにするのである。そして「我々はお前たちと共にいる」、そして信仰する者たちと出会った時の「我々は信じています」との言葉で、かれらは実際の不信仰を、表明しているのである。つまり、「お前たちの（不信仰の）実態においてお前たちと共にあり」ということであり、信仰を嘲弄することは不信仰だからである。

そしてかれらの「我々は信じています」との言葉は、かれらの実態である不信仰の増加であり、かれらの悪魔たちはそれを知っているのである。なぜならばそれはかれらの囁きによるものだからである。しかしかれらはかれらの共在が自分たちから失われることを畏れて、信仰する者たちに向かって「我々は信じている」と言ったことについて、自分たちがその（「信じています」との）言葉で信仰と信仰する者たちを嘲弄しただけだ、と弁解しているのである。

続き：共在性について

いかなる存在者といえども、共在を免れることはないと知れ。そしてその本質は、霊的生育における支えと助けである。そしてそれは二種類ある。悪魔の共在と諸世界の主の共在である。

悪魔の共在についてはアッラーが彼の御言葉「かれらの悪魔たちだけとなると、我々はお前たちと共にいる。」（63章4節）によって、それを示し給うている。

また諸世界の主の共在については信仰者たちについての彼の御言葉「お前たちがどこにいようとも彼はお前たちと共にあらせられる。」（57章4節）によって、それを示し給うている。

この二つの共在の相違とは、悪魔の共在は諸世界の主の共在の逆だということである。それゆえ不信仰者たちが悪魔に対して「我々はお前たちと共に居る」と言うのであり、悪魔がかれらにそう言うのではない。なぜなら、かれら（悪魔）が不信仰者を助けるのは、かれら（不信仰者）が既に陥っている迷妄においてのみだからである。それゆえ至高者は仰せられる。「かれらの兄弟たち（悪魔）はかれらを迷妄において助け、それからかれらは離れられない。」（7章202節）つまり、「かれらがそれに陥っているところの迷妄において」ということである。

▼28　AF版では「表明すること（iẓhār）」。HA版の読みを採る。

一方、信仰者たちは、自分たちの主に「我々は貴方と共にいます」とは言わない。主こそがかれらにそう仰せになるのである。なぜならかれらが、かれらであるところにおいて、自己から滅却したからである。それゆえ彼こそがかれらに対する話者なのである。というのは、もしかれらに対する彼の共在がなかったならば、かれらは存在しなかったからである。それゆえかれらに対する彼の共在は、まさにかれらの存在そのものなのであり、不信仰者たちとは異なっている。なぜならかれら（不信仰者）は、かれらがかれらであるところから滅却していないので、かれら（悪魔）からの助けを求めることにより、かれら（不信仰者）は悪魔と共にいるのである。それゆえ（アッラーは）「かれらの兄弟たち（悪魔）はかれらを迷妄において助け……。」（7章202節）と仰せられたのであり、悪魔がかれらといるのではないのである。なぜなら。なぜなら、かれら（悪魔）がかれら（不信仰者）を助けるのは、かれら（不信仰者）が既に陥っている迷妄においてのみだからである。ところが信仰者たちは、かれらの主が、かれらであるところにおいてではなく、彼であるところにおいて、かれら自身のうちにあるものを、[29]かれらに恵み給うのである。それゆえ、この真理（ḥaqīqah）[30]を理解しなさい。そうすればこの問題が把握できるであろう。

頑迷の宿駅

頑迷とは、自我が欲望することに固執し、意図的に間違いを犯すことであり、それはアッラーが不信仰者のムハンマドに対する態度について述べ給うた通りである。（アッラーは）仰せられる。「かれらは自分たちの子供たちを知るように、彼（ムハンマド）を知る。しかしかれらの一派は知っていながら真理を隠す。」（2章146節）それゆえ、かれら（不信仰者）の彼（ムハンマド）についての知識、真理を知っていることは、あからさまにわざと間違いを犯し、それに固執し、真理を隠すために、信仰ではないのである。それがここでのイブリースとその手下たちに下ったところの不信仰である頑迷なのである。

誤解の宿駅

一方、誤解とは、知覚器官の弱さからの認識不足に起因して、物事をその実態と異なって認知することである。それゆえ至高者は仰せられる。「かれらの心の中には病がある。」（2章10節）つまり、かれらの物事の認識において（病があるので）である。「それでアッラーはかれらの病を重くされる。」（2章10節）つまり、かれらのアッラーについての知について（病を重くされる）のである。というのは薬缶が火が緩むとその沸騰が弱まるように、心は、その霊性が弱まると、その認識も減少するのである。

アッラーは仰せられる。「彼の御徴の一つに、お前たちの夜におけるのと昼の眠りがある。」（30章23節）そして「バーゥ（における）」を「昼」にはつけていない。それはその時間性が眠り（nawm）[31]を完全に包括しているからである。またハディースに曰く。「人間は、眠っている。そして死んだときに目覚める。」眠りの本質は、蒸気が脳に昇ることで、筋肉と神経が弛緩し、それによって知覚器官の中での霊の活動が止まり、それゆえ霊的諸力の全てが心に集中し、それゆえそれに「護持された書板」に記された全ての知識が、それ（心）に開示されるのである。それゆえ貴方がその一部を目にすると、それ（霊的諸力）と、それと「護持された書板」の間をその後ろのものを透かす高い（rafīʻah）[32]障壁によって妨げている性質の諸要素との連関に応じて、それを把握するのである。それゆえ貴方は知識を牛乳の姿で、年月を牛の姿で見たりするのである。それには姿が無いものが姿をとって顕れる、またある姿の物が別の姿をとって、あるいはそれが本来あるところのその姿をとって顕れるのである。

▼29　HA版には「かれら自身のうちにあるものを（bi-mā fī nufūsi-him）」は欠落。

▼30　HA版では「この様態（haythīyah）を知れ」。

▼31　AF版ではnawmでなくnūnだが、HA版の読みを採る。

▼32　HA版では「繊細なraqīqah」。

また覚醒時においても、知覚器官が弱まっている場合には同様である。姿がない物を現世の様々な物の姿で知覚したり、姿のない物が姿をとって見えたりするのである。それでその者には物事が様々であり、実体も多数で、形も種々になる（tatanawwaʿu）[33]。それでその者は、覚醒時においても、死んで眠りから正気に返るまで、まどろんだままなのである。至高者は仰せである。「数の競い合いがお前たちの気を逸らせる。」（102章1―2節）

それゆえ夢解釈が定められている。それは例えば夢で見た刀の姿の外見からその姿の内秘の新生児を、同様に汚物から禁じられた財物を読み解くことである。

人が覚醒時に今生の世界（ʿālam al-ḥayāh al-dunyā）[34]における何かを見た場合も同様で、その物の姿はそれ自体においてその本質であるわけではない。それでその者は、もしその神的本質、秘義を知りたいならば、それを超えてその真の姿を解釈しなくてはならない。なぜならばこうした姿は全て、偉大な唯一のものを理解するために、我々に挙げられた比喩だからである。至高者は仰せられる。「これらの例は、我らが人々にそれを挙げたもの。」（59章21節）しかし知者たち以外はそれを理解しない。それを知者たちが理解するとは、つまりその外見的姿を超えて目的であるその内的意味を解釈しても、かれらの目には、それはその諸規定の遵守の点においては、元のままである、ということである。アッラーは彼の預言者に仰せである。「我らはお前に潤沢を授けた。」（108章1節）そして預言者は言われた。「我が両目は眠っても我が心は眠らない。」（ムスリム）

妄想の宿駅

妄想とは、実体がないことを信じ込むことである。至高者は仰せられる。「この現世はただ妄想の愉悦に過ぎない。」（3章185節）それで心が寄り掛かり、自我が満足し、現世と来世の望みが肥大するのである。至高者は仰せられる。「かれらの舌は自分たちには最善のものがあると嘘をつく。」（16章62節）それから、死の召喚人がやって来ると、かれらに対してその全てが逆転する。至高者は仰せられる。「かれらにアッラーの御許からかれらが考えてもいなかったことが顕れる。」（39章47節）至高者は仰せられる。「アッラーはかれらの建物の土台を襲撃し給い、屋根がかれらの上に崩れ落ちる。」（16章26節）

この妄想は不信仰者が陥る階梯の一つであり、（イスラームに）帰依するか、死ぬまで、それに留まるのである。

不信仰者の状態

不信仰者の状態には、現世の状態と来世の状態の二種類がある。

現世の状態

現世の状態は、幼児状態、小児状態、成人状態、睡眠状態、失神状態、発狂状態の六つの諸状態である。幼児状態は、イスラームの天性（本能）の上にあり、イスラームも背教も有効に成立する小児とは違う。両者はイスラームの天性の上に死ねば、楽園の民の召使いとなる。一説では、両者は獄火に入るが、懲罰は受けず、それによってその両親が懲罰を受ける。

成人状態は概念規定的内的汚れが確定し、イスラームによるその場の清浄性の不在により、不信仰者のいかなる崇拝行為の意図も有効とはならない。至高者は仰せられた。「不信仰者たちは不浄に他ならない。」（9章28節）一部の（イスラーム）学者たちは、上記のクルアーンの節に則って、犬が不浄であるのと同じく不信仰者は外的にも不浄であり、もしその手が濡れていて何かに触れればそれを汚す、とまで考える。[35]

睡眠状態、失神状態、発狂状態については、何の責任も課されない（ghair mukallaf）。しかしその前に確定し

▼33　AF版では「消え去る（tantafī）」。HA版の読みを採る。

▼34　HA版では単に「今生」。

た不信仰の判断は継続し、現世と来世でそのために罰せられる。

来世の状態

来世の状態もまた六つである。死の状態、墓の状態、復活の状態、追い集めの状態、獄火の状態、永住の状態である。

死の状態は、見捨ての顕現、取り上げへの陥落である。至高者は仰せられる。「アッラーについて虚偽を捏造するか、なにも啓示されていないのに、『私に啓示があった。』と言う者以上に不正な者があろうか。また、『アッラーが下し給うたものと同じものを私は下してみせる。』と言う者。もしお前が、不正な者たちが死の苦しみの中にあり、天使たちが『お前たちの魂を出せ。』と両手を広げるのを見るならば『今日、お前たちは、お前たちがアッラーについて真実でないことを言い、彼の徴に対して高慢であったがゆえに屈辱の懲罰の報いを受ける。』また、お前たちは、最初に我らが創ったように単独で我らの許にやって来たのであり、我らがお前たちに与えたものを背後に残してきた。また、我らは、お前たちがお前たちにおいて同位者であると言い張っていたお前たちの仲裁者たちがお前たちと共にいないのを見る。お前たちの間は断たれ、お前たちが言い張っていたものはお前たちから消え去った。」（6章94節）

というのは、不信仰者には死によってその霊性の顔から（アッラーの）他のもの（aghyār）▼36の埃が払いのけられ、アッラーが明白な真実在であることを知るが、この現世で見えないものを信じなかったために、それは（そのときにはもう）その者には役に立たないからである。それゆえアッラーは信仰者を彼の御言葉「見えないものを信ずる者たち。」（2章3節）で称賛し給うているのである。それは見えないものに対する信仰は自由な選択によるものであり、義務負荷の対象となりうるが、見えるものへの信仰は違って不可避的なので、義務負荷の対象とならないからである。それゆえ他の諸世界の二つの重い者（人間とジン）以外には義務は課されないのである。なぜならばかれらは見えるものの中にあるが、二つの重い者（人間とジン）は見えないものの中にあるからである。それゆえアッラーはかれらにかれらの見えないものを見えるものへの変更を約束し、仰せられている。「いずれ我らはお前たちに専念しよう。」（55章31節）つまり、その意味は、至高者は、かれらであるところでの彼の不可視態である現世の装飾への専念から、彼であるところでの彼の可視態である来世の諸真理へと注ぎ替え給うのである。彼はかれらの外見における彼の顕現に気を取られているが、彼こそかれらからかれらの来世的な外見における彼の顕現によって彼から気を逸らせていることをも終わらせ給う御方である。それゆえ来世における美麗と峻厳の顕現は、彼であるところからを除いて存在しないのである。

墓の状態は、不信仰者はそこでは火獄の懲罰以下で断末魔の懲罰以上の特別な懲罰のうちにある。その説明は以下の通りである。現世は諸世界の中で最も窮屈な世界であり、母胎のような諸元素の世界である。それゆえそこでのそこから抜け出す際の不信仰者の懲罰はその狭さに応じたものとなる。それからバルザフ（煉獄）界に抜け出すと、バルザフ界は現世よりは広く、その四元素のうちの二つ、つまり火と空気は消え、二つ、つまり水と土が残る。それゆえ彼の許に二人の天使、ナキールとムンカルがやって来て、その（バルザフ）世界でその世界の広さに応じて彼を罰し、彼には彼の墓で焼き、復活までそのままなのである。

復活については、復活の日となり、不信仰者がその墓から立ち上がると、頭から土が払い落とされ、残りの二元素も彼から消え去る。そしてムンカルとナキールの裁定も消滅し、主の御裁きが訪れる。それゆえ至高者は仰せられる。「角笛が吹かれると、その時、かれらは墓からかれらの主の御許に急ぎ行く。」（36章51節）

こうして狭隘の世界からより広い世界に出るのである。望むなら、母胎から白く平らな大地に出る、と言って

▼35 AF版「責任を課される（mukallaf）」は誤り。HA版の読みを採る。

▼36 AF版ではaghbār（埃の複数形）。HA版の読みを採った。

もよい。それで自分のいる世界の程に応じてその懲罰も増すのである。諸元素の世界から出て、本性の世界が彼を受入れる。そこで本性的天使たちが彼の居るところからより厳しい痛みと罰で彼を追い立てるのである。

追い集めの罰は、本性界の最果てで、足幅が四十フィートの高さになり、その歩行は弱まり、その方策は尽き、その世界は彼に最も広がり、自分の稼いだもの、自分の行いを見、その顔は黒くなり、アッラーに対しての恥ずかしさから汗が滴り、全身が汗の中に沈み、その懲罰はその世界の程に応じて増すのである。

それから橋（スィラート）が追い集めの地から楽園の郊外にかけられる。それに登ることを望むが、彼にはそれができず、彼が居た本性と諸要素の世界に戻される。そこで獄火と極寒に凍傷に焼かれる。彼の懲罰は獄火の天使である十九体が担当する。至高者は仰せられる。「その上には十九がある。」（74章30節）

それから獄火に入ると、彼の懲罰は、それ以前よりも増える。それが彼の獄火の懲罰における状態である。

永住の状態については、獄火に定住し、そこから出ることに絶望し、楽園の民が楽園に入り、獄火の民が獄火に入り、復活の日が終わると、それからかれらには永住の日が始まる。楽園の民について、至高者は仰せられる。

「平安と共にそこに入れ。それが永住の日である。」（50章34節）

獄火の民についてのその初日は、ハディースにあるように諸世界の主がその御足を獄火に踏み入れ給う。そして二つの家（楽園と火獄）には光と火しか存続しない。火は火獄に、光は楽園にあり、光は火の上にある。光は繊細であり、火は粗雑であり、光こそ火の源（aṣl）▼37であり、火とは光が粗大化したものなのである。光は必然存在からの最初の派生物であり、火は外面においては光から、内面においては必然存在からの派生物なのである。

火は、重複した二つの光であり、粗大者は、連続した二つの繊細者なのである。

楽園の民は、楽園からの被造物であり、獄火の民は、獄火からの被造物である。両党派の無始か無窮に至る行程が終わるとき、主が顕現し給う。顕現による見神に際し、至福の民は自分たちの至福を忘れ、懲罰の民は自分たちの懲罰を忘れる。但し前者は、大いなる愉悦の後に生じた忘却であり、後者は激しい苦痛の末の忘却なのである。アッラーは仰せられる。「まことに汝の主に至って終着はある。そしてまことに彼こそ笑い、泣かせ給う。そしてまことに彼こそ死なせ給う。」（53章43節）
　信仰者と不信仰者はアッラーは、彼であるところから、かれらに存在付与を開始されなかったのを知らないか。かれらの存在付与は、かれらであるところからに他ならない。かれらの存在付与の前には、かれらであるところにおいては、苦痛はなく、快楽もない。苦痛と快楽は、彼であるところからなのである。それゆえかれらはかれらの本源に還るのである。それでかれらには（クルアーンとスンナの）明文が語る通り、苦痛と快楽の中での永住が帰されるのである。アッラーのみが、その隠されたことを最もよく知り給う。

▼37　ＡＦ版では「民（ahl）」で「光は獄火の民」となり文意が通らない。ＨＡ版の読みを採る。

第5章　イスラームの解明

いかなる宗教もイスラームを軽んじれば　成り立たない。なぜならそれは幻想だから
まことに存在の中にある者は自発的か強制されてか　かれら全ての宗教はイスラームに他ならぬ
永生者は顕れ　世界は死んでいる　光は顕れ　全ては闇
我々の上の顕現の妙技は　様々なれど目はそれらからまどろんでいる
禁猟区の生き物が歩み出し捕虜になり　旧約の徒は放浪する
ゆっくりと愛する者の徴よ　汝からの　心中に子供っぽさと義務感
それから私は酔って出かけたが　その民は民ではない　私の眼には　その天幕は天幕ではない
私は安んじた　私の想念を差し上げた時　その上に平安なる御方からの平和
我々の心中にあるものは偶像　我々の眼中にあるものは木偶
万物の背後に純粋存在　かれらは彼の美しい御顔の上の埃
彼は我らにより目証される者にして我々の目証者　我々の覚醒と眠りにおける我らの諸事の
物事の完成態は　汝が服であること　汝を誇るような　塩漬け魚にも主人あり
彼には汝から　彼がいかに望もうとも状態（hāl）が　彼には汝から　汝がいかに望もうと階梯が
愛する者の心は　感情的に彷徨うとも　諸概念を　まことに彼は責められはしない

既に万象を持ち来たり　頼り　彼への服従　帰順

聖法におけるイスラーム

イスラームとは、何かに対する降伏、を意味することを知れ。それゆえ前置詞「〜に対して（li）」を伴って他動詞となり、「それに対してイスラームすること」と言われる。至高者はビルキース（シバの女王）について、「スライマーンと共に私は、諸世界の主アッラーにイスラームします」と仰せられた。つまり、「私は降伏します」、「私は屈服します」ということである。

聖法においては、イスラームとは、ムハンマドが彼の主の御許からもたらした明証（bayān）[1]と導きに対する服従、委任、屈服である。至高者は仰せられる。「いや、汝の主にかけて、かれらはかれらの間に生じた諍いについて汝に調停を委ね、汝が裁定したことにかれらの心中にわだかまりを持たず、委ねイスラームするまで、信仰を有したことにはならない。」（4章65節）

ムハンマドがもたらしたこと（啓示）の何であれ、それを真と認め、服従、帰順することを自分の理性が拒む、あるいはそれに対して疑念が浮かび、躊躇い、それを内的、あるいは外的にアッラーの使徒に委ねない者は、ムスリムではない。その意図は、アッラーの使徒がそれをもたらしたことが不特定多数の伝承に知られることについてであり、彼から伝えられたことが個々人や、有名であることによって論証されていることについてではない。そしてそれが、宗教について不可避的に知られること、クルアーンとスンナに述べられた曖昧なことの意味を、不十分な理解や解釈によってそれに深入りすることなく、アッラーと彼の使徒に委ねることこそが、イスラームなのである。至高者は仰せられる。「もし汝らが何かについて相争うなら、それをアッラーとその使徒に戻せ。」

▼1　HA版では「明証 bayināt」。

（4章59節）

それについては既に論じた通りである。

真実は、宗教は全て、その明晰なことも曖昧なことも、実際的（'amalīyah）[2]表現に至るまで、その信仰における「委ね taslīm」を必要とする。なぜならそれもまた秘義や隠された暗喩に基づいているからである。立法者はその（表現に対応する）（五感で）知覚できる行為を、それらの秘義と我々には隠された暗喩に対置し給うた。それゆえ信仰の完成は、立法者に彼が彼の聖法で意図し給うたことの全てを委ねることである。至高者は仰せられる。「まことにアッラーの御許の宗教はイスラームである。」（3章19節）それから立法者からもたらされたもの（啓示）を実践することで、たとえなんらかの秘義となんらかの暗喩が顕れたとしても、我々は立法者の意図をそれ（それらの秘義と暗喩）だけに縮減せず、またそれを、他のことが立法者に帰されることを不可能とするような形で立法者に帰させることもしない。なぜならば個人に対する神の開示は、立法者の複数の意図のうちの一部においてでしかないことは当然であり、それゆえ様々、多々であり、確実に網羅限定することはできないからである。それゆえどの人にも、各自の気質、本性に応じた状態によるところの特別な開示があるのである。そして真理の知は行為と服従の結果なのである。至高者は仰せられる。「自分の主の場を畏れる者には二つの楽園がある。」（55章46節）つまり、（二つの楽園のうちの一つは）その者に先取りで授けられる現世の楽園、即ち、真智と学知の楽園である。それは霊性の楽園であり、そこでそれ（霊性）は至福を感じ、それによって涵養されるのである。それゆえ真相の人の霊性が、たとえかれらの肉体が苦行により弱っていても、そうでない人々よりも強いのを見よう。なぜならばかれらの霊性はその楽園に入っており、それゆえそれはその生成において完全であるからである。

他方、もう一つの楽園は来世にある。そしてそれは（五感で）知覚できる楽園、肉体性の楽園であり、そこで肉体が享楽し、肉体がそれによって涵養される。それはムスリム大衆、（開示の）覆いの徒の楽園なのである。

「自分の主の場を畏れる者」のためのこの二つの楽園は天秤の二つの皿のように均衡している。一方にあるものは全て他方のうちにもあるのだが、一方は霊的で、他方は肉体的（物質的）なのである。それゆえ至高者はその形容で「様々な枝を有するもの。」（55章48節）と仰せになり、また「その両者には、湧き出る二つの泉がある。」（55章50節）、また「その両者には、あらゆる果物に番がある。」（55章52節）と仰せなのである。そしてそのことをイブン・ファーリドが、彼の以下の言葉で示唆しているのである。

我が許の楽園、彼がそれを育て、不毛とされた
それとも私は妨げられ、私の楽園から、それを先取りしたのか

真相の徒は来世の楽園と、その中のこの現世の中でかれらに先に与えられたこの楽園の全てを知っている。そして既に預言者は「私は、この塀の広さの中に楽園の姿を写された。」との言葉によって、肉体（物質）的示唆で、それを示唆されたのである。

真理におけるイスラームの意味

聖法におけるイスラームの意味を述べたので、外面と内面が対照し合い両者の統合の判断が明らかになるように、真理におけるその（イスラームの）意味をも述べる必要がある。なぜならば我々の本書は、我々の格別の流儀に則っての人間的準備における完成の属性を獲得するために書かれているからである。至高者は仰せられる。「確かに全ての人は自分の流儀を知った。アッラーの御恵みから食べて飲み、地上で退廃者として無法を働いて

▼2　AF版では「固い ṣulbah」。HA版の読みを採る。

はならない。」（2章60節）

知れ。至高なるアッラーの徒に対して定められた真理におけるイスラームとは、「有れ」との聖法の発話を翻訳した神的命令の下に心境と言葉によって入ることである。そしてそれが「我は、それによって聞く彼の耳、それによって見る彼の目、それによって力を振るう彼の手、それによって歩く彼の足となる。」（神聖ハディース）との随意の善行によって神に近づく者についての預言者の言葉の意味なのである。聞くときには真実在によって聞き、見るときにも真実在によって見、力を振るうときにも、真実在によって力を振るい、歩くときにも真実在によって歩くのである。そして彼こそはムスリムたちがその舌と腕から安全であるムスリムなのである。なぜならば彼は自分の舌によってではなく、真実在によって話し、自分の腕によってではなく、真実在によって力を振るうのであり、両者（舌と腕）には行跡はなく、行跡は真実在のものだからである。

そしてこの階梯に達した者には皆、イスラームの真義が完成したのである。彼にとっては、万象がこの真理なのであり、その不信仰の直中にある不信仰者たちでさえなのである。至高者は仰せられる。「諸天と地にある者は信服して、そして不承不承、彼に服従（イスラーム）する。」（3章83節）なぜなら可感的概念的存在者は全て、不信仰とイスラームの不在の反抗においてすら、アッラーのその御言葉「有れ」による御命令に服し従い、その御意思、御心に屈し身を委ねることによって、純粋無から存在へと出現したのである。それゆえ万物は全て神的命令の形象なのである。それならば、それらが彼の命令の形象でありながら、至高者に帰依するモノ（ムスリム）でないことがありえようか。

それゆえ不信仰者はただかれらに不信仰が生起するという点において不信仰者であるだけなのである。その点以外については、かれらもかれらの不信仰も至高なるアッラーに帰依する者（ムスリム）たちなのである。なぜなら（アッラーの）命令の世界では、何ものも別の何かに由来するということはないからである。そうした由来は創造の世界だけのことなのである。命令の世界では全ての世界が至高なるアッラーへのイスラームによって形容されるのであるが、創造の世界ではそれらの一部だけが他と異なってそう形容されるのである。

続き

至高者は仰せられる。「我らはその中のムスリムであった者を引き出した。そして我らはその中にムスリムの一軒の家しか見出さなかった。」（51章35―36節）知れ。諸世界は全て万古の（神）知の臨在の中で叡智に満ちた製造者を認め彼に帰依し（ムスリムであり）彼に屈していたが、その後に（アッラーが）それらをその個体の姿に引き出し給い、不信仰者を不信仰、信仰者を信仰といった風に形容し給うたのである。

ムスリムたちの家とは、ムハンマドと、預言者たちの精妙体との接合を介して彼（ムハンマド）の精妙体と繋がる全ての宗教共同体（ウンマ）の中にいる他のムスリムたちの霊性の精妙体[3]の全ての家なのである。そしてそれは内面的贈与による全てへの贈与者なのであり、残りの他の諸世界とは異なっている。なぜならそれらには彼（ムハンマド）は自分の外面から贈与するからである。それは「アッラーが授け給うのであり、私はただの分配者に過ぎない」とブハーリーが収録しているハディースに言われている通りである。

全てのムスリムが彼（ムハンマド）から贈与を受けているため、それゆえ「誰が貴方の一統ですか、アッラーの使徒よ」と尋ねられて、「我が一統とは復活の日に至るまでの全ての敬虔なムスリムである」と答えられたのである。というのは、人の一統とは、彼に帰一する者全てだからである。つまり、従属か血統によってであるが、預言者はそれを血統ではなく従属であると説明されたのである。そしてこの場においては、それがそれ以外の釈義よりも適切なのである。至高なるアッラーは仰せられる。「アッラーはただお前たちから、家の家族よ、汚れを取り除き、お前たちを清浄に清めようと望み給うたのである。」（33章33節）そしてそれ（家の家族の家）はムスリ

▼3　HA版では「精妙体」がなく、「ムスリムたちの霊性の全ての家」。

ムの家なのである。アッラーはかれらから（アッラー以外の）他者（aghyār）[4]の汚れを取り去り、それから、かれらの自我と慣習と天性の要請からかれらを清め給うたのである。

知れ。イスラームには、状態があり、階梯があり、諸条件、構成要件、諸種類があることを。

イスラームの状態

イスラームの状態には、聖法における状態と真理における状態の二種類がある。

聖法におけるイスラームの状態

聖法におけるイスラームとは、現世において正当に財産と生命を奪われること及び、来世で獄火に永住することから庇護されることである。預言者は言われた。『アッラーの他に神はない』と証言するまで人々と闘うことを私は命じられた。しかしもしかれらがそれを唱えたら、かれらの生命、財産は正当な権利がない限り私には不可侵となり、かれらの清算はアッラーに委ねられる。」

このハディースは、「私にとって不可侵となる」との彼（ムハンマド）の言葉により現世での（イスラームの状態を）、そして「かれらの精算はアッラーに委ねられる」との言葉により来世におけるイスラームの状態を共に指している。そして現世での規定は心にも無いことを口にする偽信者たちをも含んでいる。[5]来世の規定も同様であり、それは「かれらの清算はアッラーに委ねられる」との彼の言葉である。

このハディースは、信仰者のイスラームであるところの真（本義的）のイスラームと、偽信者のイスラームである比喩的イスラームの二つのイスラームを共に含む包括的な言葉である。それゆえ信仰者が庇護されるのは両世界（現世、来世）であるのに対して、偽信者が保護されるのは現世だけなのである。

続き

以下の話が伝わっている。[6]

アリー・リダー・イブン・ムーサー・カーズィム・イブン・ジャアファル・サーディク・イブン・ムハンマド・バーキル・イブン・アリー・ザイヌルアービディーン[7]・イブン・ハサン（八一八年没）[8]がニーサーブールに到着したとき、灰色の駱駝の上の御簾を下ろした輿に乗っていたが、それで市場に赴いた。そこでアブー・ズルア（八七八年没）とイブン・ムスリム・トゥースィー（八六七年没）の二人のハディース記憶者の学匠が彼のところにやって来た。その二人の周りには数え切れない学問とハディースの学徒がいました。二人は言いました。長上たるイマームたちの息子の偉大な長上よ。最も清浄な貴方の父祖たち、最も高貴な貴方の祖先たちの権利にかけて、貴方のご尊顔を私たちにお見せ下さったので、貴方の高祖父から父祖たちへと伝えられたハディースを一つ我々にお語りいただけないでしょうか。それで私たちは貴方を思い出すでしょう。

そこで（アリー・リダーは）召使いに（駱駝を）停めさせ、御簾を上げるように命じたが、彼の髪の房は肩に垂れかかっており、人々は彼に拝謁して喜び、立って段を為して（重なり合って）見物していたが、泣く者あり、叫ぶ者あり、地面を転がり回る者もあり、彼の駱駝の蹴爪にすがりつく者もあり、騒ぎが大きくなったので、名士の

▼4 AF版では aghbār（埃）。HA版の読みを採る。

▼5 「そして現世での規定は心にも無いことを口にする偽信者たちをも含んでいる」の文はAF版では抜けている。HA版から訳出。

▼6 この逸話はHA版にはない。

▼7 AF版テキストではアリー・イブン・ザイヌルアービディーンとあるが、アリー・ザイヌルアービディーンの間違い。

▼8 AF版テキストではハサンとあるがフサインの間違い。

学匠たちが「静聴しなさい。貴方がたに有益な話を聞きなさい。叫ぶ声で私たちの邪魔をしてはなりません。」と声をあげ、アブー・ズルア・トゥースィーが書記を務めました。

そこでリダーは言いました。

我が父ムーサー・カーズィム（七九九年没）が、その父アブー・ジャアファル・サーディク（七六五年没）、その父ムハンマド・バーキル（七四三年没）、その父アリー・ザイヌルアービディーン（前頁 注▼7参照）、その父カラバラーゥの殉教者（フサイン：六八〇年没）、その父アリー・ムルタダーから伝えて言うところ、我が愛する目の悦びであるアッラーの使徒は言われました。

天使ジブリールは「栄光の主アッラーは私に『アッラーの他に神はない（との言葉）は我が砦、それを唱えた者は我が砦に入る。そして我が砦に入った者は我が懲罰から免れる。』と言われました。」と私に言われました。

それから輿に御簾を下ろされ、出立されました。（このハディースを）書き取ったマハービルとダウィーの住民の数は二万人を超えました。

このハディースも前出のハディースと同様である。この言葉を唱える者は、舌と心で唱える者であるか、舌だけで唱える者であるか、であり、砦も、既述の通り、真の（本義的）イスラームの砦であるか、比喩的（イスラームの砦）であるかなのである。また懲罰は現世での懲罰、つまり財産と生命の喪失であるか、来世の懲罰、つまり獄火での永住である。そして包括的な言葉であるハディースは数に限りがある、と主張する者は、誤っている。本当は、アッラーの使徒のハディースは全て、「私は包括的言葉を与えられた」と言われた通り、包括的言葉であり、限界があるのは（maqṣūr）▼9 我々の理解の方なのである。

真理におけるイスラームの状態

真理におけるイスラームの状態は、至高なるアッラーへの近侍と彼との対話である。至高なるアッラーはイスラームの徒に話しかけ給うが、かれら全ては、預言者たちと、聖者（ワリー）たちと大衆の三段階に分かれる。至高者は仰せられる。「アッラーは啓示によるか、覆いの後ろからか、あるいは使徒を遣わし彼の御許しの許に御望みのことを啓示される以外には、人に話しかけ給うことはない。」（42章51節）啓示とは預言者たちとの対話であり、覆いの後ろからとは、つまり聖者（アッラー）がかれら全員たちとの対話であり、使徒の遣使とは信仰者たちの大衆との対話なのである。

啓示を介した預言者たちのアッラーからの恩賜とは「最上の筆」からの霊的訓示であり、預言者たちの霊性からの聖者たちの恩賜とは「護持された書板」からの霊感的訓示であり、預言者たちの恩賜とは総合の分析であり、聖者たちの恩賜とは分析の分析であり、大衆の恩賜は預言者たちの肉体性からなのである。このように、その全ては至高なるアッラーからの近さに応じているのであり、預言者たちの近さは、聖者たちの近さと同じではなく、聖者たちの近さは大衆の近さとは違うのである。

（近さの種類についての）続き

近さには三種類。「ハサン・バスリーは我々より預言者に近い」、つまり彼の時代は我々の時代より預言者の時代と近いといった我々の発言のような時間的近さ。それから「私の家は貴方の家よりモスクに近い」の発言のような空間的近さ。第三の近さは時間的近さでも空間的近さでもない。それはアッラーの彼の被造物との近さなのである。それは空間と時間の近さが、両者共に生起物（被造物）であるが両者の間に共通性がないために、時間的近さでも空間的近さでもないのと同じである。であるならば、主と僕の間ではどうであろうか。

「今日は我々の国から近い」とは言われない。それは時間の近さか、空間の近さか、なのである。それは、どの

▼9　ＡＦ版では「maqṣūd（目的となるのは）」だが、ＨＡ版の読みを採る。

場所に対しても、ある場所に対してその他の場所に対する関係との間に相違がないため、全ての空間に対して同一の近さにあるのであり、空間は全て時間に対して同一の関係にあるのである。完全な超越化の下での至高なるアッラーの彼の被造物に対する関係も同様なのである。

至高者の不信仰の徒に対する近さは彼の信仰の徒に対する近さと同じである。但し不信仰の徒はかれらの不信仰ゆえに彼から離反しているのであり、信仰の徒はかれらの信仰と行為により彼に近づいているのである。服従によってアッラーに近づく者は至高なるアッラーの彼からの近さを獲得するのである。服従によってアッラーに近づかなかった者も、アッラーは彼から近くにいらっしゃる。しかし、彼はそれを理解していないのである。信仰者はアッラーに近く、またアッラーは信仰者に近くにいらっしゃる。不信仰者はアッラーから遠いが、アッラーは彼の近くにいらっしゃるのである。▼10 もし至高なるアッラーの被造物への近さがなかったならば被造物は存在しなかったであろう。この研究は長大であり、我々は真理精査の学の諸著作の中でそれについて詳論するであろう。アッラーこそ成功を授け給う御方。

イスラームの階梯

聖法に則ってのイスラームの階梯

聖法に則ってのイスラームの階梯は最大の障壁（バルザフ）における必然と不可能の中間、つまり可能性の本質の位置である。

領域は三つあることを知れ。必然の領域と、不可能の領域、両者は一つの点の互いに対立する両極端、存在と無である。それでその両者はどちらも他方に優越しないために釣り合っている天秤の二つの秤のようであり、想像も様態限定も受け付けず、その一方にいかなる形容、感覚的、概念的属性の判断もなされず、両者について考えることは無駄であり、何ものも生み出さないのである。

しかしその中間に、その両者に接触もしないが乖離もしていない第三の領域がある。それは、それと（必然と不可能の）二つの領域の双方との間に共通性が存在しないからである。それは時間が空間と、両者の間の共通性の不在ゆえに、接触しておらず、非接触でもないのと同様であり、これもまた同様なのである。この第三領域が可能性の領域であり、それには外面と内面があり、外面は存在の領域の行跡であり、その内面はその無の行跡なのである。そしてそれは両者の間で、存在の形象における無なのである。それゆえもし「それは存在の無への照明」であると言うなら正しいし、「それは無が存在の光の中に顕れることである」と言っても正しい。

そしてこの第三領域に、異なる種類の全ての存在物は有る。その中で存在するモノは存在の領域に面し、不在であるモノは無に面するが、この（可能性の）領域の者はそれを包囲する（存在と無の）二つの領域の何ものをも把握できないが、決してそれを出ることもないのである。それゆえこの領域を認識し、理性的考察によりそこに立脚する者は、イスラームの階梯に立脚する者である。しかし必然領域、あるいは不可能領域に逸脱するなら、火獄に落ちる。そしてその者にはそれは錯覚によってしか可能でないのである。それゆえもしこの錯覚者が（真実を）認識していたなら、その者にはその領域からの逸脱はありえなかったのである。しかし錯覚はあらゆる消去者がそれを抹消するのである。

▼10　「服従によってアッラーに近づかなかった者も……アッラーは彼の近くにいらっしゃるのである」の文は、ＨＡ版では抜けている。

イスラームの条件

聖法に則ってのイスラームの条件

聖法に則ってのイスラームの条件は義務条件と成立条件である。

義務条件は三つ。理性、成人、成人後、それ（イスラームの理解）を課した者の言葉を理解できるだけの期間を生きること。それについては至高のアッラーが望み給えば、この章の後で後述。また異論のある第四の条件があるが、それは宣教がその者に届いていることである。それゆえもし例えば山奥で成人し理性があり成人したがムハンマドの宣教がその者に届いていない場合、帰依しないことが赦されるかどうか。「我らは使徒を遣わすまでは懲罰しない。」（17章15節）との彼の御言葉により赦されると言う者があり、地平と自分の中の数々の証拠を考えることで製造者の認識に導かれるのは理性だけ（啓示なし）で十分であるから赦されないと言う者もある。

これは全て何も信条としていなかった場合で、理性があって成人後に死んだ者の場合である。不信仰を信条とした者については、イスラームの天性の変容により不信仰者であることで合意がある。至高者は仰せられる。「人間をその上に創り給うたアッラーの天性。アッラーの創造に変更はない。」（30章30節）

他方、成立の条件は、先ず理性である。分別の生じた子供が理解するなら、彼にはイスラームが有効に成立し、背教すれば処刑はされないが（悔悟が）強制される。

第二は本当の服従であり、内面的にではなく外面的にだけ服従しても彼のイスラームは（有効に）成立せず、偽信者となる。

第三は、不信仰の想いが浮かばないようにその者の心が、不信仰の言葉から話者の舌が護られていること。例えばアッラーが空に居る、ある場所に居る、ある方角に居る、あるいは彼に姿、あるいは様態がある、といったような不信仰の想い、あるいは使徒たちの中の誰、諸啓典のどれか、あるいは確実な彼の規定のどれかへの疑いが生じた場合、それを想いついた者が振り払わなければ、その場で不信仰に陥ったことになる。アッラーにこそ庇護を求め奉る。

真理に則ってのイスラームの条件

真理に則ってのイスラームの条件とは自己の認識、行跡の認識、行跡主の認識である。そしてこれら三つの認識があれば、イスラームの存在が実現する。もし（三つ共が）欠けるか、両者の一つが欠ければ、そのイスラームは至高なるアッラー、彼の預言者たち、そしてかれらがもたらしたもの（聖法）への好意に過ぎず、真のイスラームではない。これらの三つの認識の説明[11]について簡単に触れるのは悪くない。我らは言おう。

自己の認識については、疑いなく、理性を有する人間には、様々な属性によって形容される本体があり、それから選択的諸行為が生ずる。これらの諸行為は為された物事を含んでおり、人は自分自身を知った時、彼の知の中には、自分の本体の形象、自分の属性の形象、自分の行為の形象、自分によって為されたことの形象が生じ、それで彼はただ自分自身だけを知る者となるのであり、その自分自身についての彼の知には、無の鏡の中に映し出されたもの全てについての知が必然的に随伴する。なぜならばそれは彼の知の中の自分の本体の形象、自分の属性の形象、自分の行為の形象、自分によって為されたことの形象と別のものではないからである。

周知のように映し出されたものの形象は映し出すものの形象の逆である。というのは、一方の右は他方の左だからである。それゆえその知が自分自身の自分への創造に向かう度にその志向それ自体が、自分自身が無の鏡の中に映し出された形象（taṣawwur）[12]に顕れ、それはそれに似るのである。これは自己認識について言われること

▼11　HA版には「説明 bayān」の語はない。

に最も近い。そしてこれは真理精査の徒の許での「真髄の真髄」である。

行跡の知識とは、無の鏡の中への出現において整序された諸々の存在者が万古の（神）知に対して整序されているのではないこと、それらはその（神知の）中では終わりのない一纏めなのであることを知ることである。そして無が鏡の階梯の中でそれに対立したなら、それがそれらの広さに狭すぎるため、それらがその中に顕れることの中で整序されるのである。無は存在の反対物であり、反対物はその反対物の諸属性のうち、それに関係ないものではなく、関係あるものの中でそれに相応しいものしか受け入れない。それゆえ可能存在の中には、必然存在との類似に対する完全な欠落性が顕れる。なぜならそれは無が可能存在の基礎であり、その存在は決して根源でないことから、その逆なのである。

行跡主の認識とは、至高なるアッラーが自分の本体、自分の属性、自分の行為、自分によって為されたことを無始永遠から知り給うことを知ることである。そしてそれについてのその知識にはその諸々の形の諸世界に対する知識が随伴する。なぜならばそれらは彼の彼御自身に対する永遠の知識が無の鏡の中に顕れた形象であり、顕れにおいてその鏡の狭さに応じて整序されたものだからであり、それはその終わりのないところまでそのまま顕れ続けるのである。

人は自らのうちにそれを悟れば、自分に想像を想い描くことはなく、イスラームの階梯を達成したのであり、真のムスリムと言うことができ、擬被造物神観から免れ、超越化の領域にしか踏み込まないのである。アッラーこそ正しい道に導き給い、導きと成功は彼からのみ。

「顔をアッラーに向けて立つことについて」の続き

至高なるアッラーは仰せられる。「真っ直ぐな宗教に汝の顔を向けて立て。」（30章43節）不信仰者たち、多神教徒たちは自分たち自身、そして外面的、内面的な自分たちの動き、静止を見ていることには疑いはない。しかしかれらは自分たちの頭を逆さにしているのである。至高者は仰せられる。「罪人たちがかれらの頭を逆さにするのをお前たちが見るならば。」（32章12節）また至高者は仰せられる。「顔で突っ伏して歩く者がより導かれているか、それとも真っ直ぐな道を真っ直ぐに歩む者がか。」（67章22節）またそれゆえ至高者は仰せられる。「汝の顔を真っ直ぐに向けよ。」つまり、お前の上の者を、お前が彼の御命令の掌握下にある状態で仰ぎ見よ、との意味である。至高者は仰せられる。「かれらの主をかれらの上から畏れる。」（16章50節）同様に至高者は仰せられる。そしてそれは支配と制圧の「上位性」であり、場所の上位性ではない。「彼は彼の僕たちの上の支配者。」（6章18節）それゆえ自分自身に不注意であったが、自分の存在付与者に目覚めた者は、自分の顔を真っ直ぐに立てたのであり、自分の存在付与者に不注意であり自分自身に目覚めた者は、自分の顔で突っ伏し逆を向いたのである。この教訓を熟慮し、洞察者となれ。

「自我をアッラーに帰依させることについて」の続き

至高者の御言葉「私はただこの地の主を拝むように命じられた。それを不可侵とし給い、彼に万物が属する御方を。」（27章91節）

知れ。身体はこの人間の組成の地であり、全ての神経と血管に流れている自我（魂）の力はその土地の住人なのである。そしてその不可侵化とは、それを禁制とすることである。イスラームを完成したからといって、禁制を合法とすることはなく、そのようなことには全く関心を示さない。その視覚はただそれらの背後にあるものに向いているのである。「そしてアッラーはかれらの後ろを取り囲まれておわす。」（85章20節）それゆえ仰せられる。「そして彼には万物が属する。」つまり、諸物は全てアッラーに属する。そして彼はそれらの何かの物ではないの

▼12　HA版では「taṣwīr（造形）」。

である。

それゆえ彼を崇め万物全てから、遂には彼の崇拝からさえも遠ざかり、それを目にしなくなった者こそは、事を全て至高なるアッラーに委ね、「信仰する者たちよ、そっくり平和に入り、悪魔の足跡に従ってはならない。」（2章208節）との御言葉に従ったムスリムなのである。平和とは戦争の反対である。至高なるアッラーと並ぶ何ものかの存在を主張する者は、至高なるアッラーと戦い、至高者の存在と争う者なのである。そして真の存在を真実在のみに帰し、彼以外の物全てを虚偽と見なす者は平和に入り悪魔の足跡に従わないのである。そしてそれ（悪魔の足跡）は真の存在から彼が追放され遠ざかったときに彼が歩んだ場所なのである。それは「私は彼より良い。」（7章12節）といったような、至高なるアッラーの存在と並んで自分が存在するとの信条などである。

イスラームの構成要件

聖法に基づくイスラームの構成要件

聖法に則ったイスラームの構成要件はハディースにある通り五つである。「イスラームは五つの上に築かれている。アッラーの他に神は無いこと、ムハンマドはアッラーの使徒であることの証言、礼拝の挙行、浄財の支払い、ラマダーン月の斎戒、館への巡礼がそれが可能な者に。」イスラーム法学者たちが、イスラーム法の書物の中で、その説明を受け持っている。また私も初学者向けに著した論文や本の中でその沢山の問題について既に書いている。その中にはイスラームがその上に築かれているこれらの五つの構成要件の諸問題を包括した非常に短い韻文要綱がある。

真理に基づくイスラームの構成要件

真理に則ったイスラームの構成要件もまさにこの五つであるが、外面的な意味とは異なる別の意味によるのである。それでは第一の構成要件について論じよう。それは「アッラーの他に神は無いこと、ムハンマドはアッラーの使徒であること」との証言であるが、なぜならばそれらは全てその上に築かれているからであり、それは水車の軸に相当し、それがなければ回らないのであり、それが心中にあれば来世での滅びから守られ、舌の上にあれば現世での滅びから守られるのであり、両方にあれば現世と来世の滅びから守られるのである。これから我々はこの構成要件について霊示に従って語り、言おう。アッラーにこそ守護は請い求められます。

知れ。この構成要件は、本当は一つのものであるが、聖法においては二つのものである。聖法の説明では、昼と夜が違うように、アッラーの他に神は無いことの証言は、ムハンマドはアッラーの使徒であることの証言とは別であり、第一証言にはその規定があり、第二証言にもその（別の）規定がある。第一証言の規定は、唯一神教の確定、多神教と属性剥奪（理神論：taʻṭīl）の否定であり、第二証言の規定は、信仰の確定と、（預言者の）拒否、嘘と否認することの否定である。しかし（現世、来世）二つの家での救済はこの二つの規定にかかっているのである。そしてその両者の分離は絶対に不可能なのである。それゆえ第一証言の否定は第二証言の否定を帰結し、アッラーの他に神は無いことを証言しない者は、ムハンマドはアッラーの使徒であることを証言しないのである。また第二証言の否定は第一証言の否定を帰結し、ムハンマドはアッラーの使徒であることを証言しない者はアッラーの他に神は無いことを証言しないのである。もしその者の主張では証言していても、貴方が精査すれば、その信条に多神崇拝を見出すのである。

また第一証言の存在には第二証言の存在が帰結する。それゆえ（単なる）その者の主張においてでなく真実にアッラーの他に神は無いことを証言した者は、ムハンマドはアッラーの使徒であることを証言したのである。同様にムハンマドはアッラーの使徒であることを証言した者は曖昧さなく確定的にアッラーの他に神は無いことを証言したのである。この続きと裏を熟考せよ。聖法の諸規定とその意味を考える者の考えではそうなのである。

真理の説明では、この二つの証言は一つの証言となっており、二つの証言は交じり合っているのであり、両者の間には概念的合致があるのである。なぜならば至高なるアッラーはムハンマドを我々に現し給い、ムハンマドもまたアッラーを我々に現されたからである。それは光は闇によってしか知られず、闇は光によってしか知られないのと同じであるそれゆえ至高者は「使徒に従った者は確かにアッラーに従ったのである。」(4章80節)と仰せられ、使徒への服従をアッラーへの服従そのものとし給うたのである。[13] (アッラーは)峻厳の名(アッラー)を二つの証言で二回繰り返し給うておられ、その二つの間にムハンマドの名前が位置している。それは、彼としてのアッラーと、ムハンマドとしてのアッラーは一つであることを示唆している。この両者を分けるものは、ただ他でもないこのムハンマド的形象のみであり、この彼の形象はムハンマドとして彼に属するのであり、彼として彼に属するのではない。なぜなら彼としての彼は絶対的に示唆を受け付けないからであり、形象が示唆の源だからである。それゆえ第一証言はその初めに否定詞(「ない(lā)」)で、最初に相応しい超越化の表明として否定を含んでおり、第二証言が「こと」とで強調されて肯定で表されているのとは異なるのである。

そして「ムハンマド的形象」で我々が意図しているのは、――それはこの民(スーフィー)の許では至高なるアッラーの覆いであり、他の者たちの許では、彼の顕れ、彼の顕現なのであるが――語と意味で共にあり、外面と内面がその「形象」の指示対象に入るのである。そして我々の許のその外面は天使たちの許では内面である、かれら(天使)の許でのその外面は我々の許の内面なのである。それゆえ彼は彼が内面であるところのものとしては外面であり、彼が外面であるところのものとしては内面なのである。それゆえその形象はそれによって造形されるものの規定を取るのである。それゆえ至高者は仰せられる。「それゆえ知れ。アッラーの他に神は無いことを。そして汝の罪の赦しを求めよ。」(47章19節)そして彼の罪とはただ別であると信ずることであり、二つの証言は実は一つの証言なのであるが、既述の通り形象が両者を遮っているのである。それゆえそれを見る者は、二元論を述べているのであるが、純粋な一神教はそれを拒むのである。

ムハンマドの名前の形相は、四つの文字から成るが、そこに五つ目が織り込まれている。それは「ラーム」である。この名の形相は、その名の形相をも取る。その四・五文字、四つからなる形相は「護持された書板」へと移行し、そこにジブリールの本質、ミーカイールの本質、アスラーフィールの本質、アズラーイールの本質の四つの本質が顕れる。また第五の本質も織り込まれており、それは至高なる筆である。そしてそれは自然界へと移り、熱、冷気、湿気、乾きの四つの性質が顕れるが、そして第五のものが織り込まれている。それは自然の均衡である。

それから火、空気、水、土での四元素が顕れるが、そして混合物の本質も織り込まれている。それから鉱物、植物、動物、人間の四つの生成物が顕れ、そして魂の本質が織り込まれている。そして人間の行為にも顕れる。それは礼拝、斎戒、浄罪、巡礼の四つの崇拝行為である。そして意図が第五の本質として織り込まれている。そして礼拝にもそれが顕れる。それはキヤーム（立つ）、クウード（座る）、ルクーウ（屈む）、スジュード（跪拝）の四つの行為形式を含んでおり、そして第二のサジダ（平伏）が第五のものとして織り込まれている。そして四つの言語形式として、開斎、（クルアーン）読誦、賛美、信仰告白句がある。そして信仰告白句の中に第五のものが織り込まれている、それは礼拝の最後の平安の挨拶である。

それゆえ熟考する者は世界は全てムハンマドの形相と尊厳の語の上にあるのを見出す。もしそうでなければ、この世界には諸々の本質の一つとして決して確定し給わなかったのである。それゆえ名前は指示対象そのものである、と結論した者は正しい。もしそれ（名前）がそれ自体でなければ、指示対象の形相を聞く者の心の中に浮かばせ給うことはない。それゆえ、世界は全てムハンマドの名の形相なのであり、ムハンマドの名の形相はアッラーの御名の形相なのである。そしてアッラーの御名の形相とは、能力、意志、知、生命のアッラーの四つの属

▼13　HA版には「そのもの（ʻayn）」はない。

性の形相であり、言葉が五番目に織り込まれている。それで指示は途切れ、無限定な幽玄が残るが、それはいかなる相によっても知られることがないアッラーの聖なる本体の幽玄なのである。ここで修道者の行程は終わる。アッラーは仰せられる。「そして、お前の主の御許に終着がある。」（53章42節）

イスラームの種類

聖法に則ってのイスラームの種類

聖法に則ってのイスラームの種類は三つ、言葉によるイスラーム、行為によるイスラーム、帰属によるイスラームである。

言葉によるイスラームとは、啓典の民以外については二つの信仰告白証言だけであり、啓典の民も同様であるが、イスラームに反する全ての宗教との絶縁を伴う。

行為によるイスラームとは、不信仰者の集団での礼拝、巡礼の儀の全ての挙行、放牧家畜の浄財の支払いなどの特殊イスラーム的な（神への）服従諸行為である。なぜならばアブー・ハニーファ・ヌウマーンの見解（ハナフィー派）では、それらは行為によるイスラームであり、その後で否定してもそれに基づいて背教さえ成立するのである。それは正しい。預言者は言われた。「もし貴方がたがモスクにいつも通っているのを見たなら、彼のために信仰を証言してやれ。」、「モスクに通う」の意味は、集団での礼拝であり、信仰の証言はその確定を帰結する。それで彼がそれを否定しようとも、彼がそれを（言葉で）認めた場合に彼にそれ（証言）が成立するのと同じように、彼に対して証言が成立する。

帰属によるイスラームとは、両親の一方がイスラームに入信した時の子供のイスラーム入信である。では子供は祖父のイスラーム入信でムスリムになるか。イスラーム学者たちはそれについて意見が違う。そうだと言う者もあれば、違うと言う者もある。なぜなら（もしそうなら）アーダムの子孫の大地の全ての不信仰者が、かれらの高祖アーダムへの帰属によりイスラームの判定が定まることになる。至高者は仰せになる。「アーダムの子らよ」（7章31節）。それはイジュマーゥ（合意）に反するのである。この規定において近祖は高祖よりより適切であるわけではない。アーダムに対して、お前たち二人のうちのより高い方であれば、父と呼ばれているのを見ないか。

真理に則ってのイスラームの諸種類

真理に則ってのイスラームの諸種類もまた三つ、心だけによるイスラーム、それ（心）と行為によるイスラーム、そして両者（心と行為）と見識によるイスラームである。心だけによるイスラームとは、一般人のイスラームである。それは、至高なるアッラーから彼の預言者の下を介して我々の許に届いた彼の全ての命令と禁止に、そのどれにも心に疑いを抱くことなく、至高なるアッラーが意図し給い、彼の使徒が意図された通りにそれを承認して、自分の身体でそれを行うにしろ行わないにしろ、服従、隷従することである。そしてこれは、真理の徒やそれ以外の許で、この問題について、多くの立場があり、神学者たちがそれについてかれらの書物の中で十分に論じている。

心と行為におけるイスラームとは、選良のイスラームであり、アッラーの御許から届けられたこと全てに対する心による服従、隷従であり、それから身体により外面的に行為によってそれを確証、確認することである。それは責任能力者が自分の主から彼の許に届いた諸規範を、まさに自らの洞察力、目で証人となり、自分の主への道にあって神的命令から目酔いされないためであり、アッラーが彼の手を取り給い、彼に恩顧を恵み給えば、彼には到達が可能となるのである。

心と行為と見識によるイスラームとは、選良の中の選良のイスラームである。それは心と身体と理性による服従と隷従なのである。つまり、服従は心により、行為は身体により、見識は理性によるのである。なぜならアッラーの命は、彼の心について、そして彼の身体について、そして彼の理性についてあるので、もし彼に想念が思い浮かべば、それはアッラーの御命令によるのであり、また彼の身体に動作が生ずれば、それはアッラーの御命令によるのであり、何かの意味を理解すれば、それはアッラーの御命令によるのである。至高者は仰せられた。「そしてかれらは彼の御命令によって行為した。」（21章27節）

その御命令の動作は至高者に属する。かれらに属するのは、その形象だけなのである。ご命令は一つである。ただその形象だけが、異なった様々な名前で呼ばれ、信条、行為、理解と、その命令のこれらの三つの型における出現に鑑みて言われるだけなのである。

それで心の型において顕れれば信条と呼ばれ、身体の型において顕れれば行為と呼ばれ、理性の型において顕れれば理解と呼ばれる。型の違いにより、どの一つの形象も他の形象とは異なる。水の色はその器の色である。それゆえそのように存在をその全体において理解せよ、そうすれば真理把握の階梯を理解するだろう。アッラーこそ成功を授け給う御方。

「イブラーヒームのイスラームの命令について」の続き

イブラーヒームについての至高者の御言葉「彼の主が彼に仰せになり、彼が『私は諸世界の主に帰依（イスラーム）します』と言った時のこと。」（2章131節）について。信仰者たちの誰にも、（アッラーが）イブラーヒームに仰せられたように、彼の主が彼に「帰依せよ」と仰せにならない限り、完全なイスラームの階梯に入ることはできない。それゆえ至高者が仰せられた。「お前たちの父イブラーヒームの宗派。彼が前にお前たちをムスリムと名付け給うた。」（22章78節）

父は三つ。霊の父、肉体の父、イスラームの父である。

霊の父はムハンマドであり。至高者は仰せられる。「お前たちの許に確かに使徒がお前たち自身からやって来た。」（9章128節）また至高者は仰せられる。「預言者は信仰者たちに自分たち自身より近い。そして彼の夫人たちはかれらの母である。」（33章6節）もし彼（ムハンマド）が父でなければ「より近い」ことにはならない。「ムハンマドはお前たちの男たちの父ではない。」（33章40節）との彼の御言葉について言えば、男性性は身体性の属性の一つであり、彼（ムハンマド）は霊の父であって、男性性、女性性は、霊の属性ではないのである。それゆえ至高者は不信仰者たちについて「かれらは慈悲遍き御方の下僕である天使を女性とした。かれらはかれらの創造を目撃したのか。かれらの証言は書き留められ、審問される。」（43章19節）

肉の父はアーダムである。

イスラーム（帰依）の父はイブラーヒームである。それゆえ自分の霊性を実現した者はムハンマドの存在階梯を実現したのであり、自分自身を実現した者はイブラーヒームの存在階梯を実現したのであり、自分の身体性を実現した者はアーダムの存在階梯を実現したのである。そしてその者の錬度に応じてそれらの存在階梯がその者に話しかけ、それらの許の神的知識、知恵をもって語りかけるのである。それゆえヤゥクーブの息子たちは、至高なるアッラーがその書（クルアーン）の中で語り給うたことの中で、互いに言い合っているのである。「それでかれらがかれらの父の許に帰ったとき、かれらは言った。我らの父よ、我々は秤を拒まれました。」（12章63節）

このように、真理の理解が遮られたあらゆる者に我々は言う。「お前の父の許に戻れ。そうすれば量ってもらえる。」それで霊は霊の父の許に、肉は肉の父の許に、イスラームはイスラームの父の許に戻らされ、貴方の子宮が繋がれる。そして子宮を繋ぐことは命を永らえさせる。それは、貴方は永遠の生で生かされ、死ぬことはないからである。至高者は仰せられる。「そこでは第一の死以外に、死を味わうことはない。」（44章56節）「そこ」とはこの父への帰還を意味しているのである。それゆえ悟るがよい。

「いかなるイスラームが最善かについて」の続き

ブハーリーがその『正伝集』の初めの方に収録しているイブン・アムルから伝えられた、ある男が預言者に「いかなるイスラームが最善ですか」と尋ねたときに「お前が食べ物を施し、知っている者にも知らない者にも『アッサラーム（平和）を』と唱えること」と答えられた預言者の言葉の示唆するところについて。

糧食の本質は、万物の本質をその源に還すことである。それゆえ糧食は、それを食する者の、それから分離した部分であり、食べることで彼の許に戻るのであり、そもそもそれは元は彼の一部だったのが、その後に彼から分離し他の物の中に入り、それから彼の許に戻ったのである。それゆえ至高者は仰せられる。「いかなる地の動物もアッラーにその糧が課されていないものはない。」（11章6節）「動物」とは、あらゆる「無から存在に動き出たモノ」であり、「その糧」とは、「それ（動物）の存続がそれに依っているモノ」である。それでその諸部分はそれ以外のものから少しずつ少しずつ出現し、それがそれらに結合するのである。至高者は仰せられる。「何ものでも我々の許にその宝庫が無いものは無い。但し我々は一定の（知られた）量でしかそれを下しはしない。」（15章21節）そしてそれが糧と呼ばれているものなのであり、それは生物とそれ以外の全てのモノを含んでおり、時に「食べ物」とも呼ばれるが、それはそれによって万物が存立するからである。

それゆえ、あらゆるものには糧があり、あらゆるものは生物であり、あらゆるものは生長し、あらゆるものはその世界において知覚し、理解しているのである。それはあらゆるものが（アッラーの）讃美者であるのと同様であり、それを知る者はそれを知り、それを否定する者はそれを否定するのである。それゆえ自らの霊が全ての霊と、自らの魂が全ての魂と、自らの身体が全ての身体と結合させた者は、食べ物を施したことになるのである。それゆえ至高者は、「親友」イブラーヒームに対して仰せられた。「四羽の鳥から取り、それをお前の方に引き寄せ切り分けよ。それからその一片をそれぞれの山に置き、それからそれらを呼んでみよ。お前の許に急いでやってこよう。アッラーが威力比類なく、英知ある御方であることを知れ。」（2章260節）

同様に我々も言うのである。自分の四元素（土水火気）を自分の四性（乾湿熱冷）に切り分け、それから全ての元素と性をその源に還し、それで集合し、それからそれらを呼び出し離散し、それらの根源からそれらの部分によって糧を得、それからその諸部分によってその源に糧を与え、それからそれによって糧を得る者は全て、アッラーはあらゆることが可能であらせられることを確かに悟り、我々の父であり、前もって我らをムスリムと名付けたイブラーヒームの状態であったイスラームの真理を把握したのである。

「知っている者にも知らない者にも『アッサラーム（平和）を』と唱えること」との（ムハンマドの）言葉について言えば、それで「アッサラーム」とは「アマーン（安全）」であることを示唆しているのである。そしてそれは、「対抗、対立、拒絶からの安全」を意味している。また、「幽玄」には二種類があることは疑いない。（第一は）決して顕現することのない絶対的幽玄、即ちアッラーの本体と彼の諸属性の本質である。これが「知らない者」である。（第二が）顕現することが可能な幽玄であり、それは王権（マラクート）と覇権（ジャバルート）の世界であり、選択的、あるいは必然的死によって顕現するのである。但しその開示は、義務負荷が第二（必然的死）ではなくなるが第一（選択的死）では残ることによって、第二による方が第二によるよりも更に完全なのである。（第一の選択的死によっては）関係が完全に断ち切られることはなく、ただ微細になるのであり、そこで霊と身体の関係が完全に断絶する必然的死とは違うのである。なぜならば選択的死では、本当にあの世に行き、この世界から移行し、遂にはそこではもう感覚も知解もなくなるに至るからである。この（第一の）幽玄について、「知っている者」との彼（ムハンマド）の言葉は指しているのである。アッラーは真理を語り給い、彼こそが正道へと導き給う。

第6章　イーマーンの解明

この存在の光は信仰による　太陽によるのではなく　下界の星々によるのでもない
それによって太陽も星々も全てが　慈悲遍き御方の御慈悲により輝く
それゆえ蝕はそれらに決して生じない　ただ不注意と怠慢だけ
いかなる心に顕現しようか　その中に我が主が　信仰なくして
万象の知は高きも低きも　赤革のようなバラからの到来者たち
水と土の天体は輝く　あらゆるときに信仰の光輝で
それによってずっと回り顕す　様々な形象をその造形によって　そして様々な意味をも
万物は憎悪と疎遠から安んず　かれらが信仰し互いに近づきあう時
かれらには監視者の賜衣が　やって来た　その後　それを脱ぐことから安全を勝ち得た
それで汝はかれらがそれを誇る傾向を見る　目的の達成と不達成の間で
しかしいかなる状態であれ　それが最も近しい　諸存在物のためにそれから来たものに
生まれた物たちは鉱物と植物　それからそれらの動物と人間
同様に父たちと母たちも　かれら全ては明日には動物
信仰する者たちは全て神を　唯一の　彼には仰せの通り第二者はない

それゆえ明日は証言する者たちが来る　アザーンのハディースにあるように
証言の諸条件は今その中で　典拠と証明により確定される
私が語ったこと全てを体得し悟れ　完璧　完全の真髄を得よ

イーマーン（信仰）の意味

知れ。信仰は最も高貴な属性、最も誇らしく高い性質の一つである。そして偉大なるクルアーンの中で「muʾmin（信仰する者）」が至高者の諸属性の一つであるように、至高者の諸属性の一つである。そしてその意味は、（アッラーが）無から存在に引き出し給うた彼の被造物は全て彼の御許で知の存在階梯の中に存在しており、それより何ものも欠けることもなく、何ものも加わることもないということを。それゆえ我々は「至高者は彼御自身を知り、それで世界を知り給う。」と言うのである。それゆえ、そのとき[1]称えられるべき御方の信仰（イーマーン）の真相は彼御自身の自分に対する知識なのである。それゆえその信仰はそこで、それが至高者の属性であることに鑑みて（アッラーの）万古の知と同じく、万古なのである。

他方、人間や天使や世界のその他のものの信仰は、信仰者たちの生起によって生起する、問題のない、生起する属性である。それによって形容されるものが生起物である以上、万古であることは考えられない。[2]基体が生起物なら、その枝葉（属性）は尚更生起物だからであり、万古者が生起者（の属性）によって形容されることが想像できないように、生起者が万古者（の属性）によって形容されることも想像できないからである。

▼1　ＨＡ版には「そのとき hīnaidh」はない。
▼2　「それによって形容されるものが生起物である以上、万古であることは考えられない」は、ＨＡ版では「生起物を万古と形容することは不可能であるので（li-istiḥālah waṣf al-ḥādith bi-qadīm）」。

それゆえ、「それでは信仰は万古なのか生起物なのか」と問う者があれば、「その語には一方が他方にいかなる点でも全く似ることのない二つの意味で言われる」と答えられる。第一の意味は、至高なるアッラーの御自身の本体、御自身の諸属性、御自身の諸行為、御自身の諸行跡に対する肯定であり、この意味は万古であり、生起物であることは決して想像できない。第二の意味は、被造物の至高なるアッラーの御自身の本体、御自身の諸属性、御自身の諸行為、御自身の諸行跡に対する是認であり、この意味はアッラーが生起せしめ給うたことによる生起物であり、それが万古であることは決して想像できない。

信仰についての貴方の質問で貴方が両者のうちで意図していることに、我々は貴方にそれについて答えよう。我々は貴方に限定なしには答えない。なぜなら区別すべき場で限定せずに語ることは誤りだからである。

無始（永遠）において是認し給うた諸物の全てについての、至高なるアッラーの信仰は、同時に聴くこと、見ること、把握することとの信仰である。他方、それら全てに対する我々の信仰は、幽玄（ghaib：見えないもの）への信仰であり、至高者の顕現の我々の目撃でさえ、それらはまたその顕現の一種の形として我々の理性に表象されたのであり、第一の顕現自体ではなく第一の顕現に類似しないことに鑑みて、それ（顕現）に対する幽玄への信仰なのである。なぜならそれはアッラーはいっときに二つのモノに二回、あるいは二つの時に一つのモノに一回顕現し給うことはないからである。そうではなくどの個物にも、どの瞬間にもそれだけの特別な顕現があるのである。

感覚で知覚される物、理性で理解される物に対する我々の信仰も、表象の一種なのである。なぜならそれら（物）の偶因が与えられたときに我々の理性にそれらを表象させなければ、我々はそれを把握しないからである。目を例に取れば、物の方向にそれを向けることが、アッラーがその物を我々がそれを把握するように我々の理性に表象させ給う偶因となる。耳も同様で、それに傾聴することが、我々が把握できるように、その音の形態をその意味と共に我々の理性の中にアッラーが写像させ給う偶因となるのである。全ての感覚で知覚される物が同様であり、また理性で理解される物も全て同様である。もしアッラーがその物の形相[▼3]を我らの理性の中に前頭葉に思考力が達したときに写像し、それから我々にその把握を創り給わなければ、我々はそれを全く把握しないのである。

知覚される物、理解される物の本体は全て、その時、我々の中に創られたその表象を把握するのであり、我々は我々自身では我々の把握を超えることはできない。知覚されること、理解されることの全てに対する我々の信仰は本当は、アッラーが我々の理性の中に写像し給うたそれらの表象を媒介にしての幽玄への信仰なのである。我々は物をその表象によって把握する。なぜなら万物には表象があるからであるが、アッラーと彼の諸属性は別である。なぜなら彼には表象はなく、彼のどの属性にも表象はない。

これが我々がアッラーを把握できないこと、彼のいかなる属性も把握できないことの英知である。なぜなら、我々はアッラーが我々の中に写像し給う表象によってしか物を把握できないからであり、表象のない物を我々が決して把握しないのは当然なのである。

信仰には本質、形象、状態、階梯、宿駅、種類[▼4]、成果があることを知れ。そしてその全ての説明が必要である。開示しよく知り給う御方の神佑によって、我々は語ることにしよう。

信仰の本質

信仰の本質は、肯定であり、その逆は否定、虚偽認定である。その発話者に真実を帰す時、「その情報（叙述）を肯定した」と言われる。そしてそれはその情報の事実との一致である。それゆえムハンマドが語ったことの全

▼3 AF版には「形相（ṣūrah）」はない。
▼4 HA版には「種類（aqsām）」はない。

てを肯定した者は、彼の情報に真実、つまり、その現実との一致を帰したことになるのである。その逆は虚偽認定であり、情報に虚偽、つまり事実との一致の不在を帰すこと（nisbah）である。[5]

それゆえに、信仰と不信仰は、ただ情報（叙述文）に対してのみ言われる。構成（非叙述）文でなく情報（叙述）のときに「私はそれを信ずる、私はそれに不信である」と言われるのである。そして命令と禁止であるところの神的構成[6]（非叙述）文に対しての信仰は、それが疑いの余地なく確定的にアッラーによる命令、禁止であることへの信仰に帰される。なぜならその内容は、その信仰が考えられるような情報（叙述文）ではなく、それを課された責任能力者にその益が還元されるような特化された諸行為がそれによって要求されるような構成（非叙述）文だからである。それゆえ「それらがアッラーの命令と禁止であることを肯定してさえいるならば、それらの命令と禁止の全てを怠った者も、不信仰者ではなく、むしろ罪人なのであるが、そのうちの何かを虚偽認定したなら、その者は確かに不信仰に陥ったことになる。」と我々は述べるのである。

信仰について説明した際の「肯定」の意味は、判断を伴う表象化ではない。なぜなら、判断は表象の派生物であるが、アッラーの本体や属性のように信仰すべきことの一部は、断じてその表象が不可能だからであり、その肯定が不可能になってしまうからである。[7]

そうではなく、その意味は、既述の通りで、肯定とは、情報（叙述）に真実を帰すことなのである。それゆえアッラーについての肯定とは、理性の許で確証された超越的[8]アッラーの存在についての情報（叙述）に真実を帰すことである。彼の諸属性、預言者たち（anbiyā'）[9]、そしてかれら（使徒たち）がアッラーに関して述べたことの全てについて、我々がその表象を理解するかしないかにかかわらず、その肯定もまた同様なのである。それゆえあるものの判断は、その信仰の肯定の条件ではない。つまり、肯定とは、その叙述されるものに真実性を帰することなのである。[10]

信仰の表象

信仰の形象は、肯定した物に対して心で信服、屈従、服従すること、即ち内的形象と、手足をもってその必要事項を行うこと、即ち外的形象の二種類である。この二つの形象の双方が、信仰の本質の二形象なのであり、行為を信仰に含める者の見解によると、その双方なくしてそれ（信仰の本質）は確定しないということになる。

正しくは、内的形象だけで、信仰の本質の確定には十分であり、それ（内的形象）が消滅したとき、信仰の本質も消滅するのである。というのは、いかなる本質にも形象が必要だからであり、外的形象とは異なり、信服なしの肯定は決してないからであり、その本質はそれ（外的形象）には左右されず、それなしに存在するのである。至高者は仰せられる。「一粒の重さほどでも善を行った者はそれを見出し、一粒の重さほどでも悪を行った者はそれを見出す。」（99章7―8節）

信仰は善であり、背神は悪である。それゆえその双方を必ず見出すことになる。もし行為が信仰の本質の確定の条件なら、背神はそれに背反するので、自分の善を見出さないことになるが、事実はそうではないからである。

▼5 AF版では「類似（shibh）」。HA版の読みを採る。

▼6 HA版には「……への信仰」の語はない。

▼7 HA版には「アッラーの本体や属性のように」、「その肯定が不可能になってしまうからである」の二句はない。

▼8 HA版には「超越的（munazzah）」の語はない。

▼9 HA版では「使徒たち（rusul）」。

▼10 最後の一文はHA版にはない。

姦通者の信仰について：続き

「姦通者は、もし信仰者であったなら、姦通を犯すとき、姦通を犯さない。」との彼（ムハンマド）の言葉などの命令の遵法、禁止の回避が信仰に含まれることを示す諸伝承について。

「信仰」の名は、判断停止の信仰と、天与の信仰の二つの意味で言われることを知れ。[11] 判断停止の信仰にも、二種類あり、合致し決断した盲従者たちの信仰のような類的存在の信仰と、理性的論拠、議論によって自分たちの信仰を得ている弁論の徒の信仰のような類的存在以外の判断停止である。これらの二種類は、その信仰は民衆の信仰である。但し、第一は異論があるものである。しかしこの二種類は本当は、無謬性を欠き可謬の理性的推論により思いつきの嵐に翻弄される思想家、盲従に値しない者への純粋な盲従そのものなのである。

天与の信仰とは、異端を免れた嘉された正しい行いの結果としての慈悲遍き御方の臨在から教示された開示と目視の徒の信仰なのである。この信仰が「姦通者は、もし信仰者であったなら、姦通を犯すとき、姦通を犯さない。」との彼（ムハンマド）の意図するところ、つまり開示と目視の信仰なのである。むしろ（その信仰は）その者には背神のときには遮られ、それで目撃が不可能となり、不注意に陥るのであり、その背神が終わったときに、その開示と目視（ʿiyān）[12]は彼に回復し、その信仰は彼に戻り、罪の醜悪さを悟り、後悔し赦しを請うのである。そして背神に陥る度にそうなるのである。そしてそれが、「多神崇拝と一緒では何も役に立たない。ちょうど信仰と一緒なら何も害にならないのと同じに。」とのスユーティーが『小集成（al-Jāmiʿ al-Ṣaghīr）』に収録した預言者の言葉の意味なのである。その意図は、既述の通り真の完全な信仰なのである。

「無謬性と守護」の続き

罪や背神の（完全な）回避は真の完全な信仰の持ち主の条件ではない。さもなければその者に無謬性が確立されてしまうことになるが、無謬性は預言者と天使にしか確立されないのである。完全な信仰の持ち主は守護される者ではあっても無謬な者ではない。そして「守護」の意味は、罪が決してかれらの障りとならない、ということである。「守護」の意味は、かれらから罪が生じない、ということではない。というのはそれは「無謬」の意味であり、「守護」の意味ではないからである。至高者の御言葉「アッラーは改悛者たちを愛で給う。」（2章183節）を見てみよ。改悛者とは、悔悟を度々繰り返す者であり、悔悟を繰り返す者とは、多くの罪（dhunūb）[13]を犯した者である。こうして既述の通り、罪の多さが、アッラーの愛を帰結するのである。

目撃の徒について言えば、かれらの不注意と背神による（神の目撃の）遮断の後に目撃に戻ったときに、疑う余地なく確定的に、必ず後悔し罪の赦しを請うのであり、アッラーはそれによってかれらを罪の災厄から守護し給うのであり、それゆえかれらは思想家たちのような不注意な徒とは違って守護された者となるのであるが、無謬な者ではないのである。というのはかれら（不注意な徒）は背神に陥るとますます遮蔽を増し、不注意が昂進するのであり、かれらにはその中で罪[14]の醜悪さを悟る戻るべき目撃の状態がないからである。時には悔悟を恵まれるかもしれず、恵まれないかもしれない。それゆえかれらは自分たちの罪と悪によって破滅するのである。

我々が述べたことの傍証は「お前たちの中で最も良い者は誘惑試練にあって改悛する者である」とのスユーティーが『小集成』に収録した預言者の言葉である。

真の完全な信仰の持ち主は疑いなくわれわれの中の最善の者である。にもかかわらずかれらには罪（dhunūb）[15]を犯すことからの守護は条件とならず、かれらはただその厄災と害から守護されているだけなのである。

▼11　ＨＡ版では「実践的 fa'alīyah」。
▼12　ＨＡ版には「目視」はない。
▼13　ＨＡ版では単数形の「罪（dhanb）」。
▼14　ＡＦ版では罪の単数形 dhanb、ＨＡ版では複数形 dhunūb となっている。

真理精査の徒の手本「最大の師」ムヒーユッディーン・イブン・アラビーがその書『アッラーの道の修道者に課される条件に関する確かな事柄（*al-Muḥkam al-Marbūṭ fī mā yalzamu Ahl Ṭarīq Allāh Ṭarīq Ahl min al-Shurūṭ*）』において述べて言う。「弟子は師の心境における無謬性を信じてはならない。アッラーが『アーダムは背き迷った。』（20章121節）と仰せられているのを聞きながら、どうしてそのようなことが信じられようか。[16]」一部の師は言う。『『真智者が神に背くことがあるのか。』と問われれば、アッラーは『そしてアッラーの御命令は、定められた運命であった。』（33章38節）と仰せられた。」

一方、一部の形式の学の徒が論拠とする「空中に座る者を見ても、命令と禁止に対してその者がいかに振る舞うかを見るまで、それに欺かれることなかれ。」とのアブー・ヤズィード・ビスターミー（八七四？年没）の言葉については、それは「その者が無謬であるか、背神や罪に陥ることから守護されているのを確認するまで（待て）」との意味ではなく、ただ「その者が命令と禁止を無視し、それに固執し、悔い改めないかを確認するまで」との意味に過ぎない。そして固執とは、意図と目的を窺い知らない限り、単に背神行為を続けているという事実からだけでは判断することができない隠れた事柄である。というのは時には人間は一日の間に千回の背神行為を犯しながら毎回それを悔悟しそれに固執しないこともある一方で、年に一回しか犯さずともそれに固執している場合もあるからである。

驚くべきは、同時代の「神の人々」の心境を否定する目的でアブー・ヤズィードのこの言葉を引用しつつ、「楽園にはアッラー以外には無い」などのアブー・ヤズィードの言葉のような様々な言説は忌避することである。こうした説を為す者はそれら（の言説）を否定し、修道者たちの言葉に対する無知から、それらについてアブー・ヤズィードに反対するのである。これはアブー・ヤズィードから（伝えられたことが）確定されており、それには「神の人々」がかれらが諸々の存在物から消滅したときに味わう正しい意味があるのである。

また以下のように言われることもあろう。そしてそれが（正答の）最近似値なのである。アブー・ヤズィードのその言葉の意味は以下の通りである。

「もし空中に座っている者を見たなら、それに騙されず、（次のように）言いなさい。『もし彼が自称するようなアッラーの聖者なら、彼の命令と禁止の何かに無知であることはなく、彼の主の諸属性の意味に無知であることはなく、神的諸顕現の指示対象に無知であることはなく、聖者性、預言者性、使徒性の諸段階に無知であることはなく、天使界や天王界（マラクートィーヤ）の諸存在物の真相に無知であることはない。』と、もし彼がそれらのうちの何かに無知であることが貴方がたに明らかになったときには。また言いなさい。『もし彼がアッラーの聖者なら、預言者たちの誰かの聖法を否定することはなく、その主に対する不信仰に陥ることはなく、信仰すべきことの何ものも否認することはなく、自分の主に対するその信条において物神論者であることはなく、アッラーの擬被造物神観論者であることはなく、アッラーに関してある（一定の）場所、方向、あるいはあらゆる場所、方向、あるいは化身、融合を信ずることはない。』と、もしそれらの一つでも彼（空中浮揚者）について彼がそれを信じており、貴方がたに七十の経路であれ（迂遠にも好意的な）解釈の余地がない場合には。そのときには、それに騙されてはならず、貴方たちが見たもの（空中浮揚）を、偉大なクルアーンを否認する（kāfir）[17]修行僧たちの一部に生ずる超常現象のような『目晦まし』と呼びなさい。修練を積んだことによる空中浮揚や、不浄界よりも至高のアッラーから覆いをより取り払う清浄界に入ることなどを、至高のアッラーの修道者はそのうちに数える。[18]」

▼15　ＡＦ版では「qulūb（心）を犯す」。ＨＡ版の読みを採る。

▼16　ＨＡ版の読みを採る。ＡＦ版では『弟子はその師がアッラーの真智者であり、アッラーに忠実な者であることを信じなければならない。』アッラーが『アーダムは背き迷った。』（20章121節）と仰せられているのを聞いて、そのようなことを彼は信じるべきではない。」

▼17　ＨＡ版では「ムハンマドの預言者性を否定する者（munkir）」となっている。

しかし大罪であれ微罪であれ犯すのを見ても、心の中でムハンマドと彼がアッラーからもたらしたもの全てをそれを認めて真実と見なしているならば、既述の通りアッラーが「アーダムは背き迷った。」（20章121節）と仰せられているのを聞きながら、『もし彼がアッラーの聖者なら、彼の主に背いたはずはない。』と言ってはならない。

アッラーの修道者たちに関してアッラーを畏れ身を守り、アッラーの聖者と戦ってはならない。なぜなら、ハディースに「我の聖者と戦う者に、我は確かに宣戦布告した。」と言われているからである。つまり、「我はその者に私がその者と戦うことを既に知らせた。そしてアッラーが戦い給う相手は、現世と来世での破滅者である」ということである。

これが私が貴方がたに忠告すべき分である。それゆえ知れ、そうすればアッラーが望み給うなら、お前たちは正しく導かれよう。

信仰の状態

信仰の状態とは、アッラーへの愛慕、彼への拝謁への愛、彼の万古の発話への愛、彼の預言者たちへの愛、聖法の命令と禁止の遵守の愛、アッラーの不可侵性の何かが冒瀆された際の悲憤、アッラーへの畏怖、彼への希望、そしてたとえ重鎮（人間と幽精）の行動を為したとしても、目撃した崇拝される御方の偉大さにより自分の庇護者の権利を果たすにあたっての自分自身の怠慢を直視すること、アッラー以外が益と害の影響を及ぼすことにいかなる望みも抱かないこと、アッラーの自分への御加護、アッラーの自分への御助けなど（への希望）である。

アッラーへの愛慕とは、信仰者が真実在に自らの顔を向ける際に見出すものである。それゆえ一部のスーフィーはその状態、つまり完全な超越化から発する激しい苦悩の愛慕の状態に陥ると叫び円を描いて回り、興奮し、慈悲者的レベルの臨在への霊的思慕の昂進に自己を抑制できないまでになるのである。（教友）マーリク・ブン・アナスから、そうした興奮者たちについて尋ねられ、「かれらの主にあって喜ぶままに捨て置け」と言ったと伝えられている。それで我々も真正な興奮者については同様に言うのである。

アッラーと彼の諸属性と諸名と彼の使徒たちと彼の聖法について無知な自称スーフィーたちが行うことについては、かれらの信仰は正しくないのである。それゆえもし貴方がたがかれらを調べれば、かれらがアッラーに関して物神論、あるいは擬被造物神観、あるいは方向性や場所を信じているのを発見するだろう。あるいはかれらはアッラーについて全く無知であるがゆえにそれこそが信仰だと信じているためにそれを明言するかもしれない。それゆえアッラーの真智におけるかれらが有するもの（mā la-hum）[19]が正しくないため、かれらの行う踊りや興奮は聖法により禁じられたものなのである。

正しい状態の持ち主たちは、興奮によって行動することはない。但しある状態に支配されたやむを得ない場合は別で、その場合はかれらは免責される。もし修行場や家中、あるいはモスク、あるいはどんな場所であれ、それを行ったとしても、認められるのである。なぜならばそれは顕現の臨在に到達した際に見たものに驚き混乱しての霊魂の崇拝行だからである。そしてこのようなことは大抵の場合、初心者以外には滅多に起きない。深い学識を有する者は、変色の人ではなく、安定の人であり、そのようなことは一切起きないのである。

アッラーとの拝謁への愛は信仰者に時々生ずる状態であるが、彼にはそれが必ずしも長続きするわけではない。預言者の一部（でさえ）も死を嫌ったのである。

詩人は詠う。

落石の畏れは家人を洞穴に避難させる。

▼18　この一文はHA版にはない。

▼19　HA版では「真智におけるかれらの状態（ḥāli-him）」。

ヌーフとその子に教え給い、船を創った。
ムーサーとアーダムの霊魂が苦しんだもの
その後に永住の二つの楽園が二人には約束されていたのに

信仰者にこの状態が生じたときには、「アッラーとの拝謁を望む者は、アッラーはその謁見を望み給う。」とのハディースにあるように、それはアッラーが彼の謁見を望み給うたことの証拠である。それはアッラーの御許からの僕のその主への思慕の対応物である。なぜなら愛には、両方からの思慕が続くからである。アッラーは仰せられる。「彼はかれらを愛し給い、かれらも彼を愛する。」（5章54節）それゆえ至高者は不信仰者について「まことに汝らはかれらが人間の中で最も生に執着するのを見出す。」（2章96節）それはなぜならアッラーがかれらの謁見を望み給わないので、それゆえかれらも彼との拝謁を望まないのである。それでアッラーは「かれらは自分たちの手が稼いだことにより、決してそれを望まない。」（2章95節）との彼の御言葉によってその原因がかれらにあることを我々に説明し給うている。それで我々は、かれらがアッラーとの拝謁を愛さないのは、かれらが犯した彼の使徒たちに背きかれらを（嘘つきであると）否認することによるアッラーへの背反の多さゆえであることを知るのである。

一方、信仰者たちは状況によっては死を嫌うが、それはかれらが人々をアッラーに導き、地上で（fī al-arḍ）[20]至高者に仕えたいと熱望するためであり、自分たちが犯す罪によるわけではない。なぜならあらゆる状態でかれらには悔悟が伴っており、善行は罪の償いである。それゆえ「信仰者たちよ、皆でアッラーに悔いて戻れ。おそらく汝らは成功するであろう。」（24章31節）との至高者の御言葉を実践し、かれらがどんな罪であれ固執することは稀なのである。

彼の万古の御言葉への愛は、信仰者に一定の段階で起きる状態であり、その意味の繊細さの何かにその洞察が開かれたとき、慕情と苦悩の激しさからクルアーンの本の頁に霊感を得（iltahama）[21]、クルアーンの意味への切望から読み手の言葉に惑うのである。

クルアーン読誦や（唱念）聴聞に際して泣くことは、信徒の状態の中でも最小である。それで考慮されるのは、愛、思慕、畏敬、謙譲によって泣くことである。恐怖や希望によって泣くことではない、というのは、それは自我の持ち分だからである。至高者は仰せられる。「信仰する者たちはかれらの心がアッラーを思うこと、降示された真理によって謙るのではないか。」（57章16節）

「私が自分自身、自分の子、人類全体より好ましくならない限り、貴方がたの誰も信仰を完成していない」との預言者の言葉にあるように、アッラーの預言者たちへの愛は信仰の強さを示す正しい状態である。

この愛の意味は、それが心中にあって信仰の状態の完全さを示すことであって、心をそれ（心境）に向けるためのその義務負荷ではない（lā al-taklīf bi-ḥaml al-qalb ʻalai-hi）[22]。「もし私が預言者の時代に生きていたなら、彼への愛から、彼を苦しめるもの全てを、自分の霊魂、身体、財産、子供と全人類によって贖っていたものを」と心中で独り言を言うことは、アッラーからのあらゆる信仰者への恩顧である。

彼（ムハンマド）への愛によって、信仰者は全ての預言者たちへの愛に到達する。なぜなら彼（預言者ムハンマド）は我々にかれらの状態について過不足なくちょうどそのものを明らかにされたからであり、それゆえ信仰者は完全な愛を無理に装うことなく、心中にかれらへの愛を見出すことができるのである。

▼20　HA版では「日常で（fī al-ayyām）」。
▼21　AF版では「クルアーン（ムスハフ）の頁を食べ（yakulu）」。HA版の読みを採る。
▼22　HA版では「心にそれを引き起こさせようと無理をすることではない（lā al-takalluf ilā mā yaḥmilu al-qalb ʻalai-hi）」。

彼（預言者ムハンマド）への愛によって信仰者は過去の全ての預言者たちへの愛に繋がる。なぜならば（ムハンマドは）かれらの事情についてかれらがあった通りに増減なく我々に説明されたからであり、それゆえ信徒は完全な愛を強いられることはなくとも自分の心の中にかれらへの愛を見出す。

貴方の素晴らしい諸属性を私は聞きそれを理解した
時として耳は目よりも先に恋に落ちる[23]

その秘密は、かれら（預言者たち）が全て、アッラーの御命令が優美の顕現でこの我々の世界に顕れた場だからであり、アッラーを愛する全ての信仰者を愛する者（muḥibb）[24]たちなのである。そしてかれらへの愛にはかれら（預言者たち）がアッラーの御許からもたらしたもの（啓示）全てにおいてかれらを真実と見なす信仰者の義人たちへの愛が必然的に随伴する。

詩人は詠う。

私は家々に通りかかる　夜の家々
有塀に接吻し、有塀に
家々への愛が我が心を占めるにあらず
否、その家々に住む者が

また、それと対照的な信仰者たちの状態がある。アッラーの不信仰者や、フィルアウンやニムルード（ニムロド）などの神性の僭称者やその追随者たちへの憎悪であり、同様に復活の日までの全ての不信仰者（への憎悪）である。これも無理なく信仰者が彼の心の中に[25]見出す感情的事柄である。至高者は仰せられる。「アッラーと最後の日を信ずる者がアッラーとその使徒に歯向かう者と親睦するのを見出すことはない。」（58章22節）この憎悪は預言者たち、義人たちへの愛に比例し、その愛が多ければその憎しみも多く、少なければ少ないのであり、逆も真なのである。

その秘密は、アッラーの預言者たちを嘘として拒絶したこの不信仰者たちも我々のこの世界におけるアッラーの顕れた場なのであるが、峻厳の顕現であるため、アッラーのために愛される[26]峻厳の顕現者のように、アッラーのために憎まれる者（mubghaḍūn）[27]なのである。真智者は、うちに心的形相を具現しない限り完全にはならない。それゆえ無理なく霊的感情として、アッラーが愛し給う者を愛し、アッラーが憎み給う者を憎むのである。「言え。我は汝らのそれに対する報酬を求めない。我は課す者ではない。」（38章86節）とアッラーが彼の預言者に仰せの通りである。

不信仰者を愛する者があれば誰でも、それはその信仰の不足からである。もし自分の内心を調べ、その心情を精査すれば、疑いなくそれが分かるのである。

聖法の命令とその禁止の遵守の愛は、信仰者に随伴する状態の一つである。そしてそれはその命令の要請の実践と禁令の回避をアッラーがその者に恵み給うか、恵み給わないか、あるいは一部を除き一部だけを恵み給うか

▼23 「彼（預言者ムハンマド）への愛によって……先に恋に落ちる」はＨＡ版にはない。
▼24 ＨＡ版では「愛される者 maḥbūb」。
▼25 ＡＦ版にのみ「彼の心の中に fī qalbi-hi」とある。
▼26 ＡＦ版では「愛する muḥibbūn」、ＨＡ版では「愛される maḥbūbūn」となっており、ＨＡ版の読みを採った。
▼27 ＨＡ版では同義の mabghūḍūn。

には関わらない。そしてアッラーが御望みでそれを成し遂げるまで、完全な遵法を望み、それに向かって進み続けるのである。

アッラーの不可侵性の何かが冒瀆された時の悲しみは、ムハンマドの宗教の重大に思うがゆえに、信徒が自分の心の中に見出す感情である。「そうであり、アッラーの儀典を重んずる者で、それは心の畏怖からである。」（22章32節）

信仰者は、たとえ自分から生じたのであっても、違反の発生に悲しみ、アッラーが怒り給うことへの怒りから、そのために激しい悲嘆が彼を襲うのである。

アッラーへの畏れは尊厳、偉大、威厳への畏れである。至高者は仰せられる。「もしお前たちが信仰者であるならば、我を畏れよ。」（3章175節）しかしアッラーが獄火を畏れるよう命じ給うたことはなく、獄火ではなく彼を畏れよと命じ給うたのであり、「人間と石が燃料である獄火を畏れ身を守れ。」（2章24節）と仰せなのである。「何かを畏れ身を護る」とは、その原因を避けることによってそれから防御することなのである。

「私は獄火を畏れず、アッラーを畏れる」と言う者は、唯一神教（タウヒード）の階梯の真理を精査した者の一人である。なぜなら獄火はその住人の誰の苦痛にも影響がないからである。そうではなく（walākin）[28]アッラーは、それに「よって（bi）」ではなく、それに「おいて（ʻinda）」影響を与え給うのである。本当は、苦痛を与えるのは、獄火の形象での顕現の後のアッラーなのである。

獄火は形象であり、苦しみ（taʻallum）[29]もそれと同じ一つの形象であり、苦痛もまた第三の形象なのである。そしてこの三つの形象を形成し給う御方は、この三つの形象が彼を制限することはない。[30]なぜならば、たとえ我々の許では形象は全て彼に属するとしても、彼自体としては、彼には形象はないからである。この秘義を知り、洞察ある者の一人となれ。

至高者への希望もまた信仰者の状態の一つである。それは彼が自分が分割不能なあらゆる瞬間において自分とその存在、信仰、理性、感覚、健康、呼吸を守護し、全ての自分の諸世界のあらゆる段階において自分の万事において自分を司る者への究極の必要と、異存、そしてそれがアッラー以外にないことの理解だからである。自分が彼を必要とすることの認識が増すほど彼の彼への希望、彼の御許にあるものへの願望も増すのである。いかなる状態においても自分の不足を発見することは、信仰者が目撃するアッラーの偉大さ、彼の事情の尊厳によるのである。至高者は仰せられる。「かれらはアッラーを、彼に相応しい真実によって正しく評価しなかった。」（6章91節）この光景はもし僕がそこに置かれたなら、彼の目には地上、いや全ての世界の王たちは卑小なものとなり、遂には諸世界の尊重、尊敬すべきものも、（アッラーが）それに対してそれ（尊重）を義務付け給うたその偉大なものへの（尊重の）命令にならうため以外には、偉大ではなくなるのである。もし（アッラーが）彼にそれ（尊重）を義務付け給わなければ、その何ものも尊重も尊敬もしないのである。それは彼が万物を至高者の権威の支配の力の許に正しく組み込んで理解するからであり、これらの諸物の何ものも至高者の尊厳を前にしては全く存在がないかのごとくになるからである。

誰が詩人のその言葉に反対するか。

いかなる大いなるものを畏れ身を守ろうか
いかなる場所に昇ろうか

▼28　HA版では「ただ……だけ（innamā）」。
▼29　HA版では「苦しむ者（mutaällim）」。
▼30　「そしてこの三つの形象を形成し給う御方は、この三つの形象が彼を制限することはない」の一文はAF版にはない。

そしてアッラーが創り給うたあらゆる物
まだ創り給わぬもの
我が関心の中では卑小
我が髪の分け目の一本の髪の如し

彼について「尊重すべき預言者たち、天使たちを卑しめたことによって礼儀に反している」と言うなら、我らは言おう。「詩人はそうは思っていない。もしその意図なら『あらゆる者（man）』と言い、『あるゆる物（mā）』とは言わなかったはずである。なぜなら『者』は理性のあるものに対して言われ、『物』は理性のないものに対してだからである。」

アブー・ハサン・ディーヌーリーから、以下のように伝えられている。彼は礼拝の入斎の後で指先で一晩中立っていた。居合わせた者が彼にその理由を尋ねた。彼は答えた。「我が霊は諸天と諸地と楽園と獄火を飛翔した。そこで言われた。『我が王権の何かがお前の気に入ったか。』私は答えた。『いいえ。』彼は私に言った。『お前は真に我が僕である。』」

それで、この目撃の持ち主は、洞察の持ち主たちの許での真実在の先端の彼のアッラーの偉大さの認識の例の量に応じている。至高者の万物への顕現で、全てのものは、それがものであるという観点からは、彼の許では小さく思えるが、彼の許でそれが真実在の顕現、通路であるとの観点からではない。それゆえ貴方は彼があるものをある一つの観点からは称賛し、別の観点からはそれを蔑むのを見る。[31]

それは峻厳偉大なものであり、それ自体が一般人には彼の覆いなのである。それは卑小不足であり、それはかれらにとっては他の諸物であり、洞察の持ち主たちの許では、諸個実体なのである。その他の諸物は、その（諸個実体）の衣服に当たり、目撃に際しては、それから剝ぎ取られるのである。そして状態の持ち主は、ただその衣服を着た後では、万物を軽んずるが、それを脱ぎ捨てればそれを尊重し、尊敬するのである。一方、階梯の持ち主は、それを常に尊敬するのである。なぜなら衣服は彼の目には、その下にあるものが透けているからである。他方、一般人は、それを常に重んずる。なぜならばかれらは外の衣服だけを見ているからである。

続き

至高者は仰せられる。「不正な者たちは、互いに互いの後見人である。そしてアッラーは畏れ身を護る者たちの後見人である。」（45章19節）後見とは、否応なく他人に自説を執行すること、である。それゆえ、不正な者たちは互いに互いの後見人である。なぜならばかれらの一部に（別の）一部の者たちの見解が執行されるからである。かれらの一部の者たちが他の者たちに命令し、一部の者たちが他の者たちに禁ずるのである。そしてかれらはかれらに誰が命じ禁じているのか、彼がかれらに対してその考えを執行する後見権を有している次第について知らず、ただ命令と禁止が彼から出ており、双方とも彼から発している事実だけを知っているのである。

他方、畏れ身を護る者たちは、アッラーを彼以外に命令と禁止を帰属させることの防壁とし、彼によって彼以外から身を護るのである。それゆえかれらの洞察において、かれらには彼以外は存在しないのである。それゆえアッラーはかれらの後見人なのである。それゆえ至高者は仰せられる。「アッラーは信仰する者たちの後見人である。」（2章257節）つまり、彼であって他の何者でもなく、との意味である。「（アッラーが）かれらを諸々の闇から光へと導き出す。」（2章257節）つまり、（アッラー）以外の諸物の諸々の闇、の意味であり、「闇はその一部が他

▼31 「至高者の万物への顕現で、全てのものは、それがものであるという観点からは、彼の許では小さく思えるが、彼の許でそれが真実在の顕現、通路であるとの観点からではない。それゆえ貴方は彼があるものをある一つの観点からは称賛し、別の観点からはそれを蔑むのを見る」の文はHA版にはない。

の上に。」（24章40節）と仰せのように、それは数多くある。「光に」、（の光）とは唯一であり、それは至高者が「アッラーは諸天と地の光」（24章35節）と仰せの通り、諸天と地の光である真の光なのである。アッラー以外のものについての益にも害にも役立たないとの絶望については、その意味はそれが（アッラーの）他の物である限りにおいて、ということである。他方、それが実個体である点においては、その他者性はその外装（thawb）[32]なのであり、その外装に随伴するところの様々な臨在（ḥaḍrāt）[33]のレベルにおいて、諸世界に影響を及ぼすのである。例えば、ナイフで、それが影響を及ぼすことは、それがナイフである限りにおいては不可能である。なぜならナイフは「（アッラーの）他の物」だからである。一方、それがアッラーの御手である側面においては、切断の臨在のレベルにおける彼の御力の采配の下に入るのであり、アッラーはそれ（ナイフ）をその（切断の臨在レベル）に置き給うたのであり、それは唯一の影響を及ぼすものの実個体なのである。他者性は、その後ろにあるものを覆う外装のようなものなのである。

　このように、あらゆる外的、内的偶因はあるのである。至高者は仰せられる、「そしてアッラーはかれらの後ろから取り囲んでおられる。」（85章20節）

　アッラーによる信仰者の防御もまた、彼（信仰者）の状態の一つである。至高者は仰せられる。「アッラーは信仰する者たちを守り給う。」（22章38節）

　それはなぜかというと、信仰とは、彼の他者性の外装の透過性だからであり、アッラーはただ彼御自身を守り給うに他ならないのである。不信仰者とは違って、アッラーはかれら（不信仰者）を守り給わない。なぜなら不信仰とは隠蔽に他ならず、かれらはかれらから彼をかれらの他者性の外装（不信仰）で覆っているからなのである。かれらの外装（不信仰）はその後ろにあるものを透かし出さず、それゆえかれらはかれらの彼への知識それ自体のうちにおいてを知らないのである。これこそ最も驚くべき不思議である。

　アッラーによる信仰者たちの援助については、至高者は「まことに我らは我らの使徒たちと現世において信仰する者たちを助け、証言者たちが立つ日においてもまた。」（40章51節）と仰せられ、現世と来世の二つの世界での信仰者たちの援助を確証し給うた。その意味は自我、欲望、悪魔、不信仰者たち、頑迷者たち、否定者たち、嫉妬者（ḥāsid）たち[34]、憎悪者たちの全ての敵たちに対しての援助であるが、これは現世においてである。他方、来世においては、罪、罪過、権利、業、であり、至高者は復活審判の日においてかれらの訴人を満足させ、かれらをこの完全な信仰の祝福により楽園に入れ給うのである。そしてかれらをこれら全てに対して助け給い、遂には、預言者性の階梯においては（bi-maqām al-nubūwah）[35]預言者たちがかれらを凌ぐとしても、信仰の階梯においては預言者たちに連ね給うのである。それゆえに、この節（……我らの使徒たちと現世において信仰する者たちを……）においてかれら（使徒たち）をかれら（信仰する者たち）に接続詞で並べているのである。

現世と来世でいかなる罪も預言者たちを害さないのと同様に、既述の通り、現世でも来世でもこの真の完全な信仰の持ち主たちもいかなる罪もかれらを害することはない。これが預言者たちと天使たちにおける無謬性に準ずる「守護」の階梯なのである。

信仰の階梯

信仰の階梯は数多い。その中には唯一神崇拝（タウヒード）の階梯、忍耐の階梯、一任の階梯、禁欲の階梯、満足の階梯、懼れの階梯、謙譲の階梯、自制の階梯、廉恥の階梯[36]、愛の階梯、卑下と必要の階梯、夜更かしの密談

▼32 AF版では「悔悟 tawbah」。HA版の読みを採る。
▼33 HA版では単数形の ḥaḍrah。
▼34 HA版には「嫉妬者たち」はない。
▼35 HA版では「いくつもの階梯（bi-maqāmāt）においては」。

裕がない。

の階梯などがある。我々はいくつかの本の中でそれを説明することがあるかもしれないが、この小著ではその余

信仰の宿駅

一方、信仰の宿駅は、僕の内的、外的身体の全体であり、その基本は心である。信仰は先ずそこに宿り、そこから四肢の残部に拡散する。そしてそれ（信仰）にはあらゆる身体部位にその身体部位に相応しい特定の形態がある。それはそこ（身体部位）では一つの名前で呼ばれ他ではそれでは呼ばれない。それは心においては信心（正しいと見なすこと）、理性では承認、信任、自我では安心と服属、目ではアッラーの御業の偉大さの視認、耳ではアッラーの御言葉と彼の預言者の言葉とウンマ（ムスリム共同体）の義人たちの言葉の聴聞、手ではアッラーへの服従を含むことの把持、足ではアッラーのご満悦の中の歩みなど、心の中にある根から枝分かれした多くの枝葉があるのである。

これを熟考する者は、行為を信仰の指示対象に含める。なぜならば信仰の形態は、身体部位と四肢の違いによって異なるからである。その根を見て、その一つの物の外的な諸形態を見ない者は、その一つの物だけを考慮するのである。例えばアブー・ハニーファとその追随者たちは、行為を信仰の指示対象に含めない。その根拠は、物の形態は、それ（形態）が消滅しても、必ずしもその物自体が消滅したことにはならないからである。なぜならば形態は本体の偶有であり、本体は固定していても、形態は脱いだり着けたりするからである。責任能力者は、崇拝行為の定刻の外では、信仰の外的形態が消えていても、あるいは眠っている、あるいはぼんやりしている状態でも、信仰の指示対象が彼からなくなるわけではない。それどころか、例えば睡眠や失神で、（信仰の）内的形態も消滅しても、信心（正しいと認めること）が否認に、承認と信任が頑迷と傲慢に、安心が歪み、迷い、疑いに形態が変わらない限り、信心の判断が継続するのである。その（変化の）ときには彼から信仰が消滅し、彼に不

信仰が生ずるのである。アッラーにこそ守護を求め奉る。

信仰の種類

信仰の種類は三つ、(1)完全、(2)不完全、(3)その範疇に含まれるもの、である。

完全な信仰

完全な信仰とは、心に降った光であり、その輝きが理性と感覚に顕れる。つまり、何かを理解するか、あるいは五感の一つの感覚でそれを感じたなら、その物の本質を、その天使界(マラクート)性において把握するのである。そしてその権能界(ムルク)性における形象が彼に覆いとなることはない。そしてそれが万物全てに対するのは、一つの実個体としてであるが、万物は全て多くの実個体としてそれに対する。至高者は仰せられる。「アッラーを信仰する者は、その心を導き給う。」(64章11節)つまり、万象において真実在へと(導き給う)の意味である。このアッラーからの御約束には曖昧な点はない。

万象において、何を見てもその物と共に真実在を見ることにおいて、心が真実在に導かれていない者は、アッラーを信仰しておらず、彼について自分の理性と想像力で表象したアッラー以外の何かのものを信じていることを示しているのである。なぜならばアッラーは理性で理解もできず想像もできず、理性と想像力の把握を超えているからである。

▼36　AF版には「廉恥の階梯」はない。HA版の読みを採る。

黒人女性の話とそれについての答えについて：続き

アブー・ハニーファはアターゥ・イブン・アビー・ラワーフ（七三二／三年没）の伝承経路で、アッラーの使徒の弟子たちが彼に以下の話をしたことを伝えている。教友アブドゥッラー・イブン・ラワーハには、彼の羊群の番をする牧童女がいた。彼は羊群の中の一頭の羊の世話を命じた。彼女はそれが太るまで世話をしたが、その牧童女が一群の羊に気を取られていると狼がやって来て件の羊を襲って殺した。そこにアブドゥッラー・イブン・ラワーハがやって来たが、件の羊が見当たらなかった。そこで牧童女がそのことを彼に話した。そこで彼は彼女を平手打ちにしたが、その後、それを後悔し、それを預言者に告げた。預言者はそれを重く見て言われた。「貴方は信仰する女性の顔を打った。」そこで彼（アブドゥッラー・イブン・ラワーハ）は言った。「彼女は無学な黒人女です。」そこで預言者は彼女に使いを送り、彼女に尋ねられた。「アッラーはどこに。」彼女は「空（高み）に。」と答えた。そこで彼は尋ねられた。「私は誰か。」彼女は答えた。「アッラーの使徒です。」そこで彼は言われた。「彼女は信徒の女性である。それゆえ彼女を解放せよ。」

これは預言者からの、アッラーの場所からの超越化の信条の必要性の証明である。というのは、アッラーが場所性を超越していることを知っていながら、彼女のアッラーへの信仰を、彼女の彼への信仰が事実に即して正しいか、あるいは正しくないか、否、人々の多くが信じるように単なる擬被造物化、物神化に過ぎないのかを試みるために、「アッラーはどこに。」との彼の言葉で彼女に尋ねられたからである。預言者はそれ以前から彼女の正しい信仰を知っておられた。それゆえ彼女の主人が彼女を平手打ちしたことを重大視し、彼女を見る前に彼女について「信仰者の女性」と言われたのである。それから預言者はそれを彼女の主人にも知らせようと思われ、彼女について彼（主人）が「彼女は無学だ。」と言ったことについて、彼女の完全な超越性を知っていたにもかかわらず、彼女について彼女に尋ねるように、彼女に使いを送り、自分がアッラーの完全な超越性を知っていたにもかかわらず、同種が同種について尋ねるように、彼女に尋ねたのである。そして彼の「アッラーはどこに。」との問いに対する彼女の答えは、「天（高み）に。」であったが、彼女は、彼を場所性が把握することからの、高み、上位性、超越を意図していたのである。

アッラーは物質の世界を創り、その中に天（高み）と地を創り給い、同様に霊の世界を創り、その中にも天、つまり理性と、地、つまり霊魂を創り給うた。「天」の原義は、霊の天の名である。なぜならば、ハディースにあるように、霊は物質より二千年前に先に創られたからである。その後、「天」の語は、この知覚される天、つまり物質の天に対して言われるようになった。なぜならば物質の天は、霊の天の象徴として創られたからである。その（霊の天の）意味は来世である。しかしただこの現世の意味にだけ理解されているのである。そしてアッラーは霊の世界の上にあらせられる。つまり、理性の上にあらせられる。至高者は仰せられる。「お前たちは天にあらせられる御方が地にお前たちを飲み込ませ給うことから安全であるのか。」（67章16節）その意味は理性の天（高み）である。つまり、別の節で「かれらはかれらの主をかれらの上において畏れている。」（16章50節）と仰せのように、その（理性の）上において、の意味である。

これがアッラーの場所性であり、理性が想像するあらゆるものの上にあるのである。そしてこの黒人女性は、我々が彼女は理性の高みではなくこの空を意図していた、と言わざるをえないように、その手か何かでこの空を指したとは伝えられていない。

不足な信仰

不足な信仰とは理性的証明、決定的論拠に基づき、それに従う肯定である。つまり、もしそれを反証する者が反証すれば、その反証が、それに基づく肯定にも入り込むのである。これは外面形式の大学者たちの理論家たちの信仰である。ファフル・ラーズィーから以下のように伝えられている。

彼のある弟子たちが彼のところに来て彼が泣いているのを発見し、なぜ泣いているのかと尋ねた。すると彼は答えた。「私が何年間も信じてきた問題で、今、その論証の誤りが明らかになったのだ。私は私の課題の全てがそれと同じではないかと畏れている。」
博識にもかかわらず自分自身に対する彼の客観的認識を見、また外面形式の学者たちが完全な信仰を得るために自分たちの務めを怠っていることをよく考えよ。それはその諸偶因が与えられ、その障害が取り除かれれば発生する獲得物であるにもかかわらずである。その偶因とは善行である。なぜならそれ（信仰）はその（善行の）結果であるからである。その障害とは、見得、虚栄、思い上がりなどの魂の中の下劣な性質である。それ（完全な信仰）を得る助けになるのは、その（完全な信仰の）持ち主に随行し、使え、敬うこと、またかれらの信条における絶対専一、かれらが神的事跡であり、かれらには影響力が全くないとの確信である。至高者は仰せられる。「そしてアッラーはお前たちに創り給うたものから影を為し給うた。」（16章81節）そしてかれらはアッラーの宝庫であり、かれらの中に彼の秘密を預け入れ給うた。そして彼こそが御望みの者に彼の神慮の鍵によってかれらの扉を開き給い、御望みの者にはかれらの扉を閉じ給う者なのである。

アッラーは最後の審判の日までのいかなる時をもかれら（完全な信仰の持ち主）なしには放置されない。なぜならかれらは預言者職の知の遵奉者だからである。それはちょうど聖法の学者がムハンマドの使信の遵奉者であって、地上に聖法の学者がいない時がある、と言うことが誰にも許されないのと同じで、同様に真理の学者がいなくなると言うことも許されないのである。なぜならばその二つの知識は双方とも預言者から伝えられたからであり、無知な輩がそれを知らないことからは地上にそれが失われたことは帰結しないのである。聖法の学者も、無学者たちの間に何年もいながら、かれら（無学者たち）がかれらのこととする娯楽や現世の虚飾に欺かれうつつを抜かしていて、かれらが彼に目を留めず、悟らないこともあるのである。アッラーは御望みの者を正道に導き給う。私はこの意味について『この民（スーフィー）のうちの見出される者たちの判断についての眠りについての注意（*al-Tanbīh min al-Nawm fī Ḥukm Mawājīd al-Qawm*）』と名付けた本を書いた。人はムハンマドについての信仰を、その（使信の）内容への信仰なしには完成することはない。それはアッラーへの信仰を、我らの著作『真智者ムヒーユッディーンを貶める者たちへの強固な論駁』の中で説明した超越化の信仰なしには完成しないのと同じである。この両著を学べ、さすれば正しく導かれるだろう。アッラーが貴方の導きを引き受け下さる。

その規定に準ずるものとして、不注意、眠り、死に際しての完全な信仰と不完全（な信仰）がある。

不注意の状態

不注意の状態については、完全な信仰の持ち主はその（不注意）状態にあっても不信仰者とは呼ばれない。そうではなくハディースにあるように、「彼には信仰がない」と言われる。例えば、「姦通者は、姦通しているときに信仰者であれば姦通しない」などの預言者の言葉のように、既述の通り、つまり、もし彼が完全な信仰の信仰者であれば、なのである。信仰は開示であり、目撃はその保証なのである。

完全な信仰の持ち主にも必ず不注意はある。しかしかれらの中にはその夜（不注意）と昼が同じ者もあれば、昼が夜よりも長い者もあり、夜が昼より長い者もある。その生涯の全てが夜の者にこそ災いに次ぐ災いあれ。ウマル・ブン・ファーリド師は言う。

> 自らに対して、その生涯を無駄にした者よ、泣け
> 彼にはそれに分け前も配当も無い。

かれらの中には、その生涯が全て昼の者はいない。なぜならばそれは現世にはないからである。我々が（ここで）念頭に置いているのは、現世の完全な信仰の持ち主であって、来世（の完全な信仰の持ち主）ではない。というのは来世には夜はないので、夜は現世の範疇の一つなのである。かの預言者にして、信仰において最も完全な者であったにもかかわらず、「私の心に妄念が浮かんだのである。私は昼に夜に百回アッラーに御赦しを請うて

いる。」と言われているのである。

不十分な信仰の持ち主は、常にアッラーについて不注意な状態にある。彼はただ、アッラーによってではなく、理性的論証、証明によって、時々覚醒する（mustayqiẓ）[37]のみなのである。それが彼の状態においては最高の覚醒なのである。それゆえ彼はその不注意の状態にあっては証明と証拠による信仰の信仰者ではない。彼は時々証拠と証明に思い至る魂によって、彼の信仰において盲従者なのである。この盲従者の信仰については、学者たちに見解の相違がある。私が採る説は、歪曲なくスンナと団結の徒の信条を己の信条とし、逡巡がなく堅信、確信しているとの条件での盲従者の信仰の有効説である。

確信、堅信を失い、疑い、逡巡し、当惑している場合、コンセンサスにより彼はムスリムではない。アッラーは仰せである。「かれらの多くは憶測に従うだけ。まことに憶測は真理には何の足しにもならない。」（10章36節）盲従している相手の信仰がスンナと団結の徒（ahl al-sunnah wa-al-jamāʻah）[38]の信条と一致しない場合も同様である。アッラーについて、方向、場所、物質化、擬人化を信じていながら、スンナと団結の徒の師たちに盲従していると主張し、アッラーの御許で自分たちが救われるムスリムであると見なす者たちなどである。なんと忌わしいかな、まことに救済はムハンマドの信条と、彼の信奉者たちの信条だけに限定される。かれらはアッラーについて超越者（自身）が形容し給うたこと以外に信じなかった。アッラーは全ての方向、全ての場所、全ての形象、全ての類型、全ての想像物を創り給うたのである。至高者は仰せられる。「言え。『アッラーは全ての創造者。』」（13章16節）もし彼がその何かで形容されるとするなら、それを創り給う前には、どこにおわされたのか。彼はおわし、何もなかった。そして彼は今も彼がおわしたのと同じようにあらせられる。彼は仰せられる。「彼の類似物のようなものは何もない。そして彼はよく知り見給う御方。」（42章11節）

それゆえ我々が述べたことに気付け。それは大変有益である。アッラーこそ導き手であらせられ、彼以外に主はいない。

睡眠と死の状態については、完全な信仰者は睡眠と死の状態にあっても信仰者であり続ける。いや、その睡眠と死の状態にあって、その霊性が肉体性の様々な随伴物（muqtaḍīyāt）[39]とその汚濁から抜け出し、アッラーが創造し給うたその天性に帰るため、その信仰はおそらくむしろ澄み切るのである。なぜならその中には霊性の清澄があるからである。そして「お前たちは死ぬまでお前たちの主を見ることはない」との預言者の言葉により、死は完成と見なされるのである。

それゆえブハーリーが彼の『真正伝承集』の「夢判断（*al-Taʿbīr*）[40]」の巻で教友アブー・フライラに遡ってアッラーの使徒から「信仰者の正夢は預言の四六分の一である。」と言われたと伝えているように、正夢は預言の一部（juzʾ）[41]であるというのに、どうして睡眠と正夢によって信仰が減ずることがあろう。あるいは死によって減じようか。信仰者は死んだときにしかその主に見えないというのに。

それゆえ眠りと死は信仰者を完成させるものの一部であり、その信仰を減らすものではない。同様に不十分な信仰も睡眠と死の状態にあって、その中では本来の天性の力が顕れ、人間の障りが消えるために、覚醒時よりも一層完全になるのである。

▼37　HA版では同義のmutayaqqiẓ。

▼38　AF版では「その他者（dhālika al-ghayr）」。HA版の読みを採る。

▼39　AF版では複数形、HA版では単数形muqtaḍāとなっているが文意は変わらない。

▼40　HA版では*al-tafsīr*（夢解き）。

▼41　HA版ではjuzʾ min ajzāʾ min al-nubūwah（預言者の数ある部分の中の一部）。

信仰の果実

信仰の果実は、現世で信仰者が得る果実と、来世で得る果実の二種類。

現世における信仰の果実

現世で得る果実は、多神崇拝の汚れからの清めである。至高者は仰せられる。「まことに多神教徒たちは汚れである。」（9章28節）そして完全な信仰の持ち主に関する開示と目撃における彼との対話の相愛、不完全な信仰の持ち主の場合の、彼の崇拝への向上である。至高者は仰せられる。「信仰し善行を行う者たち、慈悲遍き御方はかれらに愛情を為し給う。」（19章96節）

またその中には、アッラーが彼の信仰者の僕たちの中の御望みに対して、アッラーの敵たちと彼の友たちの前で現世で授け給う様々な恩寵と（自然の）慣行破りの超常現象がある。[42] またかれらの一部については、水上歩行、空中飛行、石を黄金に変えたことなどが伝えられており、これらの現世における果実は数え切れず、数多い。[43]

信仰者への（li-al-muʾmin）[44] 来世における果実は、以下のように数多い。獄火の懲罰とそこでの永住からの救済、というのは、獄火の熱は完全な信仰の持ち主に対しては、アッラーがそこ（獄火）に入ることを彼に定め給うたとしても風呂の熱さのようになるからである。ハディースに曰く「火獄の熱は我がウンマには風呂の熱さの如し。」それどころか、信仰者の中の侵犯者たちは獄火の中で死んでいて罰されても痛みを感じない、とも言われている。ハディースにも言われる。「アッラーが信仰者たちを獄火に入れ給う時は、かれらをその中で死なせ給う。そしてかれらを出そうと望み給うた時、[45] その瞬間だけ、懲罰に触れさせ給う。」以上は、スユーティーの『小集成』の収める二つのハディース（ḥadīthān）である。またアッラーが楽園で信仰者たちに用意し給うた、かつていかなる目も見たことがなく耳も聞いたことがなく、人の心に思い浮かんだこともないような至福であり、またその最上のものとしての楽園における様相、様態なしの超越者の実相におけるアッラーの拝謁である。そして彼と彼の被造物の間には近さもなく、遠さもないのである。以上のような数え切れない果実と、果てしない驚くべき功徳があるのである。

▼42 HA版には「慣行破りの超常現象 al-khawāriq li-al-'ādāt」の語はない。
▼43 この一文はHA版にはない。
▼44 HA版では、「信仰者への」の語はない。
▼45 HA版では ḥadīth（一つのハディース）。

第7章　イフサーンの解明

まことに至誠には光　心を喜びで満たす
それによって死者は蘇る　墓に赴いた後に
それが現世を覆う　者に　現世を欺きと見ていた者に
そしてそれは安楽と安全　私から形象を吹き込む
そしてそれは私と私の間に　ずっと城壁を打つ
それから我が諸天は昇る　太陽と満月が
深窓の花嫁が顕れる　彼女は私の全てを婚資として取った
彼女の許での我が商売は　彼女が望むなら破滅は無い
風が我々の上に吹き散らす　ナジドの丘で花びらを
生命の息吹を嗅ぎ　川を黙考する
我らは川の花を摘み　国境を警戒する者に会わぬ者よ　アッラーについて虚偽を語るな
非難を控え　我らを捨て置け　愛を酒と飲むのを
愛の上に我らを助けよ　もし我らに不足を見出すなら
我らを扶養せよ　この書版の書面から　我らが文の行を抹消するのを

権限が私を押し潰し　それらは様々な諸存在物
この問題が浮かんだなら　心に思いが
我らから逃げ去る者は　逃亡を止めたなら
峻厳は自尊の中に　私は全てを歴史書の行に編んだ
彼はそのままあり続ける　制圧者　良く赦す御方として
我らがその上にある者　我らはずっとその中に居合わす
送り給うた　歳を　我らに　また月を
短時間と瞬間を　続く　また永遠を

イフサーン（至誠）の本質

知れ、至誠は、信仰の最高の段階であることを。なぜならば信仰の至誠、つまりその成就は信仰の諸属性[1]の一つ、その階梯の一つだからである。そしてそれには本質、条件、種類がある。そこで我々は今、それについて霊示のままに語ろう。それゆえ貴方に読み上げられることに聞き入れ。[2]

その本質とは、アッラーの目撃と、万象において彼と共にあることである。つまりたとえ現世の稼ぎに従事し、それに没入し、自分の時間の全てをそれ自体とその許された欲望の取得に費やしたとしても、なおアッラーと共にあり、万物における至高者の顕現を見出し、遂には食べ物や飲み物などの何かを好もうとも、それへの愛好が本当は、そのものの形で自分に顕現した真の顕現者に対するものであり、そのもの自体に対してではないことを

▼1　AF版には ṣifān とあるが、ṣifāt（諸属性）の誤り。
▼2　この一段落「知れ……に聞き入れ」は、AF版にはなく、HA版から訳出した。

目撃するのである。

それゆえ万物は、彼の許では慈悲者的顕現の、様々な種、類、個体における諸形象なのである。そして彼は、「慈悲遍き御方は玉座に座し給う。」(20章5節)との至高者の御言葉を最も完全、完璧な超越化をもって体現する者なのである。

続き

ブハーリーの『正伝集』の伝えるところ、長文のハディースの中で天使ジブリールが預言者に「至誠とは何か」と尋ねたのに対して、彼は答えられた。「貴方があたかも彼を見るようにアッラーを崇拝することである。もし貴方が彼を見なくとも、彼は貴方を見てい給うからである。」

「崇拝する」との彼の言葉は、この至誠の階梯の持ち主のその全ての崇拝において、その全ての状態においてであることを示している。つまり、立っていようと、座っていようと、歩いていようと、眠っていようと、食べていようと、飲んでいようと、その妻と交わっていようと、売ろうと、買おうと、訴訟をしようと、怒ろうと、満足しようと、喜ぼうと、悲しもうと、笑おうと、泣こうと、その他の全ての彼の行程、行為においてなのである。

それゆえ(li-anna)[3]至誠は、他でもない崇拝によって説明されているのである。なぜならばその(至誠の階梯の)持ち主には、崇拝以外に行為はないからである。そしてそれ(その崇拝)は、「あたかも貴方が彼を見るように」と(預言者が)言われたように、あらゆる状態、行為において、完全な超越化をもっての主の目撃なのである。比喩導入詞「あたかも(ka)」が挿入されているが、既述の通り、実見は彼に対して万物において実現するのであるが、万物の形象が洞察の目の覆いとなっているのである。それはちょうど牛の形象が洞察の目に歳月の形象の覆いとなったのと同じである。それで眠りの中で牛を見た者が、それについて歳月と夢解きされたのである。(ユースフの夢解釈における)それゆえ、見よ、夢が眠る者の洞察に見えたものとは違ういかなる形象を生み出すかを。というのは歳月には感覚においては形象がないのであるが、眠る者は、その眠りによって、それを牛の形象で洞察したのである。

現世における信仰者も同様である。その洞察力が眠っているために、形象がない者に形象を見るのである。預言者は「人々は眠っている。そして死んだときに目覚める。」と言われ、かれらが（外見的）形象のヴェールによって覆われているために、かれらが眠っていると確証されたのである。サウディー（一五二五年没）もその詩の中で詠っている。

もしも闇がかれらから明け　形象の世界が消え去れば
お前の意味が開け放たれるのを見る　全ての天性の中に浸み渡り
悟れ、ヴェールは流れ　輝く光景の美からの
ヤゥクーブ（ヤコブ）はその願いを叶え　ザイドは目的に達した

「私は預言者たちの一族である。我々の目は眠るが、心は眠らない。」との預言者の言葉は、預言者たちの目の眠りを確証し、この真の顕現のヴェールである諸形象に対して、預言者は人々が見ないものをかれらの心でなく目で、心眼でなく肉眼で見ていることを我々に教えられたのである。かれらの心眼（洞察）は不注意や、諸君主の中の主（rabb al-arbāb）[4]のヴェールから護られているが、かれらの目（肉眼）は覆われる時もあれば、覆われない時もある。それは「我々の目は眠る」との彼の言葉から理解される。つまり、その（目の）あり方は、時々眠る

▼3　ＡＦ版ではlāとあり、意味がとれない。ＨＡ版の読みを採る。
▼4　ＨＡ版ではrabb al-ʿālamīn（諸世界の主）。

ことだ、との意味である。

ブハーリーは彼の伝承経路でその『正伝集』の最後の「試練」の巻の中で述べ、以下のように言っている。「預言者がマディーナの砦の一つに登り、言われた。『私が見ているものをお前たちは見えるか。』人々が『いいえ。』と答えると、彼は言われた。『まことに、雨が降るように試練がお前たちの家々に襲いかかるのを私は見る。』」

こうして（預言者は）我々が見ないものを見ることが証明されているのである。また彼は「もしお前たちが私が知っていることを知れば、少なく笑い沢山泣いたであろう。」と言われ、彼がかれら（弟子）が知らないことを知っていることを告げられた。それはヴェールが彼の目から取り上げられた時のことである。ウンマ（イスラーム共同体）における相続人（預言者の相続人＝ウラマーゥ）は、至誠の階梯であるこの階梯において、預言者たちの取り分に与っているのである。それは篤信者（アブー・バクル）から「私は、ただ彼の前にアッラーを見た以外に何も見なかった。」と伝えられている通りなのである。

至誠の秘義

至誠の秘義は存在が無限定の一者に帰ることである。その説明は、アッラーとその諸属性、諸行為、諸規定以外の万物がその中にある場所は、課され決定された諸事の暗喩であるが、それらは互いに整序され、様々に相違する種、類、個体を含んでいるが、数において無限であるが、何ものもその場所の座位を脱することがないことである。「汝は慈悲遍き御方の創造に相異を見出さない。」（67章3節）と至高者が仰せの通り、どの粒子も全ての粒子に等しいのである。そこにおける相異は、（アッラーの）主性の側面から規定された相異を示す諸々の節において、至高者が「これらの使徒たちは、我らはかれらの一部を他より優先した。」（2章253節）と仰せのように、ただ主の諸々の規定の一つに過ぎない。

そして、空間の中に整序されたそれらの諸物は永遠無窮にそのようにあり、それ自体に対する関係（対自性）においては変わらない。ただ、それ以外の物でなくそれが帯びるその状態が無から存在（wujūd）[5]に変わるだけなのである。必然存在の臨在は永遠無窮にその上に形が変わることなく[6]顕現している。しかし存在と真理の光の中への顕れの準備の整った物は全て止まらず顕れる。それはずっとその可能態にあり、その場において変化しない。ただ光がそれを現すので顕れるのである。なぜなら真の（haqq）[7]光によって、全て隠されたものは顕れるからである。

そしてその物の顕れへの準備が終了し消えれば、元あったものへと戻るのである。しかし真の必然（存在）はそれがあるがままであり変化しない。万物の中にある顕れへのその準備以外は存続せず、それはアッラーに属する万古の意思なのである。至高者が「万物にその創造を与え、それから導き給うた御方。」（20章50節）と仰せの通りである。

この万古の意思こそ、万物にアッラーの知識の中でその物に対してあるがままに特定された準備を与えるものなのである。それゆえ万物が存在せしめられているなら、その存在の状態においてそれを存在せしめたものは、アッラーが無始永遠においてそのために創り給うたその準備なのである。そこではその可能性においてしかその存在はなく、それは至高者の知によって開示されたものなのである。

それは我々に顕れたところによるのである。しかし真相においては、それを存在せしめたものは永遠無始の連結によってそれに連結したアッラーの意思に他ならないのである。

▼5　HA版ではthubūt（確定）。
▼6　HA版には「形が変わることなく」の句はない。
▼7　HA版には「真の」はなく、「なぜなら光によって……」。

ここから我々には以下のことが帰結する。万物はこの今も、その可能性、想定においてあったままにあるのであり、決してそれから脱することはない。なぜなら想定された可能者が必然者、あるいは不可能者になることはありえないからである。それは純粋（ṣirf）[8]存在である必然者が、それがあるがままから変化することが永遠に決してありえないのと同様であり、それゆえ必然者が[9]可能者や不可能者になることはありえないことになるのである。同様に不可能者は純粋無であり、それがあるがままから変化し必然者や可能者になることはありえない。必然者はそれがあるがままに必然者であるだけで、かつてそうありこれからもそうあり続けるのであり、不可能者もそれがあるがままに不可能者であり、かつてそうありこれからもそうあり続けるのであり、可能者もそれがあるがままに可能であり、[10]かつてそうありこれからもそうあり続けるのである。ただその（可能者の）総体の中に、その帰属と関連によって（その可能者が）存在者となるがそれ（可能者）はそれがあるがままであり、必然者もそれがあるがままであるような、必然者に関するその認知があるのである。そしてその関係もまた可能者であり、それにはそれによって存在者となるような必然存在に対する認知がある。そしてそれは別の認知を必要としない。なぜなら、それはその可能性の中にあり続けるからであり、そしてそれは生成した知識だからである。世界の全てはこのようにあるのである。それゆえそれに従って行動し、導かれよ。アッラーが貴方の導きを引き受け給う。

続き

アッラーは仰せられる。「お前たちが見るもの、そして見ないものにかけて誓言しないでであろうか。」（69章38節）いかに世界の一部の視認と他の部分の視認の不在が我々に帰されているかを見よ。これは万物がその可能性においてそれがあるがままであり決して変わらず、変わるのはただただそれに対する我々の認識だけであり、それ自体ではないことの徴である。至高者が「我らがかれらの心と目を変転させる。」（6章110節）「アッラーは御望みの者を聞かせ給う。」（35章22節）と仰せられる通りである。聞かせること、見させること、はアッラーの御手にあり、他の何ものの手にもない。それゆえ（アッラーが）（見聞きさせようと）望み給う時、（人は）聞き、見、（見聞きさせまいと）望み給う時は、聞かず見ないのである。それゆえ聞かせること、見せることは、全ての聞く者、見る者に対して、アッラーからのものなのである。それが既述のかの「認知」を現すことなのである。アッラーこそ最もよく知り給う。

至誠の条件

至誠の条件は、スンナに合致した信条、逸脱のない行為、戯言から護られた言葉、の三つである。

スンナに合致した信条

スンナに合致した信条とはアッラーに関して絶対的超越化を信じ、心から自我の囁きを含むもの全てを消し去り、アッラーに関して本体、諸属性、諸行為についての思い為しを撥ねつけ、いかにそれが多く続こうとも、その何ものも受け入れず、彼についてそれを撥ね退けることが習慣となり、それが苦にならなくなるようになることである。

また預言者たちに関して、理性の全てにとって純粋な幽玄である預言を信じ、その意味について思い浮かぶことを全て撥ね退けることである。また最後の審判などについて預言者が語ったことに則って、それについて（自分が）理解したことに則ってではなく信ずることである。なぜならば自分の理性が知ることの比喩としてしかそ

▼8　HA版には sirf（純粋）の語はない。
▼9　HA版には主語「wājib（必然者）」はない。
▼10　AF版には「可能者もそれがあるがままに可能であり」の句はない。

れを理解することはできないからである。預言の事柄と来世の事象は全て理性の全てにとって幽玄である。預言者たちやその相続人たちもその何ものであれ理性によって到達することはできず、他の何ものでもなく信仰によってしかそれに到達しないのである。

信仰は理性の洞察の中の一つの洞察である。それと理性の関係は、太陽とそれから放出される光線の関係であり、それは「精髄」と呼びうるかもしれない。なぜならば理性はそれに対して「外殻」に当たるからである。それはあたかもそれ（信仰）がそこから出てくる理性が融けるようなものである。そして預言はこの光の中の光である。その光に対するその関係も太陽と光線の関係である。そして種々の光は互いに重なり合う。我々はそれを信ずるのであり、我々にはそれにには取り分がなく、天の星を見上げる者たちのように、我々はそれを証人として目撃するが、それを味わうことはない。そしてそれは預言の多くの行程なのである。

また被造物が全て、存在者と非在者の二種であり、非在者は存在してその後に非在となった非在者と、まだ存在せしめられていない非在者の二種であり、存在してその後に非在となった非在者は、その存在の時に立ち会われた非在者と（過去の存在）、その存在の時にまだ立ち会われず、まだそれに長い時間先立っている非在者（将来の存在）の二種である。

存在してその後に非在となり、その存在の時にまだ立ち会われない非在者と、まだ存在していない（非在）者に対して、この二種類は、幽玄であり、自分にはその両者の状態についてはクルアーンかハディースで真言者（預言者）が告げたこと以外に、判断できないと信ずることである。それは信仰と不信仰、（アッラーへの）服従と反逆、導きと迷誤など、過去の諸共同体の使徒たちに対するかれらの信仰や嘘としての拒絶の状態や、偽キリストや地の獣の出現に際する人々の事情などの現世に将来起こることで、正しい伝承が存在することである。

またその存在が立ち会われた非在者についてはそれが立ち会われたこと、あるいは正言者たちの集団が述べ、かれらの許で聖法的証明が確定したことの全てを信じ、それ以外を信じないことである。（それ以外を信ずると）

悪い憶測となり、罪を犯すことになるからである。
そして十分に注意を払うことである。特にその信条が信頼に足らない過去の歴史家たちの言説に基づいている場合である。特に歴史家の中の過去の学者たちの事跡について論ずる者たちについては、自分でその本を不特定多数か周知の（mashhūr）[11]伝承によって確かめ、その伝承者たち、著者たちを検証し、それについてそこに底意がないことを確認した後である。

人間の存在者の種類については、責任能力者と責任無能力者の二種、責任無能力者については、責任負荷待機者と、非待機者である。

（責任負荷）待機者とは、男性と女性、幽精と人間の幼児と少年であり、かれらは片親でもムスリムである者と、両親ともムスリムでない者である。もし片親でもムスリムであれば、かれら（子供）に背教か背徳が見受けられない限り、かれらは善良と推定される。それからもしかれらからそれ（背教、背徳）が消えれば、かれらに対してそれ（背教、背徳）を信ずることも消える。かれらのそれら（背教、背徳）全てとの無縁の原状回復の可能性があるからであり、かれらに再びそれらを目撃しない限り、かれらに認めた違反に固執し続けないのである。現世におけるかれらへの対応の問題はこのようになるのである。子供が多神教徒たちの子で、両親のどちらもムスリムでなく、それを知っている場合には、かれらの不信仰を即断する。しかしかれらからそれ（不信仰）を取り除くことが課されている者ではない。かれらは我々がかれらに対して判定するように命じられている外見に則って彼の御許に帰るのである。アッラーこそが内心を受け持ち給う。

責任能力者である人間の存在者の種類は、信仰を認めている者と否認する者の二種である。その否認者に関しては、彼に顕れたことに則って不信仰と推定される。信仰を認める者は、背徳者（神の命令に違反する者）と、背

▼11　AF版ではmashhūd（証言された）。HA版の読みを採る。

徳者でない者であり、背徳者でないのが原状であり、それゆえ彼には正しい信仰と、善良が推定され、そうした者への邪推は罪を帰結する背徳である。

背徳者は、（彼が犯した背徳についての）本人の報告によるか、彼の背徳を目撃するか、信頼できる者たちが自分たちの許で確証した彼に対する（背徳の）報告によるか、であり、それ以外によってはなく、その（本人の報告、自分の目撃、信頼できる者たちの報告）場合には、彼には背徳と主に対する悪しき振る舞いが推定される。但しそれもその報告と目撃の時点においてのことであり、その時が過ぎれば彼が改悛した可能性もあるので、彼への邪推と将来改悛するとの推測は禁じられる。なぜならムスリムに対して背徳を邪推することは禁じられているからである。

逸脱を離れた行為

逸脱（ビドア）を離れた行為とは、神事と人事において放漫でも過剰でもなく聖法の限界を護ることであり、学習と習得、その知への専念、その勉強の後でなければそうはならない。被造物（khalq）[12]と真実在に対する振る舞いのあり方へと自分を導く完全な師に付き従うことによってしか、人はそれを達成することはできない。それについての知識だけでは十分ではない。「あれはこれとこれからなり、これとこれをこのように混ぜ合わせる」と、料理人が彼にそれを教えたので、いろいろな食べ物の食品の成分について料理人と同じように[13]知っている人間がいかに多くいようか。けれども彼は自分自身ではそれを料理できず、もし料理すれば失敗するのである。

同様に聖法の諸規定を知る者が誰でも、それをしかるべく求められた通りに実践すべきかを知っているわけではなく、それを自分に教えてくれる先生を必要とする。そしてそれがその（修行）道の学匠たちである。そしてそれは聖法の学者たちとも、真理の学者たちとも違うのであり、そうした者の中にガザーリー（一一一一年没）などが含まれる。

アッラーに呼び招く者たちは三種。（1）聖法のみを知る者で、人々をかれらに課されたかれらの主の諸規範の学習へと呼び招く。（2）修道を知る者で、必ず聖法を知る者でなければならない。彼は人々を諸規定の知へと呼び招き、かれらにその実践法、逸脱を逃れた目的に適ったあり方でのその適用の仕方を教える。（3）真理を知る者で、必ず聖法と修道を知る者でなければならない。[14] 彼は人々を知とその実践に呼び招き、かれらにその仕方を教え、（精神）状態と言葉と熱意をもって、かれらに神的階梯と（精神）状態の修道を歩ませる。そして彼（真理を知る者）はいかなる時代もいかなる地域にもいないことはない。しかし末世には概ね彼（真理を知る者）は隠れているのである。なぜなら人々の大半には彼の有するムハンマドの宗教、預言者のスンナへの準備がないからである。それはかれらは逸脱（ビドア）をスンナと、スンナを逸脱と取り違えており、（アッラーへの）服従の衣を纏った悪行が顕れ、また悪行の衣を纏った（アッラーへの）服従が顕れるからである。悪行は悪行であり、服従は服従であって変わることはない。しかしほとんどの場合、物事が曖昧になり、禁じられたもの、疑わしいものを貪ることにより、洞察眼が曇り、真理を真理と見ず、虚偽を虚偽と見ないからである。

こうした完全人間が顕れ、そしてそれが被造物の間に出現した者であることについては一致があったとしても、彼を知る者はどこにいるのか、彼（完全人間）が現世に欺かれた学者たち（ウラマーゥ）の一人であると見なす者

▼12　AF版には「被造物と」の語はない。

▼13　AF版では「いろいろな食物の某の（fulānī）食品の成分について知っている」となっており「料理人と同じように」の語がない。HA版の読みを採る。

▼14　AF版には「彼は人々を諸規定の知へと呼び招き、かれらにその実践法、逸脱を逃れた目的に適ったあり方でのその適用の仕方を教える。（3）真理を知る者で、必ず聖法と修道を知る者でなければならない」の文はない。HA版から訳出した。

は皆、彼に対して、彼がスンナに背き、主の諸規範を放擲する者だと反論するのである。
ところが、かれら（反論者）の「スンナ」の語の内実は、自分たちの父祖たちがやっているので見知っているもので、（その実）自分たちの父祖たちの悪へと唆す自我がでっちあげた逸脱（ビドア）なのである。そしてかれらの「諸規範」の語の内実は、かれらに悪魔たちが吹き込みそれに欺かれたもので、余分な実践やその欠如を纏めた(allafū)▼15ものなのである。それなのにかれらはそれが本来意図されたものだと思い込んでいるのである。かれらがクルアーンとスンナに述べられたのと違う浄化（ウドゥーゥ）、沐浴、浄めをでっちあげているのを見よう。そしてそれらがかれらの許でスンナ、諸規範と呼ばれるものなのである。かれらは聖法に述べられたのではない礼拝、斎戒、浄財、巡礼をでっちあげているのである。それは礼拝における悪魔の囁き、戯言、怠業、斎戒における快楽、欲望への没入、貧者への浄財の脱法行為や恩着せ、巡礼における禁じられた旅費調達、貿易の意図、運搬手段の無効な賃貸など、説明すれば長くなることである。

対人関係行為においては、更にそれの何倍にもなる。かれらは、自分たちの書物が書き記したこと、父祖たちの見真似以外に、ムハンマドの宗教、預言者のスンナを知らないのである。どうしてかれらの間に完全人間が顕れるであろうか。

彼（完全人間）は顕れている。しかし聖法の悪人ではないが、かれらの悪人の衣を纏って、聖法の無学者ではなく、かれらの無学者の衣を纏って、聖法の逸脱者ではなく、かれらの逸脱者の衣を纏っている。いかに満月が闇の衣を着て顕れ、獅子が鳩の羽を纏って隠れようか。確かに全ての人は、自分たちの場を知っている。

この時代に彼を見つけることを望む者は遠い星を望み、自我が彼に「自分はカペラを手にした」と囁くのである。そして人は自分が知らない者に出会い、自分の許には類例がなく形容し難い者を見つける時なのである。アル＝クシャイリーは、彼の伝承経路でアブー・ヤズィードが以下のように言ったと伝えている。「アッラーの聖者（ワリー）たちは花嫁である。近親以外は花嫁を見ない。かれらは彼の許で密室に隠されている。人間は誰も、現世でも来世でもかれらを見ない。」イブン・アターウッラー・イスカンダリー（一三〇九年没）は言う。「彼への案内人しか、彼の聖者たちの案内人にし給わなかった者こそ超越せしかな。彼（案内人）が自分を彼の許に導くことを望む者しか、彼（案内人）の許には導かれない。」アブー・アッバース・ムルスィー（一二八七年没）は、「聖者（wali）を知ることはアッラーを知るより難しい。なぜならアッラーはその峻厳と優美により顕れている御方だからである。（聖者については）貴方が貴方と同じ被造物であり、貴方が食べるように食べ、飲むように飲むと理解している時でさえも。」と言ったと伝えられている。アッラーこそ最もよく知り給う。

戯言から護られた言葉

戯言から護られた言葉とは、どのような状態にあってもアッラーの想起を維持することである。アッラーの想起は多くの種類に分かれる。クルアーンの読誦による想起、タスビーフ（アッラーこそ超越せしかなと唱えること）、タフミード（称賛はアッラーに属すと唱えること）、タクビール（アッラーは至大なりと唱えること）、タフリール（アッラーの他に神なしと唱えること）、で数々の方法による。彼の諸規範を学び教えること、アッラーの被造物（人間）に対して良き訓戒により忠告すること、現世の生計を立てるために許された様々な仕方で被造物（人間）と交わることと、アッラーへの服従とその諸規範の実践の意図で、それ（現世での人との交わり）を避けることによる想起。アッラーこそ最もよく知る英明なる御方。

至誠の種類

至誠の種類は非常に沢山ある。それを網羅することはできそうもないが、その最上のものは主と僕の目撃であ

▼15　ＡＦ版では「alaqū（照らす）」。ＨＡ版の読みを採った。

る。そしてそれにも種類がある。

臨在の主と隠れた僕の目撃、隠れた主と居合わせる僕の目撃、共に居合わせる主と僕の目撃、共に隠れた主と僕の目撃。

最初の二種については、臨在の主と隠れた僕の目撃を含む「アッラーをあたかもお前が彼を見るかの如くに崇めよ」と、隠れた主と居合わせる僕の目撃を含む「お前が彼を見なくとも彼はお前を見て給う」との彼（預言者）の言葉で示唆されており、残りの二種類については、彼（僕）の彼（僕）の主の認識の完成の欠如が意味するところである。

また至誠の種類には、時に僕なくして主を目撃し、時に主なくして僕を目撃することがあり、またかれらの中には、主と僕の一部を目撃する者もあれば、彼（僕）の彼（僕）の主の認識の完成の欠如の意味で逆（主の一部と僕の目撃）の者もある。

要約すると、至誠の種類の全てを網羅することは不可能ということである。なぜなら全ての者（魂）には、このムハンマドの聖法から外れないのであるが、個別の行程、特定の趣味、独自の方法の本質があるからである。その原因は、神的顕現の多様性による。というのは、それは一つの種、一つの類に包括されないからである。味得と目撃の人々はそれを知っている。そしてそうした種類の母型については既に述べた。アッラーこそ正答を最もよく御存知の御方であり、帰り処、戻る場は彼の御許。

結論

事は終わり　筆は乾いた　庇護と平和の光が顕れた
平和の谷の遊牧民が我らを訪れ　かれらの迷い駱駝と平和を容れる

おお　アッラーはクバーで天蓋を護られ　アードはそこに戻りイラムを去った
水をやり　それからそこには不幸　その空に私を抱かず私は抱く
カーズィマの逗留者よ　私の舌は貴方にあって生き　口も
近隣に私への愛情を振りまき　中に積もり続ける
我が戯れ言に夜通し聴き入り　その声色が貴方を煽ったか
リワーの鳩の囀りを聞け　そこに闇が訪れたときに
この生誕には訓戒　人間にはそれについて言葉は窮屈
存在者の衣装は透け　また透ける　人の心はその中に痛み
身体の震える音は高くそこで　魂の抜け殻の息吹は隠れない
我々の感情は清き者の嘆きを拒む　東風と長雨がそれを歌う時
空の杯が回る時　全ての存在には無が続いて
命の芳香は我らの中に薫り　成長の花は微笑む
狩り場は開かれ狩り場の主は　まだそこにおり民は望む
かつて居た者はまだ　かつてあったようにあり　その恵み
しかし心には心はなく思想家は夢中になり盲いる
目から鱗が取り除かれれば　心から幻想は消え去り
かれらを取り囲んだ無知を悟り　かれらから彼への憧憬が昇り
かれらの許に全てが欺きと分かり　知らねばと望む
しかし囁きがかれらを絶望させ　かれらの中で死体は蘇らない
かれらが思いなすのを見る　かれらの中で足を上げないと

私は誠意を尽くした　民よ　貴方がたに　我が尽力に応じ曖昧さは晴れた
私は宗教を明瞭に説明した　貴方がたにそれを届けない舌で
夜行のために駱駝を貴方のために繋いだ　高貴な民は理会した　ゆえに望め
アッラーが私が語ったことを役立たせ給いますように　また筆の産物を
良きことで我々に事は終わり　我らは宗教の奉仕者
また知の住人全てに　そして敬虔により非難を免れた者に
私からのアッラーの祝福をいつも　彼からの不滅の平安と共に
選ばれしアッラーの預言者ターハーに　我が神が彼に用意し給うたのは栄誉

その門が万人に開かれているこの中庭の開放は我々にうまく仕上がり、この要綱での我々の目的は遂げられた[16]（tamma）。それは良き樹から搾られた（神授の）成功の実の油。なにはともあれ、アッラーにこそ称えあれ。我らが長ムハンマドと彼の全ての教友たち、そして全ての一統にアッラーが祝福と平安を与え給いますように。無能で怠慢の極みと自認する本書の卑しい著者アブドゥルガニー・アル＝ナーブルスィーの手で、――アッラーよ、彼の手を取り、彼にその恩寵を恵み給え――ヒジュラ暦一〇八五年のシャウバーン月下旬の金曜の日中にそれ（本書）は脱稿された。その（ヒジュラの）為し手（預言者ムハンマド）に千の挨拶あれ。

▼16　ＡＦ版では thammah（そこにある）。ＨＡ版の読みを採る。

訳者解説

ナーブルスィーとその思想

その生涯

ナーブルスィーとはどのような人物なのか。日本では未だ知られていないこの人物の生涯について簡単に紹介したい。

アブドゥルガニー・ナーブルスィー（'Abd al-Ghanī ibn Ismā'īl al-Nābulusī, d. 1143/1731）は、十八世紀シリアのダマスカスを中心として活動したイスラーム知識人であり、「オスマン帝国統治下シリアにおける最も偉大なアラブ人スーフィー」[▼1]と評される。

彼は一六四一年、ダマスカスに生まれる。彼の母ザイナブが妊娠中、彼の父はエジプトに遊学中であった。ザイナブはナーブルスィーを身ごもっていたときにダマスカスの著名なスーフィー聖者ユースフ・カミーニー（Yūsuf al-Qamīnī, d. 657/1259）の許を訪れた。カミーニーはスーフィー聖者の中でも神との合一体験により恍惚状態に入っている「酔った（majdhūb）」聖者として知られていた。ムスリムとして礼拝のために必要な浄めなども一切行っておらず、その姿は不潔そのものであったという。しかしながらカミーニーは病人を癒すなどの奇跡を行う人物として、ダマスカスの民衆の畏敬を集めていた。またナーブルスィーの母ザイナブは、シャイフ・マフムードと呼ばれるダマスカスのスーフィー聖者から恩寵（バラカ）を得ようと彼の許も訪れている。その際、

▼1 Elizabeth Sirriyeh, *Sufi Visionary of Ottoman Damascus: 'Abd al-Ghani al-Nabulusi 1641-1731*, London and New York: Routledge Curzon, 2005, p. ix.

シャイフ・マフムードはザイナブが身ごもっている子供が将来偉大な人物となることを予言したと言われている。このように、ナーブルスィーの生きた時代のダマスカス社会では、スーフィー聖者や奇跡、恩寵などが民衆の生活に入り込んでいた。ナーブルスィーの家族もその例にもれず、彼はスーフィーたちと交流を持ちながら育っていったと思われる。

一方で、ナーブルスィー家は代々高名な法学者を輩出してきた法学者一族の家系としての側面もあった。ナーブルスィー家は、もとはシリアのハマー出身だが、十三世紀にエルサレムに移住してきたとされる。マムルーク朝期には高名なシャーフィイー法学派の法学者を輩出しており、法官の職を代々務めてきた。ナーブルスィーの曾祖父イスマーイール・ナーブルスィーもまた、オスマン朝支配下ダマスカスのウマイヤド・モスクでシャーフィイー法学派のムフティーを務め、さらに四つのマドラサで法学を教えていたとされる。ナーブルスィーの父もまたイスマーイール・ナーブルスィーという名前だが、彼は代々シャーフィイー法学派の専門であったナーブルスィー家の家風を離れ、ハナフィー法学派に転向する。これは、オスマン朝の公式法学派がハナフィー法学派であったことから、法学者として出世を望むならハナフィー法学に精通している必要があったためではないかと考えられる。ハナフィー法学派に転向した後も、曾祖父と同じようにイスマーイールはウマイヤド・モスクやマドラサで教鞭を執り、裁判官として活躍した。以上のように、ナーブルスィーは法学により親しみやすい家庭に生まれたことが分かる。しかしながら、ナーブルスィー家に連なる法学者の一人であるイブン・ジャマーア（Ibn Jamāʿah, d. 733/1333）はイブン・アラビーの思想には否定的なファトワーを出しているが、本解説で扱うナーブルスィーはイブン・アラビーの熱烈な信奉者であることに鑑みると、ナーブルスィーは家系的には珍しくスーフィズムに傾斜している人物であることが明らかになる。

このようにダマスカス有数の法学者一家の許で育ったナーブルスィーであるが、彼が十二歳のときに父イスマーイールが亡くなってしまう。ナーブルスィーにとって最大の師匠であり最愛の存在を失った衝撃は大きく、その後七年間家に引きこもってしまった。しかし家にいる間は何もしなかったわけではなく、彼はイスラーム学の研究に没頭するようになる。自宅では、特にイブン・アラビー（Ibn ʻArabī, d. 638/1240）、ティリムサーニー（ʻAfīf al-Dīn al-Tilimsānī, d. 690/1291）などイブン・アラビー学派の思想家たちの著作を読みふける。一般にアラブ世界では遊学が尊ばれる傾向にあるが、隠遁生活の中でひたすら読書にふけるという異常な精神集中によって彼独自の思想は磨かれたと言われている。[2] またこの期間も彼は人間関係を断絶したわけではなく、十二歳から二十歳までは当時のダマスカスの高名なハンバル法学者であったアブドゥルバーキー・ハンバリー（ʻAbd al-Bāqī al-Ḥanbalī）の薫陶を受けた。十八世紀ダマスカスのハンバル法学者たちはハディース学の権威としてその地位を確立しており、ナーブルスィーもハンバル法学よりも専らハディース学をアブドゥルバーキーから学んだ。ハディース学の修行は、後述の第三章で紹介するような法学論争でのナーブルスィーの議論の基礎を築くことになる。二十代の前半には、ナーブルスィーはハディース学とイブン・アラビーの著作の講義をモスクや私的な読書会で行うようになったとされる。当時オスマン朝はカドゥザーデ運動の第三期に当たり、イブン・アラビーの思想は異端としてしばしば批判にさらされていた。ナーブルスィーはイブン・アラビーの主著『叡智の台座（*Fuṣūṣ al-Ḥikam*）』の注釈書を書いたり、カドゥザーデ運動の祖であるイマーム・ビルギヴィーの『ムハンマドの道（*al-Ṭarīqah al-Muḥammadīyah*）』に注釈を施したりして、カドゥザーデ運動派の批判からスーフィズムの擁護を試みたとされる。

その後、ナーブルスィーはイスタンブルやパレスチナ、カイロなど様々な場所を訪れ、旅行記を多く著す。彼の旅行の主な目的はイスラーム世界各地に存在するスーフィー聖者の霊廟を訪れることであった。ナーブルスィーは墓参詣を、スーフィー的叡智を得るための特別な行為として重視しており、生涯数回にわたって聖者廟

▼2　松本耿郎「ナーブルスィー」大塚和夫他編（二〇〇二）『岩波イスラーム辞典』岩波書店、七一三頁。

参詣の旅を繰り返した。

スーフィー教団としては、カーディリー教団、ナクシュバンディー教団に属した。カーディリー教団にはイスタンブルに旅行をする旅路でカーディリー教団の導師に出会い入門したが、彼が特にカーディリー教団の実践をしていたかは定かではない。一方で、ナクシュバンディー教団については、彼は同教団の修行本に注釈を施していることから修行実践に関心を持っていたことが窺える。生涯にわたって、彼はダマスカスを拠点に活動し、スーフィー思想家としてだけではなく、ナーブルスィー家の伝統にもれず、同地の法学権威（ムフティー）としても活躍した。当時イスラーム法上の是非が議論されていた喫煙に関して、彼はアナトリアの代表的イブン・アラビー学派であったイスラーム学者ブルセヴィー（Ismail Hakk Bursevî, d. 1137/1725）と論争を行ったことで知られている。後年はイブン・アラビーの廟があるダマスカスのサーリヒーヤ地区に住居を移し、自宅ではイブン・アラビーの著作の講義を学生たちに行いながら執筆活動を精力的に行い続けた。一七三一年、九十歳でその生涯を閉じる。

現代のイスラーム世界では、彼は夢解釈の著者として広くその名が知られている。またダマスカスのサーリヒーヤ地区には彼の霊廟があり、多くの参詣者が訪れている。

存在論

存在顕現説の基本構造と完全人間論・目撃一性論

本節ではナーブルスィーの存在階梯論（marātib al-wujūd）について考察を行う。まず、過去のイブン・アラビー学派による存在階梯論の基本構造および完全人間論、目撃一性論を紹介し、存在一性論の基本概念について確認する。次にナーブルスィーの存在階梯論を紹介し、その特徴について考察する。特に彼の存在論の核概念である存在の罪（dhanb）が、彼の存在階梯論にいかなる影響をもたらしているのかについて考える。

まず従来のイブン・アラビー学派における存在階梯論を紹介したい。イブン・アラビーによって提唱された存在論は直弟子のクーナウィー以降その体系化が図られるが、カーシャーニー（ʻAbd al-Razzāq al-Kāshānī, d. 1329）やアブドゥルカリーム・ジーリー（ʻAbd al-Karīm al-Jīlī, d. 1428）らによって五次元または七次元に纏められるようになる。例えば、ジーリーは存在を七つの次元に分けて論じている。[3]

①神的本質、全ての関係性、顕現から浄められた本質の純粋なる次元である。玄之又玄（ghayb al-ghayb）と呼ばれる。絶対超越者としてのアッラーの次元である。

②アハディーヤ、諸名も属性も持たない本質の次元とされる。

③ワーヒディーヤ、諸名・諸属性が一切の区別なく、また、本質との区別もなく顕れる次元。

④神性（ilāhīyah）の次元では、多性が自己限定しはじめ、全てが全体的に他と区別される。この次元では絶対的な属性も被造物的な属性も共に顕れる。対立するものの統合者としてのアッラーの次元である。

⑤慈悲性（raḥmānīyah）の次元では、絶対者の属性のみが顕れる。

⑥主性（rubūbīyah）の次元では、被造物の属性のみが顕れる。しかし、主と共通な性質と被造物にのみ固有な性質を共に顕す。

⑦主宰者性（mālikīyah）の次元では、被造物の属性のうち、主と共通なものは顕れず、被造物に固有なものだけが顕れる。

東長でジーリーの存在顕現説との比較対象として扱われているカーシャーニーの存在顕現説もジーリーと類似

▼3　東長靖（一九九四）「イスラーム神秘主義におけるアッラーの至高性について―アブドゥルカリーム・ジーリーの存在論と完全人間論」鎌田繁・森秀樹編『超越と神秘――中国、インド、イスラームの思想世界』大明堂、二八〇―二八一頁参照。

した存在階梯の構造をとっている。しかし、カーシャーニーは「アッラー」を超える絶対一性なるものを想定しており、アッラーをどの次元に措定するかは思想家によって異なる。

イブン・アラビー学派において完全人間（insān kāmil）とはアッラーの写しであって、アッラーと同様に諸物を統合し、絶対者の真実在と被造物の真実在を統合する者であり、このように対立するものを統合する働きにおいてアッラーの属性を体現する存在であるという。[4] またこの完全人間の概念を巡って、存在一性論とは鋭く対立する存在論、目撃一性論がスィムナーニー（ʿAlā al-Dawlah Simnānī, d. 736/1336）によって提唱されている。目撃一性論では、存在一性論学派が述べる「存在（wujūd）」がアッラーそのものであり、それが唯一であることは認めるが、世界は「存在」の顕現ではなく、「存在」の影・幻に過ぎないとする。[5] そして目撃一性論者にとって存在一性論の「完全人間論」は主観的認識（shuhūd）のでき事であり、創造者である神と人間は全く違うと主張する。[6] あらゆる対立を統合する一者となる完全人間論と違い、目撃一性論では人間は唯一なるアッラー＝存在を目撃することのみが可能となる。

ナーブルスィーの存在階梯論

存在階梯論については、ナーブルスィーの「イスラームの本質とその秘儀」*Ḥaqāʾiq al-Islām wa-Asrār-hu*（以下、*Ḥaqāʾiq* と略す）に依拠する。*Ḥaqāʾiq* は一六七四年に脱稿されたが、[7] シュリィーイエは、本書はスーフィズムを学ぶ者への手引き書として執筆され、かつ彼の他の著作の中でも言及されており、彼の後年の著作と比較しても最も深遠かつ体系化された思想書であるとの評価を下している。[8] またナーブルスィーはほとんどの場合、過去の存在一性論者の書物に注釈を付ける形で存在一性論を論じることが多く、存在階梯の構造も本文（matn）に依存することが多い。しかし *Ḥaqāʾiq* はナーブルスィーがスーフィズムについて著した本の中では珍しく完全オリジナルな著作であり、彼自身の存在階梯論を知る上で最も適した資料である。

ナーブルスィーは*Ḥaqāʾiq*で、存在の階層を大きく四つに分けているが、階梯ごとに複数の表現を用いて説明している。以下に彼の存在階梯を纏めたい。▼9 第一の階梯は、本体（dhāt）の次元であり、アッラーそのもの、自体的（ʿaynī）存在、崇拝される者（maʿbūd）と表現される。第二の階梯は、諸属性（ṣifāt）の次元と呼ばれる。この次元には預言者ムハンマドが措定されており、理知的存在（ʿaqlī）、彼（アッラー）に至らせる者、護持された書版と表現される。第三の階梯は、諸行為（afʿāl）の次元であり、ここには信仰者（muʾminīn）が措定され、言語的存在（qawlī）、崇拝者、至高の筆と表現される。そして第四の階梯は、諸行為の跡（munfaʿlāt）の次元であり、悪魔、述定的存在（raqmī）、障害・邪魔なるものと表現される。さらに、通常の一般信徒であるムスリムはこの次元で存在している。そして、ナーブルスィーの階梯論では有的存在とは異なる非存在の階梯が想定されている。この第五の階梯とも呼べる次元は、絶対虚無（ʿadam maḥḍ）の次元である。

ナーブルスィーの存在階梯論の構造：存在（アッラー）と存在者（人間）について

第一から第三の存在の次元として措定されている①「本体」、②「属性」、③「諸行為」は、イスラーム神学にお

▼4 東長靖「完全人間」大塚和夫他編（二〇〇二）『岩波イスラーム辞典』岩波書店、二五五頁。

▼5 Muhammad Abdul Haqq Ansari, *Sufism and Shariʿah: A Study of Shaykh Ahmad Sirhindi's Effort to Reform Sufism*, London: The Islamic Fundation, 1986, p. 110.

▼6 *Ibid.*, p. 110.

▼7 ʿAbd al-Ghanī al-Nābulusī, ʿAbd al-Qādir Aḥmad ʿAṭā(ed.), *Ḥaqāʾiq al-Islām wa-Asrār-hu*, Cairo: Dār al-Turāth al-ʿArabī li-l-Ṭibāʿah wa-l-Nashr, 1986, p. 219.

▼8 Sirriyeh, *Sufi Visionary of Ottoman Damascus*, p. 20.

▼9 al-Nābulusī, *Ḥaqāʾiq al-Islām*, p. 35.

けるアッラーの三つのタウヒード、「アッラーは本体において部分を有さず、唯一であり、属性において同類を有さず、唯一であり、行為において協力者を有さず、唯一である」に由来する。[10] アッラーは以上の三つの要素において唯一なる者であることがイスラーム神学の基本教義である。このイスラーム神学の三つのタウヒードの概念から、第一次元から第三次元までは同じ唯一の永遠存在（＝アッラー）に由来すると考えることができる。しかし、同時に第二次元と第三次元には預言者と信仰者という被造物が措定されており、有限なる存在者もアッラーに属する階梯に当てはめられている。ナーブルスィーは、第一次元から第三次元と、第四次元の違いに関して、左のように説明している。

本体は永遠であり、諸属性も永遠であり、諸行為も永遠であるが、諸行為の跡（munfaʿalāt）は彼（アッラー）の御許では永遠であるが、我々の許では生成消滅するものである。[11]

この発言を見ると、第一次元：本体、第二次元：属性、第三次元：諸行為は常に永遠の性質を持ち、第四次元：諸行為の跡のみが永遠と有限の二つの性質を持つように見える。しかし続く以下の文章を見るとそうではないことが分かる。

諸属性は、そこ（諸属性）から本体（アッラー）を見る相からは存在しているが、そこ（諸属性）から諸行為を見る相においては存在していない。そして同様に、諸行為もそこ（諸行為）から諸属性を見る相からは存在しているが、そこ（諸行為）から諸行為の跡を見る相においては存在していない。そして同様に、諸行為の跡も、そこ（諸行為の跡）から諸行為を見る相においては存在するが、それ自体では存在していない。むしろそれは虚無なのである。[12]

まず、「アッラー（第一次元：本体そのもの）の許にある」、第二次元：属性、第三次元：諸行為、つまりアッラーの「存在（wujūd）」そのものと、それに属する性質、行う行為は常に永遠であるが、第二次元：属性、第三次元：諸行為、第四次元：諸行為の跡の階梯には存在者（mawjūd）も顕現しており、かれらは有限なものとして存在している。しかし第二次元から第四次元に属する存在者は、上の階梯（アッラー）側を見ることによって「存在すること」が可能となり、「下の階梯（虚無に近い層）」を見るなら「存在していない」とされる。即ち、ナーブルスィーの存在階梯論では、被造物の「存在する・しない」とは上の階梯（アッラー）を志向しているか・していないかという被造物の意志に依拠している。本体以外の階梯に属する存在者（mawjūd）は神を求めることによって初めて「存在する」ことができることが示されている。被造物は、それ自体は虚無でしかなく、それ自身によって存在を確立することは不可能である。被造物はアッラーの永遠なる存在と結びつけることによって初めて存在することができる。

あらゆるものが全てにおいて神の存在に帰着するのである。なぜなら至高なるアッラーの存在は「存在の存在」なのである。そして、存在は全て至高のアッラーの存在がなければ純粋無なのである。それゆえ、至高のアッラーの存在以外に（真の）存在は無い。[13]

▼10 奥田敦（訳・著）（二〇〇〇）『フサイニー師「イスラーム神学50の教理」――タウヒード学入門』慶應義塾大学出版会、八六―九〇頁参照。

▼11 al-Nābulusī, *Haqā'iq al-Islām*, 1986, p. 34.

▼12 *Ibid.*, p. 38.

神が措定し、決定したところのあらゆる被造物の中にアッラーの存在が宿るとは考えられない。また被造物のうちの一部のものの中に宿るということも全く考えられない。なぜなら、措定され、決定されたものは、それ自体では全くの虚無だからである。存在（wujūd）がいかにして虚無の中に宿ることができようか。[14]

存在階梯の中で、存在者が神の属性・諸行為・諸行為の跡の中に措定されていても、人間の中にアッラーの永遠存在が宿るわけではなく、人間が神の存在になるわけでもない。被造物はアッラーの属性・行為の中に自らを結びつけることによって、自らの存在の意味をアッラーによって見出すのだ。ナーブルスィーの提示する存在階梯論は、ただ機械的に世界の顕現プロセスを描いた地図のようなものではない。むしろ被造物は「アッラーを志向する」ことによってアッラーの御許での存在の有無が決定される、という極めて主体的な選択により構築される存在世界が提示されているのである。

ナーブルスィーの罪論

前節で述べたナーブルスィーの存在階梯では、各次元の中の存在者はアッラーを志向する相においてのみ存在し、アッラー以外の他の次元の存在者を志向する限りは不在であり、存在者の存在はアッラーとの関係によってのみ成立する、とされていた。したがって被造物は「存在する」ためにアッラーとの正しい関係を探ることが求められる。

ナーブルスィーの存在階梯論を纏めたが、彼の関心は特に諸行為の跡の次元、すなわち一般信徒たちが存在する次元である。なぜならその諸行為の跡の次元こそ彼の考える存在の罪が発生する次元であり、信徒たちはアッラーとの正しい関係を求めるならば、何よりもまずその罪の問題を理解しなければならないからである。

スーフィズムにおいて、悔悟（tawbah）に関してはスーフィズムの修行を始めるにあたっての第一の道として初期の頃から議論が重ねられてきたが、その悔い改めるべき罪そのものは、独立的・主題的な考察の対象とはされてこなかった。[15] *Ḥaqā'iq* は全部で七つの章から構成されており章の構成はナーブルスィーにおけるスーフィズム認識論のプロセスの順序に対応しているが、このうち罪は最初の章に置かれている。彼は罪の章の中で存在階梯を論じており、彼にとっての存在一性論とはこの人間の抱える罪の克服のために理解しなければならないものである。

我々の話は、今、この受動的存在――それは悪魔の段階である――についてであり、そこから罪が生ずる。そしてその中に諸行為の跡それ自体が見られ、それ（諸行為の跡）において（諸々の）存在が個別化されるのである。[16]

自らの許で、アッラーと並び露わにであれ、隠れてであれ、自分の存在を実個体化（ta'ayyun）した者は、醜行、不品行を犯し、アッラーについての無知を口走ったことになる。なぜなら、生成存在の中における諸々の個別化とは、（神的）諸属性的諸臨在の複合の分節化と、その諸々の完成性の明晰化のために、それら（神的）諸属性的諸臨在の相違を浮き彫りにするために過ぎないからであり、（アッラーの存在そのものからの）乖離（mughāyarah）は意図されたことではないからである。[17]

▼13 al-Nābulusī, Sa'īd 'Abd al-Fattāḥ(ed.), *Īḍāḥ Maqṣūd min Ma'nā Waḥdah al-Wujūd*, Cairo: Dār al-Āfāq al-'Arabīya, 2008, pp. 66-67.

▼14 *Ibid.*, p. 66.

▼15 Sirriyeh, *Sufi Visionary of Ottoman Damascus*, 2005, p. 22.

▼16 al-Nābulusī, *Ḥaqā'iq al-Islām*,1986, p. 36.

イスラーム思想において、アッラー以外の被造物は全てアッラーからの存在命令（takwīn）の呼びかけ「在れ（kun）」によって成り立つとされる。しかし、ナーブルスィーによればアッラーの「在れ」との言葉によって顕現する存在者とは、あくまでアッラーの諸属性の分節化でなければならず、アッラーと並んで他の存在が顕現することは意図されていない。むしろそのような形で顕れた存在者はアッラーに対して存在的な罪を犯していると言う。

そして罪の本質とは、既述の通り存在の個別化であり、個別化とは受動的第五存在であり、第一の受動存在から自我の顔向けを媒介に生じ、それゆえ「尻尾（dhanab）」つまり「余分な端」に由来して、罪（dhanb）と呼ばれるのである。そして自我が、第一（受動存在）への顔向けによって、それを生じせしめ、そして罪を犯すことになるのである。[18]

ナーブルスィーにおける存在階梯論では、存在の個別化（taʿayyun）という概念が存在者の罪と密接に関わっていることが示されている。

ナーブルスィーは存在の個別化とは何かを理解するためには、まず被造物である存在者がどのように存在者として顕現したのかを知る必要があると説く。クルアーン雌牛章117節「諸天と地を創造し給う御方。そして彼が事を決め給うたときには、それにただ、『あれ』と仰せられれば、それはある。」を引用しながら、全ての存在者はアッラーの「あれ」との命令によって無から存在者へと創造させられたことが示されているが[19]ナーブルスィーは一方で以下のようにも述べている。

アッラーの御言葉「在れ」は、（本来）存在しない物である話しかけられた対象に対して、「存在（wujūd）」

であるところの「有（kawn）」を要求しているのではない。なぜならばそれは命令の実行の不可分の要素に属する時間を要するからであるが、至高者の御言葉「在れ」は、時間の創造以前、いや「以前」の創造以前だからである。[20]

至高者（アッラー）の「在れ」との言葉に従って（imtathala）（存在していると理解している）者は、その命令に背いており、命令に背いた者は罪を犯しているのである。

なぜなら……中略……その御言葉「在れ」は、至高なるアッラーが望み給うたところのものへの永遠的語りかけであるが、その語りかけは、無始において存在する語りかけられるものを要請し、無始において存在するものは、アッラー以外にない。（すなわち）その時、その語りかけは（実際には）御自身（アッラー）に対して発せられたものなのだ。[21]

すなわち、アッラーの「在れ」との命令に従って無から存在者が立ち顕れたはずが、実はその言葉に従い「存在者」となったことが逆にアッラーの命令に背くことになってしまっているとナーブルスィーは主張している。なぜならアッラーの言葉はアッラーの本来から発せられたため、永遠（qadīm）の性質を持つものだが、永遠の存在とは全く異なる性質である虚無（'adam）はその語りの対象には成り得ないからである。その言葉に真に適

▼17 *Ibid.*, p. 32.
▼18 *Ibid.*, p. 37.
▼19 al-Nābulusī, *Ḥaqā'iq al-Islām*, p. 155.
▼20 *Ibid.*, p. 33.
▼21 *Ibid.*, p. 36.

うのはその言葉を発したアッラー自身である。

疑いなくアッラーには二つの臨在（ḥaḍrah）がある。第一が本体の臨在であり、それが語りかける（qā'ilah）（臨在）である。第二が、諸属性の臨在であり、それが永遠の「在れ」との御言葉よって実現された、語りかけられる（mukhāṭabah）（臨在）である。[22]

ここから分かることは、「語りかける者」と「語りかけられる者」は一方が能動でもう一方が受動であること以外にはその主体は全く同じ一つの存在＝アッラーでなければならない、ということである。本来のあるべき存在顕現の姿とは、アッラーの①能動としての本体、②受動としての属性であることが明らかになる。よって、主体的、能動的存在として集約される第一次元から第三次元までは「語りかける者」としてのアッラーの存在であり、受動的存在である第四次元：諸行為の跡における存在者も、本来は「語りかけられる者」としてのアッラーの二つ目の臨在でなければならない。そのような真実を理解せずに、アッラーとは異なる形で「存在している」と誤解している第四次元の被造物は、アッラーの二つの臨在に対しての「余分な端（dhanb）」[23]な存在であり、その存在の個別化はアッラーの存在の唯一性を侵す「罪」となるのである。

行為論

次に、ナーブルスィーがイスラーム神学上の議題である人間の行為主体性についてどのような議論を展開しているのか見ていきたい。彼は、十七世紀ハラマインのイスラーム学者イブラーヒーム・クーラーニーと上記の問題について論争を行った。イブラーヒーム・クーラーニーは、十七世紀のイスラーム思想改革ネットワークの中心的人物であり、イブン・アラビー学派でありながらイブン・タイミーヤの再評価を行った稀有な学者である。▼24 さらに彼はアシュアリー学派の立場からいくつかの神学テーゼを提唱したことで知られている。そのうちの一つとして、彼の著作『正しき道 *al-Maslak al-Saddād*』において提唱された「人間の力は独立してはおらず、アッラーの許可によって影響力を持つ」というテーゼがある。▼25 ここでの力（qudrah）は人間の行為を生み出すことに関わる力のことを指す。一見人間の主体性を否定し、あくまでアッラーの許可によって人間の行為は生起することを説いているように見えるテーゼだが、ナーブルスィーは上述のテーゼは誤りだとして批判の書簡『人間の行為の創造の問題についての親密な繋がりの活性化（*Taḥrīk al-Silsila al-Waddād fī Masʼala h Khalq Afʻāl al-ʻIbād*）』（以下、『活性化』）をクーラーニーに送った。ナーブルスィーによれば、クーラーニーの上記のテーゼは、アッラーと人間がそれぞれ持つ異なる形の「主体性」を否定することに繋がると言う。以下、かれらの神学議論の展開を見ていきたい。

　ナーブルスィーによれば、影響力（taʼthīr）とは行為を直接創造することのできる力を指す言葉であり、「たとえアッラーの許可によって」との条件が付されていたとしても、「人間の力は影響力を持つ（qudrah al-ʻabd muʼaththirah）」との命題を立てることは、人間の力は行為を直接創造することができるという意味になってしま

▼22 *Ibid.*, p. 32.

▼23 *Ibid.*, p. 37.

▼24 イブラーヒーム・クーラーニーについては Basheer M. Nafi, "Taṣawwuf and Reform in Pre-modern Islamic Culture: In Search of Ibrāhīm al-Kūrānī," *Die Welt des Islams* 42 (3), 2002, pp. 307-355; Ömer Yılmaz, *İbrahim Kûrânî: Hayatı, Eserleri ve Tasavvuf Anlayışı*, İstanbul: Insan Yayınları, 2005 などを参照。

▼25 Ibrāhīm al-Kūrānī, *Maslak al-Saddād ilā Masʼalah Khalq Afʻāl al-ʻIbād*, MS. Princeton: Princeton University Library, Yahuda 3862, 1b.

うと言う。

第二の仮説は、貴殿が第二の書簡で明らかにした通り、人間の力は、その本質においては主の力であるが、それが降下（tanazzalat）し、個別化（taʿayyanat）したものである。

この仮説（を理解するために）は、「アッラーの許しによって」と「独立なしに」との発言の理解が必要となる。むしろ、この時（この仮説においては）「（人間の力は）独立して（bi al-istiqlāl）（存在する）」なぜなら、アッラーの力は影響において他のもの（力）とは併存しないからである。

この第二の仮説に従っても、偶有・有限なものは「人間の力」と呼ばれ、それには影響力はない。影響力は人間の内に、アッラーの力によって得られるものである。アッラーの力が人間に帰されるのである。そして、「人間の力は降下したアッラーの力である」と言われる。つまり、偶有・有限なものへと（アッラーの力が降下し）、人間の力の領分（miqdār-hā）の中に個別化するのである。「人間の力は影響を与える主体である（qudrah al-ʿabd muʾaththira h）」の意図とは、（人間の力は）上述の偶有・有限存在に降下・個別化したアッラーの力である。

貴殿の表現は、そのことを明言している。そして貴殿がその後で「独立にではなく」と述べることは、影響力における人間の力と至高なるアッラーの御許し（idhn Allāh）の協同を帰結することになるが、貴殿はそのような説の論者ではないはずである。もし貴殿がカダル派（自由意志論者）（と混同され誤解されること）を避けることを意図していたとすれば、それは「アッラーの許しによって」との御発言によってそれ（カダル派との混同による誤解を避けること）は実現されており、「独立なしに」を加える必要はない。[26]

ナーブルスィーは、あくまで行為の創造者はアッラーであることを強調している。彼は存在一性論における存在顕現説を踏まえながら、一見人間の力に見える行為も、アッラーの力が状況・環境に応じて自己顕現した結果に過ぎないという。彼にとってこの問題を正しく理解している者は、内なる知（'ilm bāṭin）を知るスーフィーたちである。

また内なる知の民の方法論に則っても、それ（説）から意図されるものは我々には支持されないものである。なぜなら人間の力というものは、本当のところはそれ（人間の力）とはアッラーの力がその本質において影響力を与える主体であるアッラーの主体であり、それが諸々の顕現として個別化し、責任能力者の多様性に応じて多様化するのである。[27]

ナーブルスィーは行為の創造・選択におけるアッラーと人間の力の違いを太陽と月の光を例に説明している。

人間の力の跡によってそれ（アッラーの力）は隠されてしまっているのである。諸存在の夜に顕れているのは人間の力（という）月であり、諸存在の夜の中に隠れているアッラーの力（という）太陽の顕れを、（月は）光って隠してしまっているのである。[28]

▼26 al-Nābulusī, *Taḥrīk al-Silsila al-Widād fī Mas'alah Khalq Af'āl al-'Ibād*, in Samer Akkach (ed.), *Letters of a Sufi Scholar: The Correspondence of 'Abd al-Ghanī al-Nābulusī (1641-1731)*, Leiden and London: Brill, 2010, pp. 71-72.

▼27 *Ibid.*

▼28 *Ibid.*, p. 76.

月が光っていたとしても、それは太陽の光を反射しているに過ぎず月は自体的に光っているわけではない。自体的に光っているのは太陽であり、月の光は太陽の光によってはじめて存在している。人間が行為を選択しているのは、この月の光のような見かけ上の現象であり、真の主体はあくまでアッラーにあるのである。選択的行為の全てにおける影響力を行使できるのは至高なるアッラーの力だけである。人間の力とは、月のような見かけ上の光でしかなく、人間には何かに働きかけることのできる力があるという思い込みは、真の行為主体はアッラーであるという真理を覆い隠してしまっている。

ああ、一つの（神的）力が個別化したところの個体（taʻayyunāt）の意味について貴殿が知っていたなら。なぜならそれ（一つの神的力）が意図しているものが人間の行為そのものであるならば、上述の通り、人間の部分的選択であるところの力も意志もアッラーがその者に創造していない強制されたものとなってしまう。よって人間と物質の区別がなくなってしまう。

個体の意味をそれ自体で個体化した一つの（神的）力（qudra wāḥida）であると取るならば、それは虚偽である。なぜなら永遠なる者は部分化しないからである。なぜなら（永遠なる者には）顕現の場（maẓāhir）が必要であり、それ（永遠なる者）は人間の行為でも人間そのものでもないからである。むしろ、それは全ての人間において生じる「有限な力（qudra ḥāditha）」と名付けられるところの偶有・有限物である。影響力はアッラーの力にのみ属し、人間の力において生じるのであり、人間の力によるのではない（ʻinda-hā lā bi-hā）。我々が述べたところの意味に則った個体の多性（kathra al-taʻayyunāt）による唯一なる御力の多様性についての発言は、この個体に影響力はないことと矛盾しない。全ての個体は唯一なる御力の影響力を受けており、個体自体は「人間の力」と呼ばれる偶有・有限なものであり、それ（人間の力）に影響力はない。▼[29]

しかし一方でナーブルスィーは、人間は行為を創造することは決してできないものの、シャリーアによる命令・禁止に関わる行為については、人間が主体的に選択した行為に帰されると述べている。

我々の行為である善行・悪行全ては至高なるアッラーが我々に関連付けて創造したものである。それ（善行・悪行）は真に我々の行為であり、至高なるかの御方の行為ではない。至高なるかの御方の行為とは、我々（の存在）と我々の行為であり、我々の行為だけではない。[30]

すなわち、存在論的真理においては、万物はアッラーの自己顕現の結果であるという存在一性論の理解から、人間の行為は究極的にはアッラーに帰されるものの、人間は意志のないからっぽの受動的存在であるわけではない。ナーブルスィーは神学の行為論について論じた別の論考『選択的部分行為の真理についての巡る惑星（*al-Kawkab al-Sārī fī Ḥaqīqah al-Juzʾ al-Ikhtiyārī*）』（以下、『惑星』）において、行為主体性において人間と他の存在物には存在論的次元の違いがあると述べている。

このような観点から、アッラーから人間に対する発話はあり、そして命令と禁止の義務負荷が（人間に）生じる。なぜなら人間だけが存在において第二の段階に属し、全ての（他の）存在物（mawjūdāt）は存在において、第一段階である別の段階に属しているからだ。[31]

▼29　*Ibid.*, p. 94.
▼30　*Ibid.*, p. 67.

あらゆる事象の主体はアッラーに属し、創造物は独立主体的に何かを行うことはできない。しかしながら、人間はある面においてアッラーの命令に服するだけの他の創造物とは決定的に異なる段階に属する。それはアッラーからの命令と禁止に対面するとき、即ちシャリーアに則って己の行為を選び取るときである。『活性化』でもナーブルスィーは「行為の主体は、シャリーア的に（shar ʻan）真に人間に属し、言語的に（lughatan）真にアッラーに属す」[32]と述べている。

しかし上記のような行為主体性を巡る存在論的真理を理解するためには、ナーブルスィーは神学的思考の積み重ねでは不十分であると考えていた。

我々が述べたところの叡智を理解するには、光に満ち、神に仕える神秘の心（alh al-qalb al-nūrānī, wa al-sirr al -rabbānī）の徒である正しき導師たちと共に過ごし、神的知識の師たちの教話（ṣuḥbah）の場に絶えず身を置き、いついかなる時もかれらに外面においても内面においても反抗することなく、心的状態や発言に従い、かれらを信じながら、かれらへの奉仕において誠実さを持つこと……以外に道はない。[33]

ナーブルスィーは『活性化』や『惑星』において、人間の行為を創造するのはあくまでアッラーであることを強調している。真の独立した主体はアッラーのみであるとする考えは、自体的に存在することができるのはアッラーのみであり、人間はアッラーの存在に支えられることによって存在しているに過ぎないというナーブルスィーの存在論に通底する。しかしながらアッラーの命令と禁止に対面する限り、人間は真に行為者として存在する。ここからナーブルスィーは、シャリーアという規範が人間に主体性を与え他の被造物から区別される重要な鍵であると見なしていることが分かる。

しかしより重要なのは、アッラーの存在や人間の行為主体性を理解するためには、論理的思考ではなくスーフィーの導師の許で修行を積むことが必要なのだと説いている点である。このことから、ナーブルスィーは存在論や行為論を神秘哲学や神学の立場から論じることはあっても、あくまでスーフィーの修行という実践の中で真理は体感的に習得するものだと考えていることが分かる。

彼の神学議論をここで纏めたい。ここでは、ハラマインの碩学クーラーニーが提唱した神学テーゼ「人間の力は独立してはおらず、アッラーの許可によって影響力を持つ」に対して、ナーブルスィーがどのように反論したのかを見た。彼によれば、クーラーニーの議論はアッラーの絶対的主体性を否定しており、かつ人間存在を正しく理解していないという。「影響力」という語はアッラーの創造力に限定して使われる用語であり、いかなる条件をもってしても人間がその力を持つことは不可能である。次に、ナーブルスィーは存在一性論の理解に従いながら、人間の行為とは全てアッラーの自己顕現の跡であり、その意味では全て見かけ上のものにしか過ぎないと言うが、ただ一点アッラーからの規範命令に応えるときには人間は行為を主体的に選択していると述べている。そして重要な点として、彼は『惑星』の中で、そのようなアッラーと人間の存在の在り方の違い、そして人間の主体性についての真理は、スーフィーの導師の許で修行を重ね体感的に会得するしか方法はないと結論付けている。

▼31　al-Nābulusī, *al-Kawkab al-Sārī fī Ḥaqīqah al-Juz' al-Ikhtiyārī*, Aleppo: Maṭba'a al-'Ilmīya, 1941, p. 21.
▼32　al-Nābulusī, *Taḥrīk al-Silsirah*, p. 84.
▼33　al-Nābulusī, *al-Kawkab al-Sārī*, p. 23.

修行論

罪から悔悟へ

本節では、*Khumra al-Ḥān wa-Ranna al-Alḥān*（以下、*Khumra* とする）と、*Ḥaqā'iq* の第一章「罪の解明」、第二章「悔悟の解明」を参照する。特に、*Khumrah* はナーブルスィーの *Īḍāḥ Maqṣūd min ma'nā Waḥda al-Wujūd* においてもタウヒード[34]の詳細を論じた注釈書として言及されており、実践論的課題を知る上で重要文献であることは間違いない。ナーブルスィーの存在論で明らかになった通り、アッラーの唯一なる存在のみが真理であり、被造物はアッラーの命令によって創造されたが、アッラーが語りかける言葉に真に応えうるのはアッラーのみである。その神の命令に自分自身の力で応えようとする存在者は、自我の働きによってアッラーに並ぶような形で自身も存在しようとする（存在の個別化）罪を抱えている。彼の考えるイスラーム実践とはその罪を解消する道である。

Khumrah では、この罪の解消には二つのアプローチが必要であることが示されている。

　アッラーと並んで彼（人間）の存在が無いことのみを理解する者は不完全な真智者である。しかしアッラーと並んで彼（人間）の存在があると理解する者はより不完全な者である。完全なる者はこの二つの階梯の統合における真智にいる者である。…中略…完全なる者は主性に権利を与え、アッラーと同列には彼の存在が無いことを理解し、僕性に権利を与えアッラーと共に彼の存在があることを理解する者である。…中略…そして第一の理解において彼（人間）は彼（人間）の存在を罪と見なし、そこから悔悟する。第二の理解は彼（アッラー）に赦しを求める帰結として、彼（アッラー）に立ち還る。[35]

第一に、アッラーと並んで人間の存在を否定するために、「主性（rubūbīyah）に主性の権利を与える」こと――主性を持つ者はアッラー以外には存在しないため、それはアッラーに主性を帰すことに他ならない――が求められる。第二に、「僕性（‘ubūdīyah）に権利を与え、アッラーと並んで彼の存在があることを理解する」――アッラーとは並んである僕性さえも、[36]アッラーの導きによって可能であることを理解し、全てを委ねる境地に立つ――が求められる。「アッラーと並ぶ人間存在の否定」と「アッラーと共にある人間存在の理解」の二つが求められることは一見矛盾しているように見えるが、*Khumrah* でのナーブルスィーの議論を見ていくと、第一の「否定されるべきアッラーと並んであるような人間存在」は「他者・自我からの脱却（khurūj）」によって、第二の「アッラーと共にあるような人間存在」は「アッラーへの没入（dukhūl）」によって実現されるものであることが理解できる。以下、この二つの存在のあり方の説明を纏めていく。

▼34 「タウヒード」とは原義は「一にすること」であるが、イスラームでは「神が唯一であることを信じ、それを表明すること」、「神の唯一性」を意味し、イスラームの根本教義を表す。ガザーリーは神以外の何ものも存在しないと見なす境地が最高のタウヒードであると考えた。スーフィズムではこのタウヒードの理解がスーフィーたちの修行の諸階梯の最高位に置かれた。このような体験的タウヒードの境地はイブン・アラビーの存在一性論学派によって体系化され、目指すべき目標とされる。竹下政孝「タウヒード」大塚和夫他編『岩波イスラーム辞典』岩波書店、五九八頁参照。

▼35 al-Nābulusī, *Khumrah al-Ḥān*, p. 15.

▼36 「主性（rubūbīyah）」はアッラーのみに属し、僕性（‘ubūdīyah）はアッラーを崇拝するために創造された人間のみに属す性質である。al-Nābulusī, *Khumrah al-Ḥān wa-Rannah al-Alḥān: Sharḥ Risālah al-Shaykh Arslān*, Beirut: Dār al-Kutub al-‘Ilmiyah, 2000, p. 71.

らである。

他・自我からの脱却

自らの存在の罪に気づいた者は、悔悟のために他者・自我からの脱却が求められる。他者とは存在階梯における第四次元の諸行為の跡に措定されるものであり、それに執着することはアッラーをないがしろにしてしまうからである。

第一の脱却は「他（aghyār）」からの脱却である。ここでの他（aghyār）は、存在階梯における第四存在である諸行為の跡における他の存在者（他者）だけにとどまらず、崇拝行為、修行の諸階梯、神からの開示に至るまで、アッラーと自己以外の全ての事物を含んでいる。[37] 人間は崇拝行為、修行などのアッラーのために実践する行為さえも取り払って自らと神を繋ぐ純粋な関係のみを意識しなければならない。

他者から抜け出すとき、彼の自我から（無知の）覆いが引き上げられ、彼自身を理解する。彼自身（自我）を知ったとき、自分自身から抜け出し、主（アッラー）を知る。[38]

自我によって求められる他者、または崇拝行為、修行、開示などを退けると、自らの自我に向き合うこととなる。ナーブルスィーは、「ナフス」の克服について説いているが、これは人間の低次の心の状態である自我（nafs）の克服と、[39] 自身（nafs）の存在から抜け出すことの二つの意味が含まれている。まず求められるのは「自我の克服」である。人間はアッラーに近づきたいという欲求を持つ。しかし、そのような欲求は、本当に神へ近づくためには障害となる。[40] 人間は全てアッラーの恩寵によってもたらされることを理解しなければならない。[41]「アッラーと並んである人間存在」は、「苦難に喜ぶ者」と否定的に表現される。[42] 苦難をアッラーによる試練と考え、耐えることで報酬が得られると喜ぶ段階にある者は、神そのものではなく自我の望みのために存在しているからである。[43]

以上、他なるもの全てを克服した後は、アッラーと自分との間に存在した障壁全てが取り払われ、神と自己との接点、純粋な関わりのみが残る。

この境地は「完全な超越化の上での存在の唯一性の顕現、多性のその中への融入」とも表現される。[44] 自我を克服し、自己の存在を消し去った後のアッラーの存在への没入は、「愛の階梯（maqām al-maḥabbah）」と「喪失の階梯（maqām al-faqd）」において実現される。以下にこの二つの階梯について纏める。欲望をもたらす自我が消え去った人間は、アッラーの言葉が届く者、「愛される者（al-maḥbūb）」となる。その「愛される者」とは自我が消え「喪失の階梯」に立った人間にアッラーの存在が降り立ち、人間の行為の代行者となったときに完成される。[45] この「愛の階梯」に立つ者は、自らの存在、行為は全てアッラーの行為によるものであることを理解し、アッ

▼37 al-Nābulusī, *Khumrah al-Ḥān*, pp. 17-19.
▼38 *Ibid.*, p. 13.
▼39 スーフィズムでは、人間の心は①ナフス（nafs）、②ルーフ（rūḥ）、③シッル（sirr）という三つの段階に分けられる。ナフスはあらゆる欲求、表層的意識が生み出される段階であり、ルーフは神的世界に入った心の状態、シッルは意識の最下層、玄亦玄に入った心の状態であるとされる。井筒俊彦『イスラーム哲学の原像』岩波書店、一九八〇年、七一―七二頁参照。
▼40 al-Nābulusī, *Khumrah al-Ḥān*, p. 37.
▼41 *Ibid.*, p. 66.
▼42 *Ibid.*, p. 63.
▼43 *Ibid.*, p. 63.
▼44 al-Nābulusī, *Ḥaqā'iq al-Islām*, p. 69.
▼45 al-Nābulusī, *Khumrah al-Ḥān*, p. 70.

ラーのみを望む。存在論で示されていた、「アッラーを見ることによってのみ存在する存在者」を理解するに至る。そして喪失の階梯で、アッラーを真に理解した人間から存在の罪が消滅する。この喪失の階梯という表現はナーブルスィー独自のものだと思われる。[46]

彼の主（アッラー）による（bi）存在者（mawjūd）はそれ自身から消滅する。そして彼の存在（存在者）は彼の存在を見失う。そこには動も静もない。喪失の階梯においては、動作が彼（存在者）から消滅するように静止さえも消滅する真なる御方（アッラー）の存在が彼の存在の立つところに立ち給う。それが喪失の存在者（mawjūd al-mafqūd）であり、これがアッラーに至る道の終着点である。[47]

（お前が彼を知った時）アッラーの道における旅人よ、お前がアッラーの定義によってアッラーを知り、彼の説明によって理解する時、（お前は）アッラーの許へ（静まり）、つまり外面においても内面においても四肢の動きは止まり、現世や来世の様々な状態における障害や活動に対して降伏する。お前には動きも静止もなく、全てを包み護る（maṣūn）アッラーの存在の中で、自らの根源の無に戻っていくのである。[48]

他者も自我も消滅し、アッラーによって立つ存在者となったとき、存在者自身は彼の根源である虚無に帰る。しかし、それは創造される以前の完全な無の状態ではなく、「包みこむアッラーの存在の中の虚無」である。この時、アッラーと人間の関係は「アッラーと並ぶ（ma'a）」ではなく、「アッラーによって（bi）」立つ存在者に変わる。人間の持つ「僕性（'ubūdiyah）」は人が神と並んで崇拝するための自身による行為ではなく、アッラーの愛によって可能であることが理解される。人間は自らの意思、行為全てをアッラーに委ねることになる。ここに行為者であり被行為者であるアッラーのみが存在する真の存在顕現の理解が完成され、存在者の実個体化の罪は消え去ることとなる。

しかし、罪が消えアッラーによって立つ者となった人間もまたなお、超越的な存在ではなく、現世から離脱するわけではない。彼は罪を抱えていた頃と同じように日常を生き、悲しみにも遭遇する。しかし、神に身を委ねる者は、悲しみを試練と喜ぶ者とは違い、悲しみは悲しみとして、アッラーからもたらされるものをありのままに受け止める。[49] 神に身を委ねる「愛する者」は、外見上は、「崇拝者」と全く変わるところなく、神の恩寵を喜び、試練を悲しみ人格の陶冶に励み崇拝に励み、アッラーの下僕として仕えていく。

自我の滅却法——ナクシュバンディー教団の修行論

ナーブルスィーによれば、神を知ることとは、アッラー以外に真に独立して存在するものはないと知ることに他ならない。そしてその真理を理解するためには、例えば神学的議論だけでは十分ではなく、スーフィーである導師の指導を受けながら修行を積むことが必要であるという。本節では、ナーブルスィーのナクシュバンディー教団の修行本を用いて、彼の修行論が上記の存在論的真理の理解と本当に密接な関わりを持っているのかを確認してみたい。

オスマン朝期のウラマーにとって複数のイスラーム神秘主義教団（タリーカ）に出入りすることは珍しくなかっ

▼46 例えば同じく存在一性論学派に数えられているカーシャーニーの用語集『スーフィー用語集（*Iṣṭilāḥat al-Ṣūfīyah*）』及びジュルジャーニー（al-Sharīf al-Jurjānī）(d. 816/1413）の定義集『定義書（*Kitab al-Ta'arīfāt*）』には喪失（faqd）という項目は立てられていない。'Abd al-Razzāq al-Kāshānī, *Iṣṭilāḥat al-Ṣūfīyah*, Cairo: Dār al-Ma'ārif, 1984 及び al-Sharīf al-Jurjānī, *Kitāb al-Ta'arīfāt*, Beirut: Maktaba Lubnān, 1985 参照。

▼47 al-Nābulusī, *Khumrah al-Ḥān*, p. 61.

▼48 *Ibid.*, p. 80.

▼49 *Ibid.*, p. 63.

たが、ナーブルスィーもその例にもれずカーディリー教団とナクシュバンディー教団という二つのタリーカに入門していた。ナーブルスィーはナクシュバンディー教団の修行書『（アッラーに）従う者の鍵（*Miftāḥ al-Maʻīyah*）（以下、『鍵』）』を残している。本書は、タージュッディーン・ナクシュバンディー（Tāj al-Dīn al-Naqshbandī, d. 1049/1640）によって書かれたナクシュバンディー教団修行法にナーブルスィーが注釈を施したものである。タージュッディーンは中央アジアに大きな影響力を誇ったナクシュバンディー教団導師であり、彼に端を発する支教団はタージーヤ（Tājīyah）と呼ばれた。[50] タージュッディーンによって著された本文はペルシャ語であったが、マッカにおける彼の弟子であるアフマド・ブン・アッラーン（Aḥmad Ibn ʻAllān, d. 1023/1624）によってアラビア語に翻訳された。[51] アラビア語に翻訳されたタージュッディーンの修行書は、アラブ世界における最初のナクシュバンディー教団修行法の手引書だと考えられている。[52] ナーブルスィーはこの修行書を、サイード・バルヒーという中央アジア出身のナクシュバンディー教団導師に弟子入りした際に入手したとされる。サイード・バルヒーはナーブルスィーにタージュッディーンの修行手引書に注釈を施すことを修行の一環として命じ、ナーブルスィーはほどなくして注釈を書き終え、彼の注釈書は十八世紀イスラーム世界において広く読まれたナクシュバンディー教団修行書となる。[53] トリミンガムも述べている通り、中東アジアとは違い十八世紀アラブ世界においてはナクシュバンディー教団の傑出した導師はあまり多くはなかったため、ナーブルスィーの注釈書はオスマン朝アラブ世界におけるナクシュバンディー教団の受容の過程を知ることのできる貴重な資料となっている。『鍵』は全体で以下のような構成を取っている。即ち、第一章：ナクシュバンディー教団（タージーヤ支教団）の系譜（silsila）、第二章：ナクシュバンディー教団初期の祖たちによるアッラーに至る道の方法論、第三章：ナクシュバンディー教団修行法を纏めた「十一の言葉」、第四章：ナクシュバンディー教団の弟子に求められる内面（bāṭin）と外面（ẓāhir）の作法、第五章：消滅（fanāʼ）と永続（baqāʼ）とは何か、第六章：外界からの害悪から内面を護るための心のコントロール方法、である。

本書は注釈書であるため、章の構成はタージュッディーンの本文にそのまま従っており、ナーブルスィーが新たに立てた項目はない。本解説では主にナクシュバンディー教団の修行における中心的概念である「十一の言葉」や「内面の観察：ムラーカバ（murāqabah）」、「アッラーを志向すること：タワッジュフ（tawajjuh）」、「精神的連結：ラービタ（rābiṭah）」等に焦点を当てていく。本節では、これらの概念によって説明されるナクシュバンディー教団の修行が、ナーブルスィーが存在論で論じた「罪」の克服の実践として扱われており、ナーブルスィーの思想における存在論と修行論が密接に繋がり合っていることを明らかにしたい。

スーフィー教団は決して特定の人間しか行うことができないような特別な修行法だけを説いているわけではない。むしろ、出家制度も存在しないムスリム社会ではスーフィー教団も日常の中で生きることを想定して様々な倫理や道徳論を説いている。特により良きムスリムとして生きる心構えや所作を説く作法論は、スーフィー教団の導師たちによって論じられてきた。『鍵』でも修行者が日常において護るべき作法論に多くの頁が割かれている。まず、アッラーとの関係において護るべき外面・内面の作法について見ていく。第一に、修行者は常にアッラーによる命令と禁止を守り、教友たちの行跡に倣うことが求められる。[54] 外面の行為を正すことによって、内面の心も磨かれることとなり、嫉妬や憎悪、怒りなどの悪感情から解放され内面的清浄さ（ṭahāra bāṭinīya）が養わ

▼50 *Ibid.*, p. 42.
▼51 Dina Le Gall, *A Culture of Sufism: Naqshbandīs in the Otoman Arab World, 1450-1700*, Albany: SUNY Press, 2005, p. 97.
▼52 *Ibid.*, p. 89.
▼53 al-Nābulusī, *Ḥaqā'iq al-Islām*, p. 143.
▼54 al-Nābulusī, *Miftāḥ al-Ma'rifah Sharḥ Risālah al-Ṭarīqah al-Naqshbandīyah*, Beirut: Kitāb wa Nāshirūn, 2012, p. 195.

れる。そして常に自己の内面の心の状態と外面の行いを反省し、アッラーに許しを求めなければならない。第二に、ナーブルスィーは内面の作法について説いている。内面の作法では、全ての他者（aghyār）から心を護ることが求められる。[55] ここでの他者とは、自分以外のものではなく、アッラー以外の全てのものを指す。

お前の心に到来するその「他者」、信仰や叡智、従順など善いものであれ、不信仰や背反など悪いものであれ――または許可された行いであれ――、その善行と悪行は違いなく、至高なる真なる御方の「観照（shuhūd）」を阻むヴェールをお前にかけてしまうのである。なぜなら全て（他者は）生起したものであり、生起したものは永遠なる御方を隠してしまうからである。[56]

外面の行為においてはアッラーにおける命令と禁止を遵守し、内面の心の状態においては改悛をはじめとして心を常に清らかな状態に保つことが求められる。しかし自分が達成した外面や内面の善なる状態に固執しているようでは、むしろアッラーから遠ざかってしまう。なぜなら存在論でも明らかにしたように、この世界のあらゆる事象は全て生起物に過ぎず、永遠存在であるアッラー以外の生起物は根源的には無でしかないからだ。

『鍵』でナーブルスィーは「アッラー以外に神は無し（lā ilāha illā Allāh）」、即ちイスラームの証言の言葉シャハーダ（shahāda）こそがナクシュバンディー教団において最も重要な祈禱句であると述べている。ナクシュバンディー教団はシャハーダを「神は無し（lā ilāha）」と「しかしアッラーは存在する（illā Allāh）」の二つの文章に分け、前者を絶対否定文（nafy）、後者を絶対肯定文（ithbāt）と呼ぶ。[57] ナーブルスィーは存在一性論の理解に従いながらこの否定・肯定文を解説している。即ち、前者の絶対否定とはアッラー以外の全ての被造物はかりそめの存在しか持たず、本質は虚無（ʻadam ṣirf）であることを理解することであり、後者の絶対肯定とはアッラー唯独りに真の存在を認めることである。[58] このシャハーダを用いた祈禱を行うことによって、修行者は、自分自身はアッラーと同列に並ぶような存在ではないことを実感し、自己の傲慢さが消滅していく過程を味わうという。[59] ナーブルスィーは存在一性論こそナクシュバンディー教団の修行法を理解していく上で基盤となる概念であることを本書で繰り返し説いており、特に「隠された多神崇拝（shirk khafī）」を克服するためには存在一性論の理解は欠かすことのできないものであると述べている。ナーブルスィーはナクシュバンディー教団の修行の意義を以下のように述べている。

モノをモノとしか認識せず、それらが神の顕現の場（maẓāhir al-Ilāhīyah）であることを知らない者は、真なる御方について無知なのであり、それはアッラーに対して不信仰を犯すことに繋がる。…中略…しかし、これ（不信仰）はお前から隠されており（bi-khafīyah）、お前はまだ真に目覚めていない。アルスラーン・ディマシュキー師の言葉にあるように、「お前の全ては自我性（anānīyah）によって生じた隠された不信仰である。そして彼（アッラー）はお前がお前から抜け出さない限り、お前にとってのタウヒードを明らかにはされない。」これはハディースにも言及されており、預言者曰く「多神崇拝（shirk）は黒岩に這う黒蟻のように我がウンマに潜んでいる。」にある通りである。[60]

▼55 *Ibid.*, p. 196.

▼56 *Ibid.*

▼57 Amīn ʻAlāʼ al-Dīn al-Naqshbandī, *al-Islām wa al-Taṣawwuf: Muṣṭalaḥu-hu, Maqāmātu-hu fī Aqwāl Kibār Mashāykh-hi al-Ṭarīqah al-Naqshbandīyah*, Beirut: Dār al-ʻArabīyah li-l-Mawsūʻāt, 2009, p. 228.

▼58 al-Nābulusī, *Miftāḥ al-Maʻīyah*, pp. 74-77.

▼59 *Ibid.*, p. 77.

ナーブルスィーは『鍵』でナクシュバンディー教団の修行法の意義を説明する際もアルスラーン・ディマシュキーの「隠された多神崇拝」の言葉を引用し、そして彼の言葉を存在一性論の立場から解説している。彼によればこの「隠された多神崇拝」の克服こそが修行の目的であり、このことからナーブルスィーにおいて存在論と修行論は「隠された多神崇拝」の認識と克服を通じて密接に繋がっていることが分かる。

十一の言葉

スーフィー教団の修行法は教団や導師によって様々に分かれているが、ナクシュバンディー教団は明確な修行法を確立していることで知られている。そのうち最も有名な修行法は「十一の言葉」と呼ばれるものである。即ち、①フーシュ・ダル・ダム（呼吸における知覚 *Hūsh dar dam*）、②ナザル・バル・ガダム（足許への視線 *naẓar bar gadam*）、③サファル・ダル・ヴァタン（自国での族 *safar dar waṭan*）、④ハルワト・ダル・アンジュマン（集団の中での隠遁 *khalwat dar anjuman*）、⑤ヤード・キャルド（回想 *yād kard*）、⑥バーズ・ギャシュト（回帰 *bāz gasht*）、⑦ニギャー・ダーシュト（注意 *nigāh dāsht*）、⑧ヤード・ダーシュト（追憶 *yād dāsht*）、⑨ヴクーヒ・ザマーニー（時の知覚 *vuqūf-i zamānī*）、⑩ヴクーヒ・アダディー（数の知覚 *vuqūf-i 'adadī*）、⑪ヴクーヒ・カルビー（心の知覚 *vuqūf-i qalbī*）である。このうち①から⑧まではアブドゥルハーリグ・グジュドゥヴァーニー（'Abd al-Khāliq Gujduwānī, d. 575/1179）が、⑨から⑪まではバハーウッディーン・ナクシュバンディー（Bahā' al-Din al-Naqshbandī, d. 789/ 1389）が創案したと伝えられている。[61] 少なくとも十四世紀にはこの十一の言葉に倣う修行法がナクシュバンディー教団の間で確立されたと考えられている。[62] しかしながらタージュッディーンはこの十一の言葉の順序をいくらか並べ替えており、ナーブルスィーもタージュッディーンが書いた順序に従って十一の言葉の解説を行っている。以下、十一の言葉の概説を挙げる。⑤ *Yād kard* は心の中で行われる祈禱であり、これを行うことにより修行者は常に自らの心が真なる御方（アッラー）の傍にいるように感じることが求められる。[63] ⑥

Bāz gasht は二つの祈禱から構成されている。一つ目は人間の存在に関する祈禱であり、シャハーダの言葉を唱える修行法である。二つ目は人間の行為や意志に関する祈禱であり、修行者は「我が神よ、貴方こそが私の目的であり、貴方の満足が私の求めるものです（ilāhī anta maqṣūdī wa riḍāka maṭlūbī）」と唱え、日常で行う全ての行為はアッラーのために捧げられるものであることを意識する修行法である。これらの祈禱は修行者が外界の被造物に囚われずアッラーだけを望む意志を鍛えることが目的である。[64] ⑦ *Nigāh dasht* はムラーカバ（muraqabah）とほぼ同義とされ、修行者の心にわく雑念を取り払い、祈禱に集中することである。修行者が雑念から完全に自由になったとき、彼は神に対する恍惚の世界（*ʻālam al-judhba al-ilāhīyah*）に足を踏み込むとされる。⑧ *Yād dasht* とは、神の持つ知識を味わう（dhawq）ために真なる御方の傍にいることと説明される。ナーブルスィーは *Yād dasht* には三つのレベルがあると述べている。もし被造物がアッラーの神的臨在（ḥuḍūr）と並んで目撃される（mashhūdah）ならば、修行者はアッラーの諸行為の目撃のレベルにいるという。次に被造物を見る際にただ光だけを目撃し、被造物の形が見えなくなっているならば、修行者はアッラーの属性の目撃のレベルにいる。そして最後に何も目撃しない境地に立った時、修行者はアッラーの本質（dhāt）の目撃のレベルにいるという。このように、*Yād dasht* における三つのレベルは、存在論で説明されたアッラーの臨在の三つのレベルに対応していることが分かる。① *Hūsh dar dam* とは、修行者がアッラーのことを忘れることなく自身の望みを唱えることで

▼60 *Ibid.*, pp. 202-3.
▼61 川本正知（一九八三）「ナクシュバンディー教団の修行法について」『東洋史研究』42（2）、九八頁。
▼62 *Ibid.*
▼63 al-Nābulusī, *Miftāḥ al-Maʻīyah*, pp. 105-6.
▼64 *Ibid.*, p. 107.

ある。祈禱（dhikr）とは何かを「思い出すこと」と並んで「忘れないこと」という意味を持つ。修行者が常にアッラーを忘れず心の中に留めることに成功したならば、彼はアッラーの傍に近づくことができるという。[65] ③ *Safar dar vaṭan* とは、修行者が彼の心の悪徳を取り払い、美徳を獲得することで、低俗な心（nafs）を上位の心（qalb）に昇華させることである。② *Naẓar bar gadam* とは修行者が自身の心に必要でないものには目を一切向けず、代わりに神的本質だけを見つめることである。④ *Khalwat dar anjuman* とは修行者が一般社会の中に留まり、日常生活を普通に過ごしながらも心だけは常に神を想う。ナクシュバンディー教団が外界からの隠遁、出家主義を嫌い、在家主義を尊重していることを示す特徴的な概念である。修行者はスーフィー教団に入団していない他の一般信徒と同じように人と交流し、食べ、飲み、日常を送るが、彼の心は常に神を想い、神の意志とは何かを問い続けている。[66] ⑨ *Vuqūf-i zamanī* とは、修行者は毎日何回神に感謝をしたか、善行を行ったか、逆に悪行を犯してしまったかを数える修行である。[67] ナーブルスィーは特にアッラーの傍に行くことを望む者にとっての最大の罪は、アッラーのためではなく我欲のために善行を積むことであると述べている。[68] 真の僕とは神によって立ち、神のために生きる者である。⑩ *Vuqū-f ʻadadī* では、修行者は様々な雑念を克服し意識を集中させることが求められる。この修行法によって修行者の心は穏やかに静まることができる。[69] ⑪ *Vuqū-f qalbī* は十一の言葉による修行法の中で最後の段階であり、修行者はアッラー以外のあらゆるもの（aghyār）から自由となり、神的状態と主性の知識（ḥāl ilāhīyah wa maʻārif al-rubūbīyah）が修行者の中に顕れるという。

沈黙の祈禱の境地

最後に、ナクシュバンディー教団における作法論と、究極の修行法である沈黙の祈禱の境地について紹介する。ナーブルスィーは作法論を外面の作法と内面の作法に分け説明している。外面の作法においては、修行者は預言者の教友たちの作法に倣うことが求められる。[70] これは、ナクシュバンディー教団は他のスーフィー教団が預言者の親類であるアリーを系譜に据えるのに対し、預言者ムハンマドの教友であったアブー・バクルを系譜に据えることにも繋がっている。内面の作法については、修行者は自身の心をアッラー以外のあらゆるものから引き離し、アッラーの自己顕現が内に顕れるようにすることが求められる。▼71 アッラーの存在を目撃することができると、修行者は自分自身の主性（rubūbīyah nafsi-hi）に従うことから離れ、自分自身の奴隷（ʻabd al-nafs）から解放される。そして修行者は神の主性に自らを没入（al-dukhūl taḥta rubūbīyahti-hi）させ、主の僕（ʻabd al-rabb）となるのである。▼72

沈黙の祈禱は、そのような境地に至るための具体的な修行法として設置されている。スーフィー教団における祈禱は、声を発して唱える有声の祈禱（dhikr jahrī）と声を発さず心の中だけで唱える沈黙の祈禱（dhikr khafī）に大きく分かれるが、ナクシュバンディー教団は伝統的に沈黙のズィクルこそ正統な実践方法であると主張してきた。▼73 修行者は沈黙の祈禱を通じて被造物をめぐる雑念を取り払い、アッラーの真なる存在（wujūd ḥaqqānī）が彼の修行の場に降りてくるという。このとき、虚無を本質に持つ被造物たる修行者の存在は消え去り、アッラーの本質がその場に顕れる。▼74

▼65 *Ibid.*, p. 112.
▼66 *Ibid.*, p. 117.
▼67 *Ibid.*, p. 119.
▼68 *Ibid.*, p. 120.
▼69 *Ibid.*, p. 120.
▼70 *Ibid.*, p. 195.
▼71 *Ibid.*, p. 196.
▼72 *Ibid.*, p. 208.
▼73 Amīn ʻAlāʼ al-Dīn al-Naqshbandī, *op. cit.*, p. 228.

（沈黙のズィクルを行うとき）修行者の心眼（baṣīra）には、唱えられる御方――即ち至高なるアッラー――以外は何も残らず、結果として至高なるアッラー以外のものは全て修行者の心眼から消え去る。果てには修行者の心眼さえも消え去るのである。[75]

ナーブルスィーは上記のような状態を「沈黙のズィクルの境地（maqām al-dhikr al-khafī）」と呼ぶ。沈黙のズィクルによって至る自己の消滅とは、アッラーとの合一ではなく自らの存在の根源的無の自覚であり、アッラーの真理を忘れ、命令に逆らおうとする自我の克服である。そして低俗な自我を滅却し、アッラーの命に服しその身を捧げる人間こそが、主性の倫理（akhlāq rabbānīyah）を体現できるのである。[76] この境地をナーブルスィーはハディース・クドゥスィー[77]を引用し、「私（アッラー）によって見、私によって話し、私によって打ち、私によって歩く」境地とも呼ぶ。[78] ナーブルスィーは存在一性論の解説で、被造物は自己の側から見れば無であり、アッラーの側から見れば存在していると説いた。自己の目線、即ち自我によって自らの存在や行いを見つめるのではなく、アッラーの側から見れば、即ちアッラーこそが唯一の存在であることを承認し、その命に服し生きることによって初めて人間は「存在している」のである。

ここまでの議論を纏めたい。存在論では、ナーブルスィーの存在一性論理解の核となる彼の存在階梯論を見た。彼によれば存在は四次元、すなわち第一次元の本体、第二次元の諸属性、第三次元の諸行為、第四次元の諸行為の跡に分かれる。このうち第一次元から第三次元までがアッラーに帰される永遠存在の次元である。そしてさらにナーブルスィーは非存在の次元である第五次元を措定しており、人間とはアッラーの永遠存在の次元と第五次元の非存在の間に存在する第四次元に生きる者であるという。ここでいう「存在する／存在しない」とはアッラーにその存在が承認される存在（mawjūd）の意味である。人間は、アッラーのように永遠な存在として自らが存在していると誤解する限り、アッラーによってその存在が承認されない「非存在」であり、自らの根源は無であり、アッラーに支えられることによって初めて存在できるとの真理を自覚した者だけがアッラーによってその存在が承認される「存在者」となる。ナーブルスィーの存在階梯論は、世界がいかに一者であるアッラーの存在から多としての森羅万象へと展開していったかを説明する設計図ではない。むしろ、人間が真に存在するためにアッラーと人間の存在の在り方の違い、そして虚無という自らの根源の自覚を促すための指南書として機能しているのである。

しかしそのような自らの存在の真理を単に「知った」からといって、自らがアッラーと同じようには存在し得ないという自覚が簡単に打ち立てられるわけではない。そのためには自らが自らの力で存在し得るという傲慢な自我を滅却するための修行が必要である。ナーブルスィーはナクシュバンディー教団の修行をそのような自我の滅却の実践法として位置付け注釈を施した。例えば彼はナクシュバンディー教団におけるシャハーダの祈禱は、被造物の本質は虚無であること、そして真に存在し得る存在はアッラーのみであることの理解を身に染み込ませるための修行法であるとして解説している。

▼74 *Ibid.*, p. 174.
▼75 al-Nābulusī, *Miftāḥ al-Maʻīyah*, p. 172.
▼76 *Ibid.*, p. 173.
▼77 『クルアーン』は内容も表現もアッラーによる啓示にもたらされたものであるが、ハディース・クドゥスィーとは内容は夢や霊感によってもたらされ、表現は預言者によるものを指す。
▼78 al-Nābulusī, *Miftāḥ al-Maʻīyah*, p. 173.

翻訳資料紹介

●存在の唯一性の意味の指示対象の解明（*Īḍāḥ al-Maqṣūd min Maʻnā Waḥdah al-Wujūd*）

本書では、スレイマニエ図書館所蔵の写本 Halet Efendi759, 110a-114b を底本に、Saʻīd ʻAbd al-Fattāḥ (ed.), ʻAbd al-Ghanī al-Nābulusī, *Īḍāḥ al-Maqṣūd min Maʻnā Waḥdah al-Wujūd*, Cairo: Dār al-Āfāq al-ʻArabīyah, 2008 を参照しながら翻訳を行った。

●イスラームの本質とその秘義（*Ḥaqāʼiq al-Islām wa-Asrār-hu*）

本書は「シャリーアの秘義（Asrār al-Sharīʻāh）」や「主性の開示と慈悲の流出（al-Fatḥ al-Rabbānī wa al-Fayḍ al-Raḥmānī）」などいくつかの題名で知られているが、Muḥammad ʻAbd al-Qādir ʻAṭā (ed.), ʻAbd al-Ghanī al-Nābulusī, *Asrār al-Sharīʻah aw al-Fatḥ al-Rabbānī wa al-Fayḍ al-Raḥmānī*, Beirut: Dār al-Kutub al-ʻIlmiyah, 1985（以下ＡＦ版）を底本に、ʻAbd al-Qādir Aḥmad ʻAṭā (ed.), Abd al-Ghanī al-Nābulusī, *Ḥaqāīq al-Islām wa Arār-hu*, Cairo: Dār al-Turāth al-ʻArabī, 1986（以下ＨＡ版）を参照しながら翻訳を行った。

『存在の唯一性の意味の指示対象の解明』概要

本書はイスラーム思想史においてしばしば汎神論的思想として批判されてきた「存在一性論（waḥdah al-wujūd)」に対する誤解を解き、その基本概念を説明することを目的として書かれた。存在一性論学派は多くの場合、アッラーの世界への自己顕現のプロセスを「存在の階層（marātib al-wujūd）」を使って説明するが、ナーブルスィーは本書では一切そのような概念を用いていない。本書でナーブルスィーは、様々な表現を用いながら「存在（wujūd）」という言葉はアッラーにしか使うことのできないものであること、被造物は存在を持たず、その本質は「無（ʻadam）」であることを一貫して説明している。真存在であるアッラーがいなければ、それ自体で存在するものなど何もないことに鑑み、一切を虚無に帰す。ナーブルスィーの存在一性論は、森羅万象は神の顕れであるとするイブン・アラビー学派の一般的な存在顕現説と比べて、被造物の虚無性をことさら強調しているのが特徴である。このような被造物たる人間の儚さ、アッラーこそが唯一のリアリティであるという世界観こそがナーブルスィーの存在論の基盤であり、もう一つの著作『イスラームの本質とその秘儀』もそのような思想を共有している。

『イスラームの本質とその秘義』概要

生涯に渡って二百点以上に渡る著作を書いたナーブルスィーだが、『イスラームの本質とその秘義』は彼が三十三歳のときに書いたものである。本書は七つの章で構成されており、章の順序はムスリムが真理へと到達していく道程に対応している。本書の各章では、イスラーム法（シャリーア）から見た外面的側面と、真理（ハキーカ）から見た内面的側面という二つの観点から、イスラームに関する様々なテーマが論じられている。両者はコインの裏と表のように片方が欠けては存在できない。一般的に考えられているような「神秘主義」としてのスーフィズムは内面的側面を主に扱うが、ナーブルスィーはシャリーアとしての外面的側面も常に重要視している。

以下、各章の内容を大まかに纏めておく。

1. 罪の解明

シャリーアにおける罪とは「ある時代において、イスラームの宣教が行われた後の、アッラーに対する背反行為」である。使徒の存在が途切れた時代に生きる民は、イスラームの宣教が届いていない民である。また人々から隔絶された場所で育った者、ダール・アル＝ハルブ（戦争の家、イスラーム法の施行されていない土地）でイスラームに入信し、その後ダール・アル＝イスラームに移住しなかった者も、使徒の宣教が届いていない民に準じ、かれらの四肢の行為に関しては罪に問われない。

ハキーカに基づく罪とはイスラーム法の行為規範に反する身体行為ではなく、被造物に過ぎない人間が自らをアッラーの信仰に値すると考える傲慢さから生じる不完全な信仰である。そしてこの罪は私たちがこの世界に「存在者」として顕れた、と思うこと自体に由来する。

世界の創造以前は、絶対の虚無であった。アッラーの「あれ」との御言葉によってこの世の全てが創造された。この言葉は永遠の存在であるアッラーから発せられたものであり永遠の属性を持つが、この言葉が発せられた時点で世界はまだ存在しなかった。この言葉が発せられた対象は、被造物ではない。なぜならこの言葉が発せられる以前には被造物はまだ存在しないからである。「あれ」との御言葉はアッラーのアッラー御自身に対する語りかけに他ならなかった。創造とは、本来的にはアッラーの自己対話なのである。

自らの存在の罪に無自覚なまま、アッラーに近づくことを望む者は「自我」に囚われており、アッラーと並んで、自らが崇拝行為を行う主体としてアッラーとの関係を望む限り、アッラーに近づこうとの試みはシルク（多神崇拝）でしかない。むしろそのような誤解を抱えたままでは、どんどんアッラーから遠ざかることになる。

2. 悔悟の解明

罪に気づいた者は、その状態を正していくために悔悟が必要となる。イスラームの道は悔悟により始まる。シルクを克服するための悔悟には凡夫の悔悟と選良の悔悟の二種類がある。凡夫の悔悟とは、他者の覆いを剝ぎ、自我を克服することである。罪の状態にあるものは、周りに存在する他者やモノなどにリアリティを感じ、アッラーの存在をもそれらになぞらえて捉えてしまう。そのような自我の弱さを克服し、アッラーの赦しを求めていくことが凡夫の悔悟である。

選良の悔悟とは、悔悟からの悔悟である。つまり、罪の状態にあったことを自覚し、悔い改めることを決めたその意思さえも、アッラーの恩寵によって可能であることを理解し、自分の力によって悔悟したとの錯覚から悔い改めることである。そしてそのような選良の悔悟は、「完全な超越化の上での存在の唯一性の顕現、多性のその中への融入」によってのみ成し遂げられる。それは、自我の揺らぎを完全になくし、全ての意思をアッラーに委ねることを意味する。

「私は、私ではない。また彼は、彼ではない。私はなく、そうではなく、彼。そして、『彼』と言い、沈黙する。」この言葉は真理を求める者が、自我を滅却し、またアッラーの理解を改め、ただそこにはアッラーだけが存在していたことを悟り、全てを委ね沈黙する、という意識の変移の過程を表している。

預言者の一人を中傷した者、アブー・バクルとウマルを中傷した者、全ての宗教の同一を説く者（ザンダカ主義者）、魔術師については、かれらの悔悟は受け入れられることはない。預言者の中傷については、人は皆ムスリムとして生まれ、その後の教育によってキリスト教徒、ゾロアスター教徒として育つと考えるが、イスラームを知らぬまま育った者は、たとえイスラームにおける預言者を中傷したとしても罪に問われることはない。しかし、一度でも自らのアッラーに対する不信仰に気付いた者は、アーダム、ムーサー、イーサー、ムハンマドなどイスラームにおける預言者の一人を少しでも中傷すれば、生まれたときに持っていたアッラーとの「絆」が断ち切られ、不信仰に陥ることになる。

3. 神に関する正しい信条

本章では、ムスリムが持つべき基本的な信仰体系が説明されている。アッラーの本体は被造物の何ものにも似ず、いかなる場所・空間からも超越し、超越化という概念すら超越するところの「存在」そのものである。

しかし、そのような超越存在であるアッラーも、彼から下される啓示によって人間は知ることができる。本章では、聖典を解釈するための方法論が挙げられている。聖典解釈の方法論は、イスラーム初期の時代の学者たちによる「先達の方法論」と、思弁神学が発達し多様な方法論が生まれた「後代の方法論」に分けられる。後代の方法論では特にクルアーンの中で真意が明確に分からない節を「曖昧語」と呼び、その解釈をめぐって様々な方法が発達した。しかしナーブルスィーによれば、アッラーの諸属性、彼を形容する全ての言葉は意味が不明瞭な曖昧語であり、人間は理性の限界により、それが指し示す真の意味「本義」を知ることはできないという。「アッラーの手」のようなクルアーンやハディースの用語も、この曖昧語にあたるため、その本義は人間には理解できないが、クルアーン、ハディースにある以上、そうした表現は認められなければならない。但し、「アッラーの手」のような曖昧語に関して、被造物に当てはまる転義的意味をアッラーに対して読み込むことは厳に慎まなくてはならない。

また本章では、善と悪の問題や、人間の自由意志、アッラーを見ることができるのかといったイスラーム神学史において盛んに論じられてきた問題や、預言者や使徒、啓典、天使とジン、来世の問題などイスラーム信仰における基礎的な事項も説明されている。

4. 不信仰の解明

不信仰とは語源的には「覆い」を指す。イスラームでは、人間は生まれた時点では誰もがイスラーム信仰を天性として持っており、その後の環境や本人の選択によってイスラーム信仰を失うと考えられている。不信仰とは、そのような天性としてのイスラーム信仰を覆ってしまう様々なヴェールのことを指している。

シャリーアに基づくところの不信仰は、①アッラーを被造物になぞらえる擬被造物化（tashbīh）、②アッラーの属性を否認する属性剝奪（taʿṭīl）、③アッラーの預言者、使徒や、かれらがもたらした啓示を否定する不信（takdhīb）である。このようなシャリーアから見た不信仰に当たる行為は行えば即座にイスラーム信仰を失い不信仰者へと転じてしまう。

一方ハキーカに基づく不信仰とは、アッラーの存在顕現に則った世界観を理解していない場合に生じる。森羅万象あらゆる存在物全ては、それ自体では存在することができずアッラーの存在に支えられて成り立っている。

また本章では特に、火獄での懲罰に関するナーブルスィーの独自の見解が展開されている。不信仰者には、来世における永遠という究極の懲罰が待ち受けている。最後の審判の後、善行が悪行を上回った者は楽園に入り、下回った者や不信仰者は地獄の獄火に焼かれる。世界の終わりに始まる地獄は永続し、そこでの懲罰もまた永続する。

しかしたとえ不信仰のままで生き、地獄に落とされたとしても、その獄火の中にアッラーの峻厳たる意思を見出し、その優美さを知ることができれば、その快楽の恍惚の中に苦痛も消えうせる。ナーブルスィーによれば、これが求められる「信仰」の精髄である。真の信仰とは、アッラーによる褒賞の期待でも懲罰の畏れでもなく、アッラーのみを望み、全てを委ねることであり、その理解に至るまで「不信仰」のヴェールは人間を覆い隠し続けている。

5. イスラームの解明

イスラームとは「降伏」を意味する。信仰とはアッラーに全てを委ねることに他ならない。そして真のイスラームとは、アッラーからの「あれ」との御言葉が形を成したところのシャリーアの命令「かくあれ」との言葉にその身を委ね、従って生きることである。

アッラーに全てを委ねる時、主は人間の目となり、耳となり、足となる。神によって立つ者には自我により生じる存在の個体実体化の罪の問題も起こらない。

この真実のイスラームの境地に立った者にとっては、全てがアッラーの言葉「あれ」を映し出す鏡となる。不信仰者でさえ、その存在はアッラーの存在付与の語りかけに応えて顕現した者である以上、イスラームの真実を映し出している。

イスラームとは「アッラーの他に神は無し、ムハンマドはアッラーの使徒である」との証言により始まる。この二つの証言は真理においては一つの真実を表しており、どちらも欠くことは許されない。ムスリムは、預言者を通じて届いたアッラーからの命令と禁止の言葉に、心に疑いを持つことなく、アッラーと、そして預言者が望んだ通りにそれを認め、服従することが求められる。

6. イーマーン（信仰）の解明

イスラームを信仰する者はムウミン（muʾmin）と呼ばれるが、ムウミンはアッラーが持つ名前の一つである。イーマーン（信仰）とは、アッラー御自身によるアッラー御自身に対する知識のことであり、我々のアッラーに対する知識ではない。「信仰者は信仰を護る者（アッラー）の鑑である（al-muʾmin mirʾāt al-muʾmin）」とハディースに言われるように、イスラーム、即ち完全な委任の後に自我が消滅し、アッラーによって生きる者になってこそ完全な信仰は宿る。

信仰とは、クルアーンにおける叙述文を真であると肯定することである。命令と禁止からなる非叙述文については、その命令と禁止を実際に護るか否かにかかわらず、それがアッラーによる命令と禁止であることを理解して肯定することを意味する。アッラーが命令し、禁止しているという真実を肯定しているのならば、たとえ禁止行為を行ったとしても彼は罪人であって不信仰者として裁かれることはない。

罪から完全に逃れることは天使や預言者にしか約束されていないため、信仰の条件にはならない。人間はいくらでも罪を犯し、そして悔い改める。この改悛こそ、アッラーの愛に気付く道に人間を導く。「火獄の熱は我がウンマには風呂の熱さの如し」とのハディースにあるように、完全な信仰を持つ者には苦しみはない。また楽園では、アッラーとの謁見という、何ものにも替え難い果実を味わうことができる。

7. イフサーン（至誠）の解明

イフサーン（至誠）こそ、人間がたどり着く信仰の究極の形である。至誠とは日常の全てにアッラーを見出し生きていくことである。

至誠の秘義はアッラーの定めにより様々に異なった形で顕現した存在者たちの存在が、その本源である無限定の一者であるアッラーに帰一することである。

しかしこのような境地には自力では到達することができず、かならず師の教導を必要とする。ナーブルスィーによれば、それは以下の三種類の人間の教導によって可能となる。①シャリーアの知識だけを持っている学者で、かれらはイスラーム諸学へと人を誘う。②修道（スーフィーの修行法）を知り、シャリーアの知識を持つ者で、タリーカ（スーフィー教団）の導師を指す。かれらは修行の実践を人々に教え、シャリーアから逸脱した行為を戒める役割を担っている。③真理を知る者で、シャリーアの知識と修道法を修めた者である。ナーブルスィーによれば、このような人間が「完全人間（insān kāmil）」と呼ばれる。完全人間はその高い精神性と熱意を持って人々をイスラームの知識とその実践へと導く存在で、あらゆる時代、地域に顕れるが末世では見つけることが非常に困難である。

イフサーンは様々な心的状態、実践として顕れるが、ブハーリーが伝えるハディースの中で「至誠（イフサーン）とは、貴方があたかも彼（アッラー）を見るようにアッラーを崇拝することである」と述べられている通り、至誠の本質は崇拝である。至誠の境地に至った者には、崇拝以外の行為はもはや存在しない。そのような境地に立った時、人間は、無限定の一者＝アッラーに帰り、必然存在であるところのアッラーの臨在だけが残る。人間は、アッラーに導かれるまま崇拝し、崇拝の中にアッラーを仰ぎ見るのである。

訳者あとがき

本書では十八世紀シリアに生きたスーフィー思想家アブドゥルガニー・ナーブルスィーの神秘哲学に関する著作を翻訳した。現代アラブでは彼はもっぱら詩人、夢解釈の著者として知られているが、トルコでは本書で紹介した『存在の唯一性の意味の指示対象の解明』のトルコ語訳が毎年開催されるイスタンブル国際ブックフェアで並ぶなど、存在一性論学者として確固たる地位を築いている。オスマン帝国時代のスーフィー思想家については、トルコ人はトルコ地域の思想家を好む傾向があるが、オスマン帝国時代のアラブ地域で活躍したスーフィー思想家がこのような人気を未だに保っているのは珍しい。

筆者がナーブルスィーに出会ったのは同志社大学神学部に入学してすぐのことである。神学部に入ったので何か神さまのことを勉強したい、と考えて大学図書館の「宗教」の棚をつらつらと眺めていてふと目に入ったのが中田香織訳『やさしい神さまのお話』だった。この本は中世のイスラーム学者アルスラーン・ディマシュキーの神秘思想書「タウヒードの書」を日本語で解説したもので、中田香織先生の解説の多くはナーブルスィーの『タウヒードの書注釈』に依っている。平易な日本語で書かれてはいるが深淵で奥深いイスラーム思想の魅力に触れ、以来研究を続けている。

ナーブルスィーが読者に伝えようとしていることは「自分らしくある」ことに囚われて苦しむ必要はない、ということである。現代社会では「自分らしさ、自分にしかできない何か」を探し、実現するように求められやすい。しかし彼の存在一性論によれば、本当に意味があって存在しているのはアッラーだけであって、私たちの存在とは、アッラーの支えがなければ消えてしまう儚いものである。そのような儚い存在に囚われることから自由になり、唯一の真存在であるアッラーに生涯や、喜びや悲しみ全てを捧げることがイスラームの信仰だとナーブルスィーは説いている。言い換えれば、自分自身を乗り越えてはじめて、本当の自分らしさを神が与えてくれるのである。

本書の翻訳・解説にあたってはご指導いただいた中田考先生、遅筆な私を忍耐強く導いてくださった作品社の福田隆雄氏に感謝を捧げたい。また大学院時代にご指導いただいた東長靖先生にも感謝を捧げたい。そしていつも支えてくれた両親にも感謝を捧げたい。

最後に、私をイスラーム思想に導いてくれた中田香織先生、ありがとうございました。

【写真上、訳者が撮影した著者ナーブルスィーのシリア・ダマスカスにある霊廟。いまなお多くの人々が詣でる。写真下は、霊廟を遠望したもの】

【霊廟前の訳者】

【訳者略歴】
山本直輝
1989年生まれ。現在、トルコの大学、イブン・ハルドゥーン大学にて文明対話研究所助教。同志社大学神学部卒業、京都大学大学院アジア・アフリカ地域研究研究科博士課程修了。博士（地域研究）。専門はスーフィズム思想。主な翻訳に『フトゥーワ』（2017年）

【監訳者略歴】

中田考

1960年生まれ。イスラーム法学者。同志社大学客員教授。一神教学際研究センター客員フェロー。カイロ大学大学院哲学科博士課程修了（哲学博士）。クルアーン釈義免状取得、ハナフィー派法学修学免状取得、在サウジアラビア日本国大使館専門調査員、同志社大学神学部教授、日本ムスリム協会理事などを歴任。近著に『イスラームの論理』、『イスラーム入門』、『帝国の復興と啓蒙の未来』など。監修書に『日亜対訳クルアーン』

【著者略歴】

アブドゥルガニー・ナーブルスィー（1641－1731）

18世紀オスマン朝シリアで活躍したイスラーム学者。思想書から、夢判断、旅行記まで200冊を超える著作をものにし、いまだにその墓には、多くの人々が詣でる。現代アラブにおいても彼の神秘主義詩は広く読まれている。

中世と近代の境目に生きたナーブルスィーはイスラーム思想改革の流れからイスラーム伝統思想をいかに守り抜くかに生涯をささげたアラブ世界最大のイスラーム伝統派の学者である。

ナーブルスィー神秘哲学集成

2018年 12月25日　第1刷印刷
2018年 12月31日　第1刷発行

著　者　アブドゥルガニー・ナーブルスィー
訳　者　山本直輝
監訳者　中田　考
発行者　和田　肇
発行所　株式会社 作品社
〒102-0072 東京都千代田区飯田橋 2-7-4
電　話　03-3262-9753
ＦＡＸ　03-3262-9757
http://www.sakuhinsha.com
振　替　00160-3-27183

装　　丁　伊勢功治
本文組版　米山雄基
印刷・製本　シナノ印刷㈱

ISBN978-4-86182-730-3 C0014

〈ジハード〉とは何か？
西洋近代とは異なる「政治」の要諦。

イブン・タイミーヤ 政治論集

イブン・タイミーヤ
中田考編訳・解説

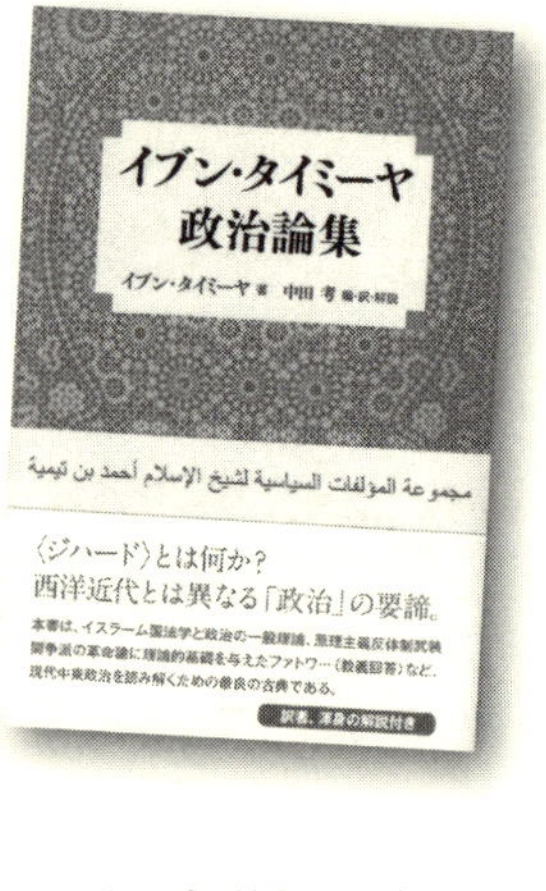

本書は、イスラーム国法学と政治の一般理論、現代原理主義反体制武装闘争派の革命論に理論的基礎を与えたファトワー（教義回答）など、現代中東政治を読み解くための最良の古典である。 訳者、渾身の解説付き。

イスラーム版『武士道』、
初翻訳!

フトゥーワ

イスラームの騎士道精神

アブー・アブドゥッラフマーン・スラミー

中田考 監訳

山本直輝 訳

「『フトゥーワ』は、決して過去の書物ではなく、イスラームにおける「若々しさ（フトゥーワの原義）」、同胞精神とは何かを学ぶために、今でも有用な指南書として薦められます。（…）フトゥーワの精神が、本書とともに日本にも届き、サムライの精神と巡り合うことを願っています。」

イブン・ハルドゥーン大学学長レジェプ・シェンチュルク氏「『フトゥーワ』翻訳に寄せて」より

田川建三 訳著

新約聖書 訳と註

全7巻［全8冊］

【第一巻】マルコ福音書／マタイ福音書

【第二巻】上 ルカ福音書

下 使徒行伝

【第三巻】パウロ書簡 その一

【第四巻】パウロ書簡 その二／擬似パウロ書簡

【第五巻】ヨハネ福音書

【第六巻】公同書簡／ヘブライ書

【第七巻】ヨハネの黙示録